離乳食の進め方早見表

どの時期に、どんな食材をどんなかたさや大きさで、どれくらいの分量あげたらいいのか、目安をまとめました。参考にしてみてください。

時期：離乳初期（5～6ヵ月ごろ）

回数
1日1回～2回食

かたさの目安
ポタージュスープ～ヨーグルトくらいのなめらかにすりつぶした状態

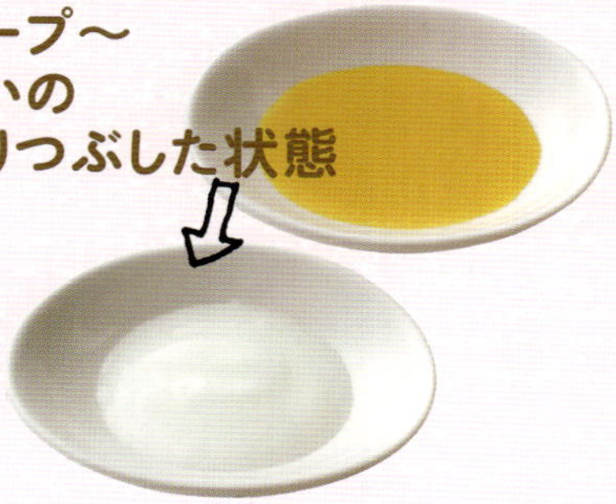

口の中にためてから飲みこめるとろみとなめらかさが目安です。慣れてきたら少しずつ水分量を減らし、ヨーグルトくらいのかたさにします。

食べ物の大きさの変化
なめらかにすりつぶし、トロトロに

赤ちゃんのようすを見ながら水分量を減らす

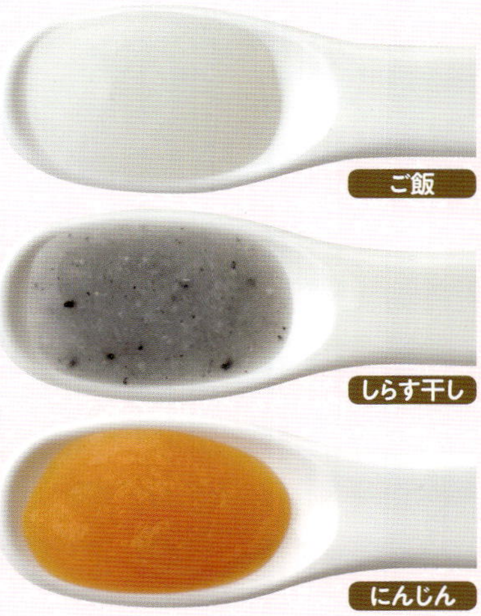

1回（1食）の分量の目安

炭水化物

10倍がゆをメインとして、食パン、うどんやそうめんなどの麺類、じゃがいもやさつまいもなどのいも類があてはまります。おかゆに慣れてきたら、その他の食材も試してみましょう。

●主な食材の量
10倍がゆ…30～40g または 食パン（8枚切り）…1/8～1/6枚 または ゆでうどん…15～25g または じゃがいも…10～15g

タンパク質

たいやひらめなどの脂肪分が少なく、消化によい白身魚や、しらす干し、豆腐などがこの時期に適しています。豆腐は口あたりのよい絹ごし豆腐を選び、しらす干しはゆでて塩抜きしてから使います。豆腐、白身魚に慣れたら固ゆで卵黄を少量から試します。

●主な食材の量
白身魚…5～10g または 豆腐…10～25g

ビタミン・ミネラル

野菜の量は合計で10～20gが目安。緑黄色野菜（βカロテンが豊富で、色の濃い野菜）と淡色野菜（大根、キャベツなど）を1品ずつあげられるとよいでしょう。クセがなく、やわらかく煮えやすい野菜から試し、キャベツやほうれんそうなどはやわらかい部分を使います。やわらかくゆでた棒状の野菜を手づかみで口に運ぶこともできるので試してみましょう。

●主な食材の量（例）
にんじん…10g ＋ キャベツ…10g

時期：離乳中期（7～8ヵ月ごろ）

回数
1日2回食

かたさの目安
絹ごし豆腐くらいの舌でつぶせるかたさ

舌と上あごでつぶせる絹ごし豆腐くらいのかたさとなめらかさが目安です。かたい食材は舌でつぶせないので、丸飲みする原因に。飲みこみにくいものは、すりつぶしたり、とろみをつけたりします。

食べ物の大きさの変化
食材の形が少し残る程度につぶす

やわらかいものを2～4㎜ほどに細かく刻む

1回（1食）の分量の目安

炭水化物

下記のほかに、ひやむぎ（乾麺なら10～15g）などが使えます。まだすべてかゆ状にしますが、水分量は少しずつ減らします。おかゆは具を混ぜてもよいですが、単品でもあげるようにしましょう。

●主な食材の量
7倍がゆ～5倍がゆ…50～80g または 食パン（8枚切り）…1/2枚 またはゆでうどん…1/4玉

タンパク質

鶏肉やまぐろなどの魚など、食べられる種類が多くなります。下記以外にも、納豆は15g、卵は卵黄1個分～全卵1/3個。牛乳・ヨーグルトは50g～70gが目安です。タンパク質の多い食材を1回に2種類使うときは、使用量を半分ずつにしてください。

●主な食材の量
白身魚…10～15g または 鶏むねひき肉、鶏ささみ…10～15g または 豆腐…30～40g

ビタミン・ミネラル

野菜は合計で20～30gが目安。旬の野菜をとり入れながら、緑黄色野菜（βカロテンが豊富な色の濃い野菜）と淡色野菜（大根、キャベツなど）をバランスよくあげます。いも類は主食、野菜の一部として使います。くだものは野菜にプラスして少量使えます。

●主な食材の量（例）
かぼちゃ…15g ＋ ほうれんそう…5g ＋ 大根…10g

キリトリ線

マークの意味　○ 食べてもいいもの：時期に合ったかたさ、大きさにすればOK　△ 注意すれば食べてもいいもの：量を控えめに。ほかの食材にも慣れ、赤ちゃんが苦手でなければOK　×

ビタミン・ミネラル		特徴・与え方など	5〜6ヵ月ごろ	7〜8ヵ月ごろ	9〜11ヵ月ごろ	1歳〜1歳半ごろ
野菜類	きゅうり	汗で失われる水分とカリウムがとれ、夏の熱中症予防におすすめ。8ヵ月ごろまではすりおろして与える。	△	○	○	○
	ピーマン・パプリカ	苦みがあり、すりつぶしにくいので5〜6ヵ月は使えない。パプリカは甘みがあるので、7〜8ヵ月ごろに先に試すとよい。	×	△	○	○
	いんげん・絹さや	食物繊維が多く消化しにくいが、ヘタと筋をとってやわらかくゆでて刻み、7〜8ヵ月ごろ（少量なら6ヵ月ごろ）からOK。	×	○	○	○
	オクラ	すりつぶしにくいので、みじん切りで食べられる7〜8ヵ月ごろ以降に。	×	○	○	○
	もやし	ゆでても歯ごたえがありかみにくいので、みじん切りにして9ヵ月ごろ以降に使える。	×	×	○	○
	にんにく・しょうが	辛み成分と独特の香りがあり、離乳食であえて使う必要はない。	×	×	△	△
	ほうれんそう・小松菜	葉菜類は、筋の少ない緑色の葉先の部分をやわらかくゆでれば、5〜6ヵ月ごろから使える。	○	○	○	○
	キャベツ・白菜	甘みがあり、煮るとやわらかくなり、5〜6ヵ月ごろにかゆの次に試す野菜としてもおすすめ。	○	○	○	○
	チンゲンサイ	緑の葉先はゆでるとやわらかく、5〜6ヵ月ごろから使える。	△	○	○	○
	レタス	やや苦みがあるので、ほかの葉野菜に慣れてから、少量使う程度に。	△	○	○	○
	水菜	葉先は薄く、苦みも少ないのでゆでてすりつぶし、5〜6ヵ月ごろから使える。	△	○	○	○
	ブロッコリー・カリフラワー	ビタミン・ミネラルもバランスよく含んでいるのでおすすめ。9ヵ月以降は、茎もやわらかくゆでて刻めば使える。	○	○	○	○
	グリーンアスパラ	繊維が多いので、5〜6ヵ月ごろ以降、ほかの野菜に慣れたあとに、やわらかくゆでた穂先を少量試す程度に。	△	○	○	○
	玉ねぎ	煮ると甘くなり、煮汁も野菜スープとして利用するとよい。	○	○	○	○
	長ねぎ・にら	辛みや苦みがあり、繊維も多いため、8ヵ月ごろ以降に少量から使う。	×	△	○	○
きのこ類	しめじ・えのき・まいたけ・しいたけ	独特の風味があり、食物繊維が多く消化しにくいため、9ヵ月ごろ以降に。	×	×	△	○
	なめこ・マッシュルーム・エリンギ	奥歯が生えるまではかむことが難しい。1歳以降にみじん切りにして、具のひとつとして混ぜて使う。	×	×	×	△
くだもの類	バナナ	炭水化物が多く、甘みがありやわらかいので、5〜6ヵ月ごろからそのまますりつぶしてあげられる。	○	○	○	○
	りんご・なし	生では食べにくいので、すりおろして果汁をしぼるか、やわらかく煮て、5〜6ヵ月ごろから使える。	○	○	○	○
	みかん	水分が多く、甘みがあり、酸味に慣れるためにもよい食材。	○	○	○	○
	いちご	裏ごししてタネをとり除けば5〜6ヵ月ごろから、7ヵ月ごろ以降は刻んでそのまま与えてOK。	○	○	○	○
	ぶどう	甘みと酸味が強めなため、5〜6ヵ月ごろは皮とタネをとり除き、すりつぶして湯でうすめて少量試す程度に。	△	○	○	○
	すいか・メロン	5〜6ヵ月ごろからOK。皮をむいてタネをとり除き、つぶすか刻んで与える。	○	○	○	○
	桃	やわらかく熟したものは特につぶしやすく、5〜6ヵ月ごろから加熱せずに使える。	○	○	○	○
	野菜くだものジュース	赤ちゃん用は食物繊維が少なく甘めのものが多く、大人用は香料などが含まれることが多い。食材として使う程度に。	×	×	△	○
	ドライフルーツ	離乳食では、レーズン、ドライプルーンがおすすめ。湯でもどして刻み、プレーンヨーグルトなどに混ぜて与える。	×	×	△	○
海藻類	わかめ	水溶性食物繊維が豊富で、便秘の予防におすすめ。赤ちゃんの成長に必要なミネラルも補給できる。ゆでて刻んで与える。	×	△	○	○
	焼きのり・青のり	焼きのりは大きいと上あごにつき、のどに詰まることもあるため、小さくちぎって与える。	×	△	○	○
	ひじき	消化しにくいため、9ヵ月ごろ以降に、やわらかくゆでたものをみじん切りにして、かゆや肉だんごに混ぜて与える。	×	×	○	○
	粉寒天	煮て溶かしやすい粉寒天が便利。寒天ゼリーはかたいと誤嚥する恐れがあるため、やわらかめに作るか、小さく切って与える。	×	×	○	○

タンパク質		特徴・与え方など
肉類	鶏ささみ	肉類の中でも脂肪が少なく、消化吸収しやすい 身魚に慣れた7〜8ヵ月以降に。
	鶏もも肉・むね肉	鶏ささみに慣れた7〜8ヵ月以降に。もも肉より 質が少なくておすすめ。
	豚赤身肉（もも　ヒレ肉）	鶏肉より肉質がかたいため、鶏肉に慣れた9ヵ る。
	牛赤身肉	鶏肉に慣れた9ヵ月ごろ以降に。脂肪が少なく ももやヒレがおすすめ。
	鶏ひき肉	7〜8ヵ月ごろは脂身の少ない鶏ささみ、または おすすめ。
	豚・牛ひき肉	鶏肉に慣れ、豚、牛赤身肉をそれぞれ試したあ く脂身が少ないものを選ぶ。
	レバー	7〜8ヵ月ごろ以降、鶏、豚、牛肉をそれぞれ試 補給にたまに与える程度に。
加工品	麩	小麦アレルギーがなければ6ヵ月ごろからすりお でもどし刻んで煮たり、肉だんごに入れるとふん
	削り節	だし汁をとるほか、細かくして野菜をあえるのに プする。
	ちくわ	弾力があり、かみにくいので、1歳以降に。湯通 薄く切って使う。
	さつま揚げ	油分、塩分が多く、弾力があるため、1歳以降 けて刻んで与える。
	かに風味かまぼこ	かにの成分が含まれていないものもあるが、塩 が含まれ、消化もしにくい。
	ベーコン・ハム・ウインナ	脂質と塩分が多く、食品添加物も含まれるため 少量使う程度に。
卵	鶏卵・うずら卵	アレルギーがなければ、7〜8ヵ月ごろにしっかり の黄身を少量与える。9ヵ月ごろから、全卵を
乳製品	牛乳	アレルギーがなければ、6ヵ月ごろから、少量を のまま飲むのは1歳ごろ以降に。
	プレーンヨーグルト	アレルギーがなければ、6ヵ月ごろから、加熱せ 味が強いので、甘みのあるくだものと混ぜると。
	プロセスチーズ・粉チーズ	脂質、塩分が多いので、牛乳、ヨーグルトに慣 降、刻んで少量から。
	ピザチーズ	脂質・塩分が多く、溶けるとのびるので飲みこ とかたくなるため、刻んで少量のせる程度に。
脂質	バター	脂質が多く、塩分も含まれるため、消化器官の 月ごろ以降、少量を料理に使う程度に。
	植物油	消化器官に負担がかかるため、9ヵ月ごろ以降 に少量を使う程度に（なたね油・米油・オリーブ

ビタミン・ミネラル		特徴・与え方など
野菜類	にんじん	離乳食に欠かせない緑黄色野菜。皮の近くに 薄くむき、やわらかくなるまでゆでる。
	大根	離乳食のスタートから使える淡色野菜。葉の部 からゆでてみじん切りにして与える。
	れんこん	食物繊維が多く、煮てもやわらかくならないため 月ごろ以降に。
	ごぼう	食物繊維が多く、かたいため、9ヵ月ごろ以降に く煮てから、みじん切りにして少量使う程度に。
	かぼちゃ	ビタミンが豊富なため、離乳食には欠かせない 月ごろ以降は、皮も食べられるようであれば使え
	トマト・ミニトマト	皮とタネをとり除けば、5〜6ヵ月ごろから生のま
	なす	苦みがあるため、ある程度野菜に慣れた6ヵ月ご ら試すとよい。
	とうもろこし	糖質が多く甘みがあり、おかゆに慣れた5〜6ヵ

まだ食べてはダメなもの：消化しにくい、味が濃い、食べにくいためNG

	5~6ヵ月ごろ	7~8ヵ月ごろ	9~11ヵ月ごろ	1歳~1歳半ごろ
ため、豆腐や白	×	○	○	○
ね肉のほうが脂	×	△	○	○
ごろ以降に始め	×	×	○	○
身がやわらかい	×	×	○	○
ね肉のひき肉が	×	○	○	○
とに使う。なるべ	×	×	○	○
たあとに、鉄分	×	△	○	○
して使える。水 わり仕上がる。	△	○	○	○
うと風味がアッ	×	○	○	○
をして塩抜きし、	×	×	×	○
。湯をまわしか	×	×	×	△
分と食品添加物	×	×	×	△
、1歳ごろ以降	×	×	×	△
加熱したゆで卵 用する。	△卵黄 ×卵白	○	○	○
熱して使用。そ	△	○	○	○
に使える。酸 い。	△	○	○	○
れた9ヵ月ごろ以	×	×	○	○
みにくく、冷める	×	×	△	△

負担になる。9ヵ	×	×	○	○
炒めたり焼く際 油・ごま油など)。	×	×	○	○

	5~6ヵ月ごろ	7~8ヵ月ごろ	9~11ヵ月ごろ	1歳~1歳半ごろ
栄養があるので	○	○	○	○
分は、7ヵ月ごろ	○	○	○	○
、すりおろして9ヵ	×	×	△	○
なるべくやわらか	×	×	△	○
菜のひとつ。9ヵ る。	○	○	○	○
与えられる。	○	○	○	○
ろ以降に少量か	△	○	○	○
ごろから使える。	○	○	○	○

食べていいもの・ダメなもののリスト

赤ちゃんに食べさせても大丈夫な食材か迷ったときに、このリストでチェック！ 時期別に○△×で向き・不向きを表示しました。

	炭水化物	特徴・与え方など	5~6ヵ月ごろ	7~8ヵ月ごろ	9~11ヵ月ごろ	1歳~1歳半ごろ
米・パン類	米・米粉 	時期と好みに合わせてかゆの水分を変え、1歳前から軟飯にしてもOK。米粉はとろみづけに便利。	○	○	○	○
	食パン 	小麦アレルギーがなければ、米に慣れたあと、耳をとり除いてかゆ状にして与える。	○	○	○	○
麺類	うどん 	小麦アレルギーがなければ、米がゆに慣れたあと、かゆ状からスタート。	○	○	○	○
	そうめん・ひやむぎ 	細いので食べやすい。短く折ってやわらかくゆで、水洗いして塩分を抜く。	○	○	○	○
	そば 	そばアレルギーがないかを確認し、1歳以降に。やわらかくゆでて刻み、ごく少量から与える。	×	×	×	○
	中華麺 	弾力があるため、やわらかくゆでて刻み、9ヵ月ごろから(※添付のソース等は使えない)。	×	×	△	○
	スパゲッティ	うどんやそうめんに慣れたあとに。直径1.4mmくらいの細麺を短く折り、湯に塩は入れず、やわらかくゆでる。	×	△	○	○
その他	コーンフレーク	無糖タイプを9ヵ月ごろから。少量の水分でふやかして与える程度に。1歳以降は牛乳をかけても。	×	×	○	○
	オートミール	タンパク質、ビタミンB_1、鉄、カルシウム、食物繊維が豊富。水でかゆ状に煮たり、肉だんごなどに混ぜるとよい。	△	○	○	○
	じゃがいも 	5~6ヵ月ごろ、かゆに慣れたら始める。切ると茶色く変色するので、すぐ水にさらしてゆでる。	○	○	○	○
	さつまいも 	皮の近くに繊維が多いので、9ヵ月ごろまでは皮を厚めにむき水にさらしアクを抜いてゆでる。1歳以降は刻めば皮も食べられる。	○	○	○	○
	長いも 	煮るとやわらかくなり、とろみも出て食べやすい。体質によりかゆくなるので注意。生で与えるのは2歳以降に。	×	△	○	○
	里いも 	かゆくなる成分が含まれるため、7~8ヵ月ごろから、少量でようすを見ながら与えて。	×	○	○	○

	タンパク質	特徴・与え方など	5~6ヵ月ごろ	7~8ヵ月ごろ	9~11ヵ月ごろ	1歳~1歳半ごろ
豆類・豆製品	豆腐 	消化がよく、タンパク質食品のスタートに絹ごし豆腐を使う。慣れたら、より栄養価の高い木綿豆腐もとり入れて。	○	○	○	○
	きな粉 	豆腐に慣れた6ヵ月ごろから、かゆやヨーグルトに少量混ぜて与える。	△	○	○	○
	枝豆 	かたいので下処理が必要。さやをはずし、指でつぶれるくらいまでやわらかくゆでて、薄皮をとり除く。	△	○	○	○
	納豆 	7~8ヵ月ごろから、ひき割り(みじん切り)を加熱してあげ、慣れたらそのまま与える。1歳ごろからは小粒納豆でOK。	×	○	○	○
	金時豆 	7ヵ月ごろから、皮をむいてつぶして少量から使える。糖質が多く、やわらかく煮て1歳以降の手づかみ食べにおすすめ。	×	△	△	○
魚介類	白身魚 	たい、たら、かれい、ひらめなど。下処理ずみで鮮度のよい刺身が便利。塩分の多い塩だらは使えない。	○	○	○	○
	鮭 	脂質がやや多いので、白身魚に慣れた7~8ヵ月ごろから。塩鮭は塩分が多いので、生鮭を使うこと。	×	○	○	○
	まぐろ・かつお 	赤身魚は白身魚にくらべ脂質が多く、加熱すると身がかたくなるため、7~8ヵ月ごろから細かくほぐして使う。	×	○	○	○
	ツナ水煮缶	ノンオイルで食塩無添加のものがおすすめ。まぐろやかつおに慣れた7~8ヵ月ごろから。	×	△	○	○
	めかじき 	まぐろ赤身より脂質が多いため、まぐろに慣れた8ヵ月ごろからOK。	×	△	○	○
	ぶり 	白身魚にくらべ脂質が多いため、白身魚、鮭に慣れた8ヵ月以降に。	×	△	○	○
	青魚 	脂質が多く、身もかためなので、赤身魚に慣れた9ヵ月以降に。アレルギーを確認するため少量から試す。	×	×	○	○
	しらす干し	5~6ヵ月ごろから使えるが、塩分が含まれるので、塩抜きをして使う。	○	○	○	○
	いくら 	塩分が多く、アレルギーと誤嚥に注意が必要。1歳以降に、ゆでてつぶしたものを少量与える程度に。	×	×	×	△
	桜えび(小えび) 	アレルギーに注意が必要。殻ごと食べるため、カルシウム補給ができ、風味もアップできる。	×	×	△	△

離乳完了期（12〜18ヵ月ごろ）

1日3回食＋間食

やわらかい肉だんごくらいの歯ぐきでかめるかたさ

大人用より少しやわらかい肉だんごくらいのかたさが目安です。かむ力を調節することを学ぶため、いろいろなかたさのものを準備しましょう。

やわらかいものを1㎝ほどの角切りにする

▽

サイコロ状のほかにスティック、乱切りなどいろいろな形に挑戦

炭水化物

軟飯を基本にし、パンやめん類も織り交ぜます。食パンよりも油分の多いロールパンも食べられるようになります。小麦粉・米粉(20g)も、手づかみ食べやおやつメニューに活躍します。

●主な食材の量
軟飯…80g〜ごはん…80g または **食パン(8枚切り)** または **ロールパン…1個** または **ゆでうどん…1/2玉** または **乾麺…25g**

タンパク質

肉類や魚類は、ほとんどのものが食べられます。ただし、豚バラのように脂肪の多い部位や、うなぎのように小骨の多い魚、生ものはまだNG。卵は1/2〜2/3個、納豆は25g、乳製品は100g程度が目安です。※2種類使う際は、1種類の量を半分ほどに。

●主な食材の量
肉…15〜20g または **魚…15〜20g** または **豆腐…50〜55g**

ビタミン・ミネラル

野菜は合計40〜50gが目安。野菜嫌いの赤ちゃんには、調理法や形を変化させるなど工夫をしてみましょう。くだものは、野菜のかわりにはなりません。食べすぎに注意しましょう。塩分は約1g（食塩小さじ1/6）を上限に、うす味を心がけましょう。

●主な食材の量(例)
にんじん…20g ＋ わかめ(もどしたもの)…大さじ1 ＋ キャベツ…20g

離乳後期（9〜11ヵ月ごろ）

1日3回食

熟したバナナくらいの歯ぐきでつぶせるかたさ

赤ちゃんの歯ぐきでつぶせる完熟バナナくらいのかたさ（大人の指ではさんで軽くつぶせるくらい）が目安です。かたすぎても、やわらかすぎても歯ぐきでつぶす練習になりません。

やわらかいものを5㎜ほどの角切りにする

▽

赤ちゃんのようすを見ながら少しずつ大きくする

炭水化物

5倍がゆが基本ですが、後半には軟飯にしても大丈夫。スパゲッティ(20g)も食べられるようになります。具を混ぜて炒めたり、パンをトーストしたりと、いろいろな調理法ができるようになります。

●主な食材の量
5倍がゆ…90g〜軟飯80g または **食パン(8枚切り)…3/4枚** または **ゆでうどん…1/3玉** または **乾麺…20g**

タンパク質

消化器官の発達にともない、豚や牛の赤身、青魚も食べられるようになります。牛乳、ヨーグルトは80gを目安とし、チーズも使えますが、とりすぎないようにしましょう。卵は1/2個、納豆は20g程度が目安です。※2種類使う際は、1種類の量を半分ほどに。

●主な食材の量
肉…15g または **魚…15g** または **豆腐…45g**

ビタミン・ミネラル

野菜は合計で30〜40gが目安。葉菜、根菜、果菜（トマトなど）に加え、わかめやひじきなどの海藻類やきのこ類も試してみましょう。繊維が多いものは、やわらかくして刻んで使います。塩分は約0.5g（食塩小さじ1/12）を上限に、ごくうすく味つけができます。

●主な食材の量(例)
ミニトマト…2個 ＋ ひじき(もどしたもの)…小さじ1 ＋ かぶ…15g

最新！ 「授乳・離乳の支援ガイド」に対応

大人ごはんからとり分けも！

きちんとかんたん離乳食

管理栄養士 中村美穂

赤ちゃんとママ社

はじめに

離乳食はひとさじのおかゆに始まり、およそ半年から1年で大人と同じようなごはんが食べられるようになるのですから、子どもの成長には目を見張るばかりです。日々食べたものが命を支え、豊かな食体験を重ねることで豊かな感性をはぐくみます。離乳食はその原点といえるでしょう。

本書でも、離乳食の進め方は、赤ちゃんの成長や発達の段階にそって、食べられる食材やかたさ、大きさなどを紹介していますが、それらはあくまでも目安です。大人と同じく赤ちゃんにも、からだの大きさ、食べる量などに「個性」があり

ます。それぞれが暮らす環境やご家庭にも事情があることでしょう。思うように食べてくれなかったり、ゆっくり離乳食を用意する時間がとれなかったりなど、「理想と現実」の差にため息をつくこともあるかもしれませんが、できることから少しずつ、それぞれの赤ちゃんにとってよりよい方法を探っていただきたいと思います。

作り手であるママやパパなどの笑顔が、食べ手である赤ちゃんの笑顔につながります。ぜひ肩の力を抜いて、前向きな気持ちで、貴重な離乳食の期間を赤ちゃんとともにお過ごしください。そのために、本書が少しでもお役に立てれば幸いです。お近くに置いて、そのときどきに試した日付や赤ちゃんの食べるようすなどをメモしていただければ、あとで振り返るとすてきな「離乳食（育児）日記」になるかもしれません。

中村美穂

目次

大人ごはんからとり分けも！きちんとかんたん離乳食

とじこみ付録
離乳食の進め方早見表
食べていいもの・ダメなものリスト

PART1

離乳食の基本

PART2

離乳食の基本食材事典

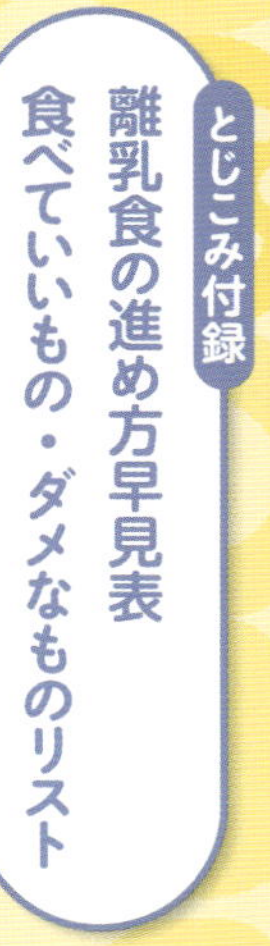

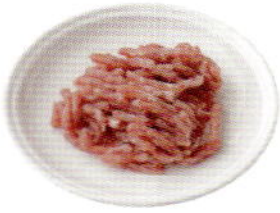
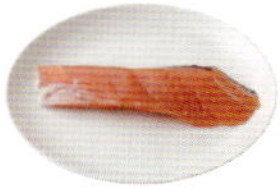

PART3

離乳食の調理テクニック

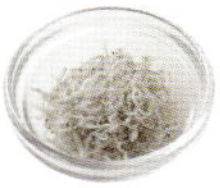
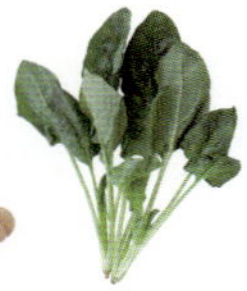
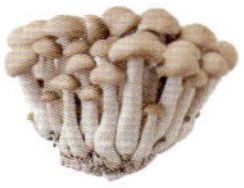
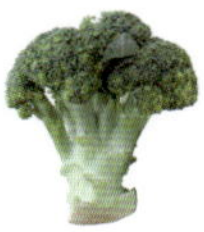
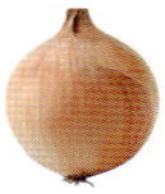
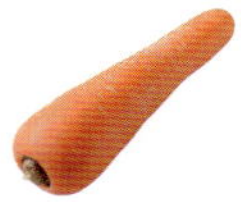
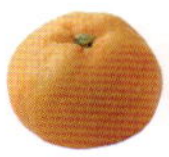
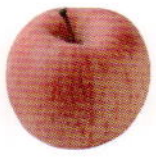
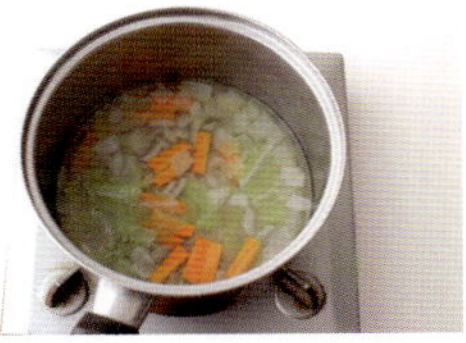
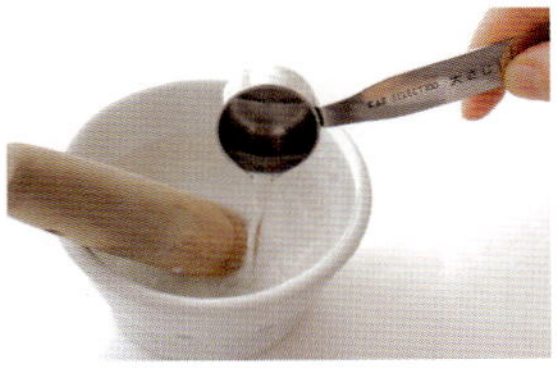
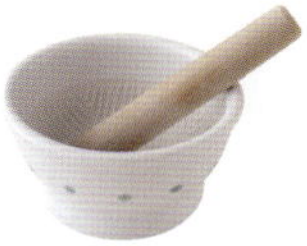
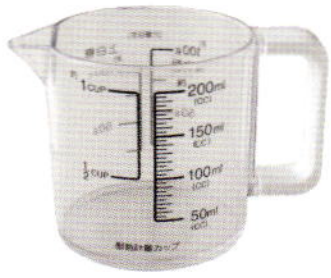

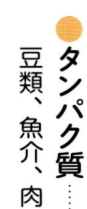

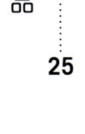

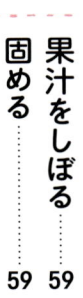

PART4

時期別の進め方と簡単レシピ

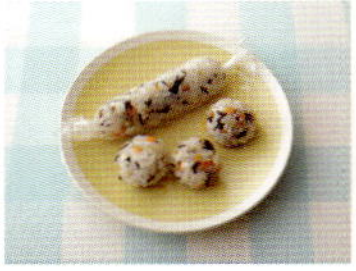

PART5

大人ごはんからのとり分け離乳食

PART6

困ったときの離乳食

本書の使い方

栄養マークを表示

各料理に含まれる栄養素をマークで表示しています。

- 炭水化物　主に炭水化物が摂取できる食材が使われている。
- タンパク質　主にタンパク質が摂取できる食材が使われている。
- ビタミン ミネラル　主にビタミン・ミネラルが摂取できる食材が使われている。

オムライス

炭水化物　タンパク質　ビタミン ミネラル

材料

ご飯（やわらかめ）…80g
鶏ひき肉…10g（小さじ2）
水…大さじ2
冷凍ミックスベジタブル…大さじ2
卵…1/2個
牛乳…小さじ1/2
ケチャップ…小さじ1/2
塩・油…各少々

作り方

1 フライパンに鶏ひき肉とミックスベジタブル、水を混ぜて肉に火が通るまで煮る。ご飯、ケチャップ、塩を加えて混ぜる。
2 溶いた卵に牛乳を混ぜ、油を熱したフライパンに流し入れ、混ぜながら卵に火を通す。
3 皿に1を盛り、2をのせ、好みでケチャップ（分量外）で目と口を描く。

Point
野菜はゆでた玉ねぎとにんじんでもOK。具を油で炒めず、水で煮て、やわらかく仕上げます。

コメント

ポイントやアドバイスなど、おすすめの調理法やコツ、味や栄養についてコメントを掲載しています。

からだを冷やす夏野菜を使ってのどごしよく
豆腐とトマトのあんかけそうめん

食べさせてよい時期

料理によって、食べさせられる時期が異なります。目安として参考にしてください。

決まりごと

- レシピの1カップ＝200ml、大さじ1＝15ml、小さじ1＝5mlです。（※「1さじ」とは、小さじ1のこと）
- 本書は、厚生労働省策定「授乳・離乳の支援ガイド」（2019年）と、食物アレルギー研究会「食物アレルギーの診療の手引き2023」に基づいて制作しています。
- 赤ちゃんの成長の目安は、お子さんの体重や身長が、母子手帳などに掲載されている成長曲線のカーブにそっているかで確認してください。
- レシピは基本的に1人分です。ただし、食べられる量や大きさなどは個人差がありますので、お子さんに合わせて調節してください。
- 電子レンジの加熱時間は600Wを使用したときのものです。それ以外のワット数の場合は、ようすを見て調節してください。必ず電子レンジ対応の器（耐熱容器）を使用してください。
- 材料にある「しょうゆ」は濃口しょうゆ、「みそ」は米みそ、「砂糖」はきび砂糖、「酢」は純米酢を使用しています。
- 材料にある「だし汁」は、かつおの削り節や昆布でとった手作りか、ベビーフードのだしを使用してください。
- 材料のグラム数は、特に表示のない限り、正味（皮などを除いたもの）の分量です。
- 「調乳したミルク」とは、粉ミルクを規定の分量の湯で溶いたものです。
- ベビーフードを「BF」と表記している場合があります。
- 食物アレルギーと診断されたことがある、または食物アレルギーの可能性がある場合は、自己判断ではなく医師の指導に基づき、気をつけて摂取の検討や調理を行ってください。

PART1

離乳食の基本

離乳食っていつから、どんなふうに始めたらいいの？
初めての経験にとまどうこともあるけれど、
基本を押さえておくと安心です。

離乳食って何だろう?

母乳やミルクから固形の食事を食べるようになるまでのプロセスを「離乳」といい、その間の赤ちゃんの食事を「離乳食」といいます。まずは離乳食の基本を押さえておきましょう。

固形の食事に慣らすとともに豊かな味覚と食生活をはぐくむ

生まれたばかりの赤ちゃんは、母乳や育児用ミルクなどの液体から栄養をとりますが、成長するにつれて、不足してくるエネルギーや栄養素を補うために、固形の食事から栄養をとるようになります。その練習期間として必要なプロセスを離乳といい、このときの食事が離乳食です。

離乳食は、赤ちゃんの成長と消化吸収、かむ力などの発達に合わせて、食材の種類や量、かたさ、大きさを変えていきます。赤ちゃんの成長・発達は個人差が大きいので、ほかの子とくらべず、その子なりのペースで進めていくことが大切です。また、「おいしいね」と声をかけながらおおらかに接することで、赤ちゃんは安らぎや信頼感を得て、食べることを「楽しい」と感じるようになるでしょう。

離乳食は、赤ちゃんの味覚を形成し、食生活の土台づくりをする大切な時期でもあります。季節のものをとり入れ、いろいろな食材の味や香りを経験させてあげましょう。また、将来の病気を予防するためにも、離乳食のころから、うす味で栄養バランスのよい食事を心がけ、生活リズムを整えてあげてください。

「食べることは生きること」。赤ちゃんの食べようとする姿を応援し、「食べる力」をはぐくんであげましょう。

離乳食の大切な役割

1 栄養を補給する

ぐんぐん成長する赤ちゃんには、十分な栄養が必要です。5～6ヵ月ごろになると母乳・ミルクだけではたりなくなってくるので、離乳食で必要なエネルギーや栄養素を補います。

2 かむ力を育てる

離乳食を通して、やわらかく形のあるものをかんでつぶし、飲みこめるようになっていきます。また、かむことでだ液が多く分泌され、消化を助けます。

3 自分で食べる力を育てる

はじめは食べさせてもらう赤ちゃんも、だんだんと自分で食べたがるように。手づかみ食べを始め、手指を器用に動かせるようになり、スプーンを使うことも覚えます。

4 豊かな味覚を育てる

この時期にいろいろな素材の味を十分に体験させることで、香りや甘み、塩味、うまみ、酸味、苦みなどを敏感に感じとることのできる、豊かな味覚が養われます。

5 食べる楽しさを知る

離乳食を通じて、赤ちゃんは食べることに興味をもち、楽しいと感じるようになります。家族で食卓を囲む機会をつくり、食事をうれしい時間にしてあげましょう。

6 日本の食文化を伝える

住んでいる土地で昔から食されている、風土に合ったものを食べることを大切に。世界的にも健康食として注目されている和食のよさを体験させてあげましょう。

発達に合わせた食材のかたさと大きさ

離乳食で与える食べ物のかたさや大きさは、赤ちゃんの発達に合わせて変化させ、食べる力を育てていきます。

赤ちゃんの舌の動きと食べ方

離乳初期（5～6ヵ月ごろ）

赤ちゃんの舌は、前後に動きます。はじめは食べ物を舌でなめるだけですが、少しずつあごが連動して動くようになり、唇を閉じてとりこんだ食べ物を舌で奥へと移動させ、上手に飲みこめるようになります。

離乳中期（7～8ヵ月ごろ）

下あごが少しずつ前に出てくる時期。上下のあごの間隔があくので、口の中が広がります。舌は前後だけでなく、上下にも動かせるように。やわらかい粒状のものを舌で上あごに押しつけてつぶし、飲みこめるようになります。

かたさの目安

ポタージュスープ

口の中にためてから飲みこめるポタージュスープくらいのかたさとなめらかさが目安です。慣れてきたら少しずつ水分量を減らし、ヨーグルトくらいのかたさにします。

絹ごし豆腐

舌と上あごでつぶせる絹ごし豆腐くらいのかたさとなめらかさが目安です。かたい食材は舌でつぶせないので、丸飲みする原因に。飲みこみにくいものは、すりつぶしたり、とろみをつけたりします。

食べ物の大きさの変化

離乳初期

なめらかにすりつぶし、トロトロに

▼

赤ちゃんのようすを見ながら水分量を減らす

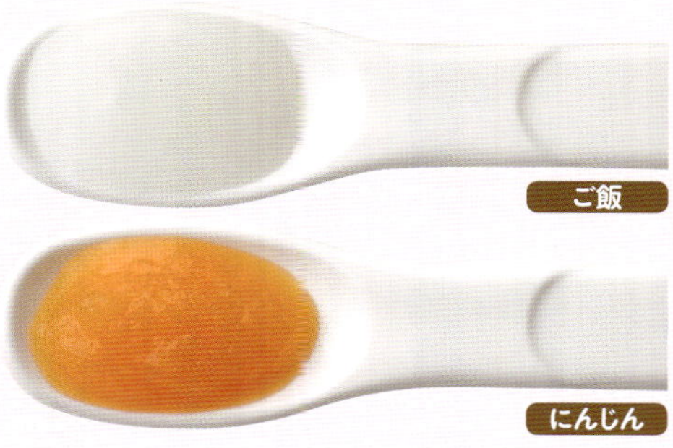

離乳中期

食材の形が少し残る程度につぶす

▼

やわらかいものを細かく刻む

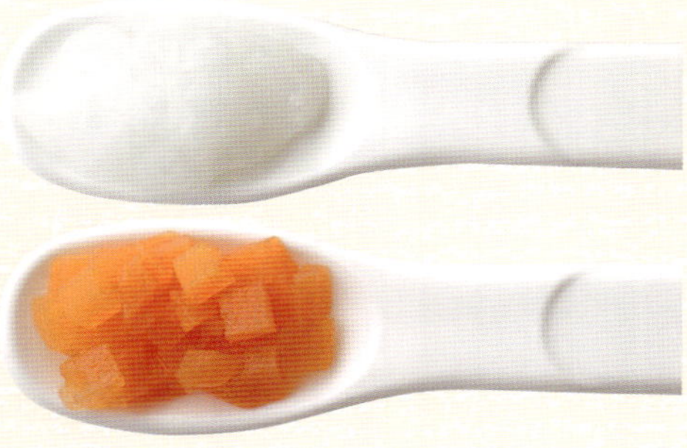

もっと気楽に！　食べる力を育む離乳食

食べ物を手でつかんで口に運び、歯ぐきでかんで食べる力を育てるために、離乳食開始時(6ヵ月ごろ)からやわらかくゆでた野菜などを用意し、自分で食べることにチャレンジしてみましょう。ペーストなどはスプーンにのせ、赤ちゃんが自分でつかんで口に運ぶようにサポート。発達は個人差が大きく、食べ方もすすみ方も個性があるので、目安どおりでなくても大丈夫。親子で楽しく、食べる力を育んで！

離乳完了期（12～18ヵ月ごろ）

舌は、前後・上下・左右と自在に動くようになります。前歯が生えそろってくるので、ひと口量をかじりとる練習をします。細長く切ったトーストや野菜スティックなどを手に持ち、ひと口サイズを自分で調節できるメニューもとり入れて。

やわらかい肉だんご

大人用より少しやわらかい肉だんごくらいのかたさが目安です。かむ力を調節することを学ぶため、いろいろなかたさのものを準備しましょう。

やわらかいものを1㎝ほどの角切りにする

▼

サイコロ状のほかに薄切り、乱切りなどいろいろな形に挑戦

離乳後期（9～11ヵ月ごろ）

前後・上下に加え、左右にも舌を動かせるようになります。舌と上あごでつぶせないものは、舌で歯ぐきの上に移動させ、頬と舌ではさみ歯ぐきでつぶして食べられるようになります。はじめはこの連携がうまくいかず、丸飲みしたり、べぇーと吐き出したりすることも。

熟したバナナ

赤ちゃんの歯ぐきでつぶせる完熟バナナくらいのかたさ（大人の指ではさんで軽くつぶせるくらい）が目安です。かたすぎても、やわらかすぎても歯ぐきでつぶす練習になりません。

やわらかいものを5㎜ほどの角切りにする

▼

赤ちゃんのようすを見ながら少しずつ大きくする

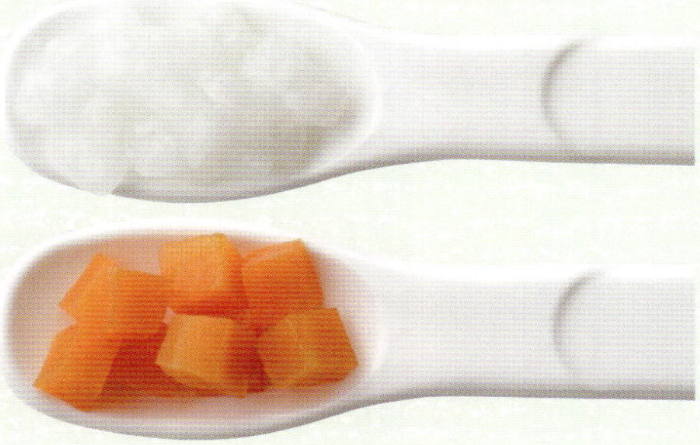

スタートから完了まで進め方のイメージ

赤ちゃんのようすを見ながら、形や量を少しずつ変えていく離乳食。進め方のイメージをつかみましょう。

ステップ 1

離乳初期（5〜6ヵ月ごろ）

1日1回の離乳食をスタートします。

最初は、口を閉じて飲みこむ練習から。メニュー例は裏ごし10倍がゆ、にんじんペーストです。どちらもトロトロの状態にします。野菜スープもいっしょにあげるとよいでしょう。

レシピは72ページ

あせりは禁物
ゆっくりでOK!

食べることに慣れてきたら、1日2回食にします。メニュー例はすりつぶし10倍がゆ、豆腐ペースト、かぼちゃ&玉ねぎペースト。ヨーグルト程度のかたさが目安です。

レシピは73ページ

少しずつ
量をふやして

ステップ 2

離乳中期（7〜8ヵ月ごろ）

1日2回食が基本です。

ペーストの
丸飲みから
つぶす練習へ

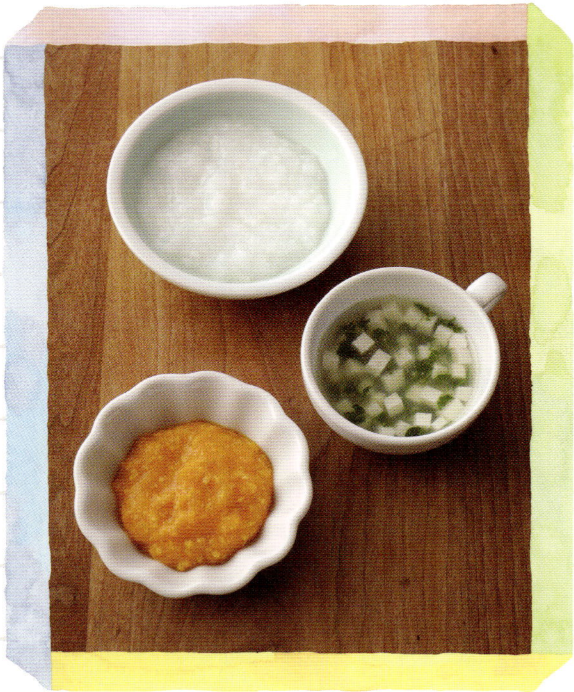

舌と上あごで食べ物をつぶして飲みこむ練習を。メニュー例は7倍がゆ、鶏ひき肉入りかぼちゃマッシュ、豆腐とチンゲンサイの薄くず汁。葉もの野菜はとろみをつけて食べやすくしましょう。

レシピは84ページ

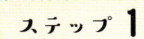

ステップ 3

離乳後期
（9〜11ヵ月ごろ）

1日3回食に
なります。

食べられる食材も
量もアップ!

歯ぐきでつぶす練習を始める時期。栄養バランスも意識して、大人の食事に近づけていきます。メニュー例はおろしにんじん入り5倍がゆ、お麸入り肉だんごアスパラ添え、豆腐とわかめのすまし汁。うすく味つけをします。

レシピは 100ページ

ステップ 4

離乳完了期
（12〜18ヵ月ごろ）

朝・昼・夜の食事に
おやつが加わります。

手づかみで食べられるようになるのと同時に、スプーンも使い始める時期です。メニュー例はオクラ納豆ご飯（軟飯）、あじのケチャップあんかけポテト添え、なめことなすのみそ汁。このころになると、揚げもの（揚げ焼きしたもの）も食べられるようになります。

レシピは 120ページ

どんどん手づかみ
食べをさせて!

ゴール!

離乳食完了
幼児食にうつります。

レシピは 136ページ

次のふたつのことができたら、離乳食の完了です。ひとつは、ステップ 4の食事のような、形のある食べ物をかみつぶせること。もうひとつは、エネルギーや栄養素の大部分を、母乳・ミルク以外の食べ物からとれること。離乳食が完了したら、大人の食事に近づけるための「幼児食」にうつります。

離乳食で大切な栄養バランス

赤ちゃんの成長に、栄養バランスのよい食事は欠かせません。「主食+主菜+副菜」の献立なら、ラクにバランスが整います。

「主食+主菜+副菜」でバランスを整えましょう

離乳初期の赤ちゃんの栄養源は、理想的な栄養バランスをもつ母乳・ミルクが中心です。しかし、離乳食が2回になる離乳中期からは、食事からもからだに必要な栄養素や水分が補給できるように、栄養バランスを考えることが大切になってきます。

簡単に栄養バランスを整えるコツは、「主食+主菜+副菜」を基本とした献立を考えることです。主食はエネルギーとなる炭水化物、主菜はからだをつくるタンパク質、副菜はからだの調子を整えるビタミン・ミネラルがメインの栄養素。これら3つを組み合わせることで、離乳食の栄養バランスがよくなります。すべて合わせた一品メニューにしてもよく、彩りをよくしたり、汁ものを加えたりすると、自然とバランスが整います。

あまり神経質にならず、1日、1週間といった単位で、だいたいの栄養バランスがとれているか、いろいろな食材が食べられたかを確認していきましょう。

離乳中期（7～8ヵ月ごろ）

副菜　主食

主菜

レシピは85ページ

離乳後期（9～11ヵ月ごろ）

主食　副菜

主菜

レシピは101ページ

離乳完了期（12～18ヵ月ごろ）

主食　副菜

主菜

レシピは122ページ

主食
=
炭水化物

ご飯、パン、麺類、じゃがいも、さつまいも、小麦粉、コーンフレークなどの主食となる食材は、炭水化物を多く含みます。炭水化物は消化吸収されると糖となって、血中をめぐります。赤ちゃんはこの糖を使ってからだを動かし、頭を働かせます。

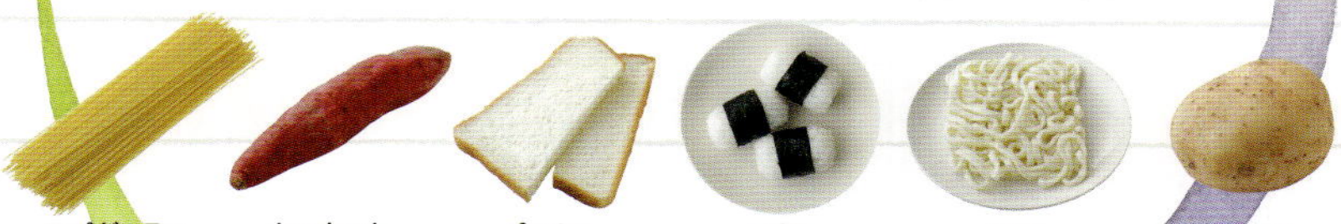

スパゲッティ　さつまいも　食パン　ご飯　うどん　じゃがいも

5大栄養素（炭水化物、タンパク質・脂質、ビタミン・ミネラル）が入るように主食・主菜・副菜を組み合わせましょう！

副菜
=
ビタミン・ミネラル

緑黄色野菜、淡色野菜、きのこ、くだもの、海藻などは、ビタミン・ミネラルを多く含み、からだの調子を整え、免疫力を高めます。これらの栄養素はほとんどがからだの中でつくり出せないため、毎日補給する必要があります。食材によってビタミン・ミネラルの種類や分量が異なるため、さまざまな食材をとりましょう。

にんじん　トマト　ブロッコリー　ほうれんそう　玉ねぎ

しめじ　わかめ　りんご　みかん

主菜
=
タンパク質・脂質

肉、魚介、卵、牛乳・乳製品、大豆・大豆製品は、タンパク質を多く含みます。タンパク質はからだをつくるもととなる栄養素。タンパク質食品はエネルギー源となる脂質やビタミンDや鉄も補給できます。ただし、とりすぎると消化器官に負担がかかるので注意しましょう。

卵　ひき肉　納豆　鶏肉

鮭　たい

離乳食で注意したい食材

赤ちゃんの消化吸収機能は、まだまだ未発達。からだに負担をかける食材もあるので、気をつけてあげましょう。

注意 1

生ものや古い食材は避けて

赤ちゃんは、細菌からからだを守る働きがまだまだ未熟。抵抗力が弱いため少しの細菌にも感染しやすく、下痢や食中毒を起こしてしまうことがあります。このため、原因となる細菌を赤ちゃんの体内に入れないことが大切です。

食材は新鮮なものを使い、加熱するのが基本です（くだものやトマトは皮をむけばOK）。作った離乳食はなるべく早く食べさせ、食べ残しは処分します。調理器具や食器類はきれいに洗い、よく乾燥させて使いましょう。

こんなものが✕

生野菜や生卵、刺身など、加熱していないものはNG。特に刺身は2～3歳になるまで食べさせないで。加熱した料理でも、時間がたったものは再加熱をしてください。

注意 2

濃い味つけは腎臓の負担に

6ヵ月ごろの赤ちゃんの腎臓は、大人の半分くらいの大きさしかなく、機能も未熟で、塩分のとりすぎは大きな負担になります。また、むくみや高血圧の原因にもつながります。

離乳食は味つけなしからスタートして、9ヵ月ごろからごくうすく味をつけ、1歳～1歳6ヵ月ごろは大人の1/2程度を目安に味つけします。調味料のほか、加工食品には塩分が多く含まれているので、気をつけましょう。

こんなものが✕

ハムやウインナ、練りものなどの加工食品は塩分が多いので、与える場合は離乳食のゴール間近に少しだけにします。食塩の多いコンソメや顆粒だしの使用も控えましょう。

この食材も気をつけて

水道水・ミネラルウオーター

水道水は、抵抗力の弱い1歳未満には沸騰させた湯冷ましを使いましょう。ミネラルウオーターは軟水を選び、同じく加熱して。

牛乳

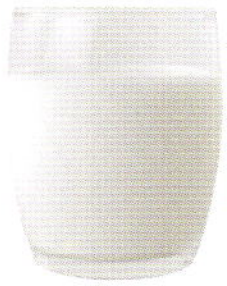

そのまま飲ませるとおなかをこわすことがあります。1歳未満の離乳食には加熱して使い、1歳をすぎたらコップに入れてあげます。

中華麺

弾力があるため、かみ切れず、丸飲みしてしまいます。油脂が含まれているものもあり、1歳以降やわらかくゆでて使います。

はちみつ

耐熱性のボツリヌス菌が混入していることがあるので、抵抗力の弱い1歳未満の赤ちゃんには使用しないでください。

加糖ヨーグルト・乳酸菌飲料

赤ちゃんにとっては糖分が多く、強い甘みに慣れてしまうので控えましょう。

いくら(魚卵)

塩分が多いうえに、生ものは食中毒の危険もあるので控えましょう。アレルギーの心配もあります。たらこも同様です。

注意3
タンパク質のとりすぎに注意

赤ちゃんは、タンパク質を分解して消化吸収する機能も、腸管の免疫機能も未発達。十分に消化できなかったタンパク質が血中に入ると「異物」と見なされ、退治するための抗体がつくられます。これが、食物アレルギーの原因になります。

タンパク質のとりすぎは、肝臓にも負担をかけるので注意して。ただ、タンパク質は成長に欠かせない大切な栄養素でもあります。むやみに控えるのではなく、適切な量をとるようにしましょう。

注意4
脂質は少なめに

赤ちゃんは大人にくらべて消化液の量も少なく胃腸のはたらきも未熟です。赤ちゃんにとって、最も消化しにくいのが脂質。とりすぎると、下痢をしたり、吐き戻したりすることがあります。

最初は油を使わず、脂質の少ない食材(白身魚など)から始めますが、9〜11ヵ月になると少量の油が使えるようになります。油脂を含むパンや加工食品にも注意が必要です。脂質の少ない和食を中心に献立を考えていきましょう。

衛生面もチェック

赤ちゃんは免疫力が弱いので、離乳食を作る際の衛生面にも気をつかってあげましょう。

赤ちゃんのからだに食中毒菌を入れないために

大人より免疫力が弱く、食中毒にかかりやすい赤ちゃん。食中毒の原因となる細菌は、水分・温度・栄養の条件がそろうと急増します。目には見えず、においもしないので、予防に気をくばることが大切となります。

食中毒予防の3原則を守って、赤ちゃんを細菌から守りましょう。

食中毒予防の3原則

食中毒菌を
「つけない、ふやさない、殺菌する」

つけない　手をよく洗い、器具等を清潔に保つ。

ふやさない　新鮮な食材を早めに使う。
時間がたったものや食べ残しをあげるのはNG。

殺菌する　基本的にすべて加熱。食材を刻む際は、熱湯消毒した器具で。

ポイント 1　清潔な手で調理する

調理前や、生の肉や魚などをさわったあとは、石けんで手を洗います。親指のつけ根や指の間も忘れずに。すすいだあとは、清潔なタオルでふきましょう。
調理の最中に髪をさわってしまったときは、もう一度きれいに手を洗いましょう。服や肌に触れたときも同様です。

ポイント 2　調理器具はしっかり洗う

茶こしやすり鉢などの洗いにくいものは、洗い残しが心配です。ブラシなどを使って、こすり洗いしましょう。

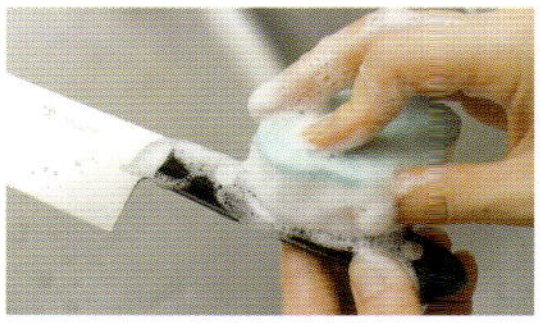

包丁や鍋の持ち手の部分は、洗うのを忘れがち。特に包丁は、切った生の食材がついていることがあるので気をつけて。

ポイント 3　道具を使い分ける

まな板は「肉・魚用とそれ以外」、または「加熱前用と加熱後用」に分けます。まな板にのせて使えるまな板シートも便利。

菌が繁殖しやすいふきんやスポンジ。離乳食用にふたつ以上用意しておくと、洗ったあとにしっかりと乾燥させる時間がつくれます。

ポイント 4　熱湯で殺菌する

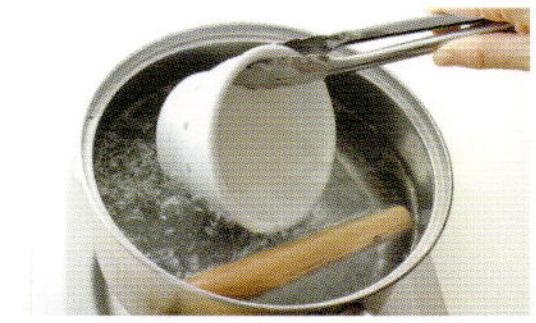

食器や調理器具は洗剤で洗い、煮沸消毒。鍋にたっぷりの湯を沸かして食器などを入れ、1分間ほど煮てから乾燥させます。

まな板や包丁のように鍋に入らないものは、沸騰した湯を両面にまんべんなくかけることで消毒できます。

PART2

離乳食の基本食材事典

どんな食材を赤ちゃんに食べさせたらいいのか、
またいつから与えてよいのかをまとめました。
迷ったときにはこれでチェック！

かたさや大きさもひと目でわかる！

離乳食の基本食材事典

赤ちゃんの成長・発達に合わせて、食べられる食材がふえていきます。
主な栄養素ごとに、基本的な食材をいつごろからどのように調理すればよいか、チェックしましょう。

リストの見方

●主な栄養素で分類しています。

●各時期の与える際の食材の大きさを確認できます。

●時期ごとに与えていいかダメかを ○△× で示した一覧表

マークの意味

○ 食べてもいいもの：時期に合ったかたさ、大きさにすればOK

△ 注意すれば食べてもいいもの：量を控えめに。ほかの食材にも慣れ、赤ちゃんが苦手でなければOK

× まだ食べてはダメなもの：消化しにくい、味が濃い、食べにくいためNG

＜○△×食材共通の注意点＞

①鮮度がよいものを使うこと(消費〈賞味〉期限内で、開封後はなるべく早く使う)。

②月齢に合わせたかたさや大きさにし、加熱(一部を除く)すること。

③食物アレルギーに注意し、アレルギーのある場合は医師と相談のうえ、使用を判断すること。

●各食材の 旬 栄養素 調理法 保存法 について説明しています。

離乳食の基本食材事典

●炭水化物 ●タンパク質

豆腐

初期	中期	後期	完了期
○	○	○	○

栄養素 タンパク質、カルシウム　調理法 消化がよく、5～6ヵ月ごろのタンパク質食品のスタートに絹ごし豆腐を使う。慣れたらより栄養価の高い木綿豆腐もとり入れて。1歳まではゆでるか、電子レンジで加熱する。　保存法 冷蔵庫で保存。消費期限内で、開封した日に使いきる。冷凍不可。

初期
絹ごし豆腐をゆでてなめらかにすりつぶし、湯を加えてのばす。

中期
5mmほどの角切りにしてゆでる。木綿豆腐をつぶして野菜とあえてもよい。

後期
8mmほどの角切りにしてゆでる。汁もののほか、木綿豆腐で豆腐ハンバーグを作ってもよい。

完了期
1cmほどの角切りにしてゆでる。片栗粉をふって焼いてもよく、焼き豆腐も使えるようになる。

高野豆腐

初期	中期	後期	完了期
×	○	○	○

栄養素 タンパク質、カルシウム、鉄　調理法 豆腐を凍結・乾燥させた保存食で、豆腐の栄養が凝縮。ぬるま湯でもどし刻んで煮ると、ふんわりとして食べやすい。そのまますりおろしてから煮てもよい。

油揚げ

初期	中期	後期	完了期
×	×	×	○

栄養素 タンパク質、脂質　調理法 水きりした豆腐を薄く切って揚げたもので、油分が多くかみにくいため、ゆでて油を抜き、刻んで1歳以降に。厚揚げは、まわりを除けば7～8ヵ月ごろから使用できる。

きな粉

初期	中期	後期	完了期
△	○	○	○

栄養素 タンパク質、カルシウム、鉄　調理法 炒った大豆の粉で、加熱不要なので便利。豆腐に慣れた6ヵ月ごろから、かゆやヨーグルトに少量混ぜて与える。そのままではむせることがあるので注意。

おから

初期	中期	後期	完了期
×	×	×	○

栄養素 タンパク質、食物繊維　調理法 豆腐を作る際に出るしぼりかす。大豆の栄養と食物繊維がとれ、1歳以降にうの花煮やハンバーグのつなぎにするとよい。　保存法 生おからは冷蔵または冷凍保存。

25

タンパク質

肉・魚・大豆・牛乳・卵などに多く含まれるタンパク質は、血やからだをつくる重要な栄養素。消化器官に負担がかかるので、注意して進めましょう。

じゃがいも・片栗粉

初期	中期	後期	完了期
○	○	○	○

旬 秋～春　栄養素 炭水化物、ビタミンC、カリウム　調理法 デンプンが多く消化によいため、かゆに慣れた5～6ヵ月ごろに始める。切ると茶色く変色するので、すぐ水にさらしてゆでる。芽や皮の緑色の部分は、有害物質が含まれるため必ずとり除く。片栗粉はとろみづけや肉だんごのつなぎなどに活躍する。　保存法 湿度が低い冷暗所で保存(光があたると芽が出やすくなる)。※以下のいもも同様。

初期
やわらかくゆでてすりつぶし、湯でなめらかにのばす。パサつく食材のとろみづけにも。

中期
やわらかくゆでてつぶす。冷めるとかたくなり、粘りけが出るので熱いうちにつぶす。

後期
5mm～1cmの角切りか、3cm長さほどのスティック状にしてやわらかくゆでる。おやきにしてもよい。

完了期
1cm角、または1cm角×4cm長さのスティック状にしてやわらかくゆでる。揚げ焼きにしてもよい。

さつまいも

初期	中期	後期	完了期
○	○	○	○

旬 秋　栄養素 炭水化物、ビタミンB_1・C、食物繊維　調理法 じゃがいも同様に使え、甘みがあって食べやすく、便秘の予防にもおすすめ。皮の近くに繊維が多いので、9ヵ月ごろまでは皮を厚めにむき、水にさらしアクを抜いてからゆでる。1歳以降は刻めば皮も食べられる。

長いも・やまといも

初期	中期	後期	完了期
×	△	○	○

旬 冬　栄養素 炭水化物、カリウム　調理法 やまといも(山いも)の中でも、水分の多い長いもは、煮るとやわらかくなり、とろみも出て食べやすい。肌に触れると赤くなるのは、食物アレルギーではなくかぶれで、体質によりかゆくなるので注意。必ず加熱し、生で与えるのは2歳以降に。

里いも

初期	中期	後期	完了期
×	○	○	○

旬 秋　栄養素 炭水化物、食物繊維、カリウム　調理法 かゆくなる成分が含まれるため、7～8ヵ月ごろから、少量を与えてようすを見て。皮をむき、刻んで煮るか、ゆでてつぶす。

炭水化物

からだや脳のエネルギー源となるのが、炭水化物。消化のよい米がゆからスタートし、主食として離乳食に必ずとり入れます。

うどん

初期	中期	後期	完了期
○	○	○	○

栄養素 炭水化物 調理法 小麦アレルギーがなければ、米がゆに慣れたあと、かゆ状からスタート。冷凍麺はコシが強く、乾麺は塩分が多いので長めにゆで、よく水洗いして。 保存法 ゆで麺は冷蔵または冷凍保存。乾麺は冷暗所に密閉保存。

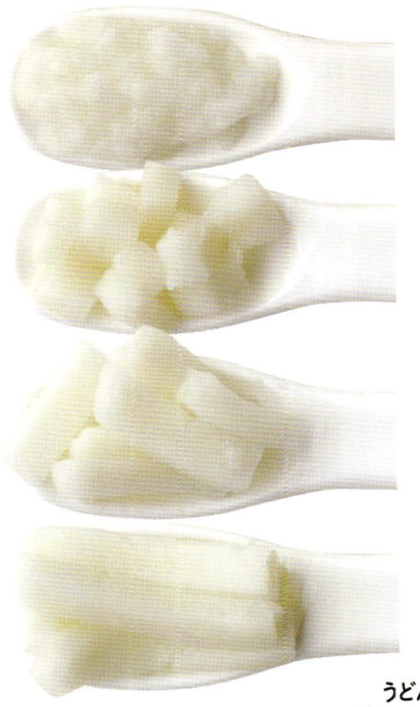

初期
やわらかくゆで、すりつぶして湯でのばす。裏ごしてもよい。※乾麺はかたく塩分が多いので不向き。

中期
やわらかくゆでて2〜5mm長さに切る。みじん切りにしてからゆでてもよい。

後期
1〜2cm長さに切ってやわらかくゆでる。乾麺を短く折ってゆでてもよい。

完了期
4〜5cm長さに切ってやわらかくゆでる。ゆでてから、はさみで食べやすく切ってもよい。

うどんがゆの作り方➔63ページ

米・米粉

初期	中期	後期	完了期
○	○	○	○

旬 秋 栄養素 炭水化物 調理法 消化吸収がよく、離乳食のスタートに与える食材。時期と好みに合わせてかゆの水分量を変え、1歳前から軟飯にしてもOK。米粉はとろみづけに便利。 保存法 冷暗所に密閉して保存。精米後は味が落ちるため長期保存はNG。

初期
米1：水10で炊いた10倍がゆをなめらかにすりつぶす。米粉に水を混ぜて煮た即席がゆもラク。

中期
米1：水7で炊いた7倍がゆ。5倍がゆを炊き、湯でのばして食べやすくしてあげてもよい。

後期
米1：水5で炊いた5倍がゆ（※全がゆは米1：水6）。水加減は好みで調整。

完了期
米1：水2で炊いた軟飯。普通のご飯（米1：水1.2）よりやわらかめに炊いたものでOK。

おかゆの作り方➔61〜62ページ

そうめん・ひやむぎ

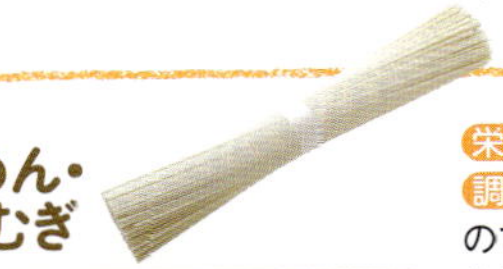

初期	中期	後期	完了期
○	○	○	○

栄養素 炭水化物
調理法 うどん同様に使え、細いので食べやすい。短く折ってやわらかくゆで、水洗いして塩分を抜く。かゆ状にするのは手間がかかるので、7カ月ごろから活用する。
保存法 冷暗所に密閉保存。

玄米

初期	中期	後期	完了期
×	×	×	△

旬 秋 栄養素 炭水化物、ビタミンB_1、食物繊維 調理法 もみ殻を除いた米。胚芽に含まれているビタミンB_1がとれるが、消化されない食物繊維が多いので、1歳ごろからやわらかく炊いたものを少量から。

そば

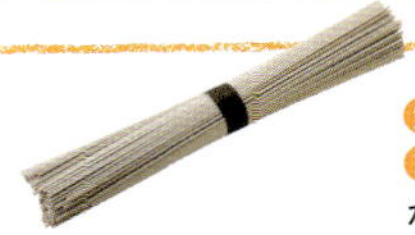

初期	中期	後期	完了期
×	×	×	○

栄養素 炭水化物、食物繊維
調理法 そばアレルギーがないかを確認し、1歳以降に。やわらかくゆでてから刻み、ごく少量から与える。小麦粉の割合が少ないものほど弾力が強くなる。

もち

初期	中期	後期	完了期
×	×	×	×

旬 秋 栄養素 炭水化物
調理法 弾力があり、冷めるとかたくなるので、のどに詰まる恐れも。1歳半以降も少量ずつ、注意して与える必要がある。もち米は、やわらかく炊いたものを1歳すぎに少量から。

中華麺

初期	中期	後期	完了期
×	×	△	○

栄養素 炭水化物
調理法 小麦粉と水に、かんすい（アルカリ性の液）を混ぜて弾力となめらかさを出し、麺にしたもの。弾力があるため、やわらかくゆでて刻み、9カ月ごろから。
※添付のソース等は使えない。

春雨

初期	中期	後期	完了期
×	×	△	○

栄養素 炭水化物
調理法 緑豆デンプンが原料の春雨は弾力があるので、いものデンプンが原料の春雨のほうがコシが弱く使いやすい。やわらかくゆでて刻み、スープや炒めもの、サラダに。

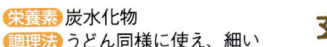

スパゲッティ

栄養素 炭水化物　**調理法** うどんにくらべて弾力があり、やわらかく調理しにくいので、うどんやそうめんに慣れたあとに。直径1.4mmくらいの細麺を短く折り、湯に塩は入れず、やわらかくゆでる。早ゆでが便利。　**保存法** 密閉し、直射日光と湿気を避けて常温保存。

初期	中期	後期	完了期
×	△	○	○

中期
やわらかくゆでて湯に浸し、ふやかす。みじん切りにしてとろみのある汁に混ぜる。

後期
長さ1cmほどに折ってやわらかくゆで、湯に浸してふやかす。とろみのあるソースに混ぜる。

完了期
長さ2cmほどに折ってやわらかくゆでるか、ゆでてからはさみで食べやすく切る。ソースをかけるか、具と炒める。

食パン

初期	中期	後期	完了期
○	○	○	○

栄養素 炭水化物　**調理法** 塩分、油脂、糖分がほかのパンにくらべて少ないので離乳食向き。小麦アレルギーがなければ、米に慣れたあと、耳を除いてかゆ状にして与える。　**保存法** 冷暗所（冷蔵・冷凍庫でも可）に密閉保存。

初期
刻んだ食パンに、水や調乳したミルクを加えてやわらかく煮てすりつぶし、パンがゆに。

中期
刻んだ食パンに水やミルク、牛乳を加えやわらかく煮て、つぶすように混ぜ、パンがゆに。

後期
ふんわりとしたパンがゆか、1cm角×4cm長さほどのスティック状にして軽くトーストする。胚芽入り食パンもOKに。

完了期
1cm角×5～6cm長さのスティック状にして軽くトーストする。2cm四方に切り焼かずにそのままや、サンドイッチに。

パンがゆの作り方→63ページ

ショートパスタ

栄養素 炭水化物　**調理法** スパゲッティより短く、穴の開いたマカロニ、らせん状タイプなどさまざま。早ゆでなら短時間でやわらかくなり、あとははさみでカットすればOK。手づかみ食べにもピッタリ。

初期	中期	後期	完了期
×	△	○	○

バゲット

栄養素 炭水化物　**調理法** 卵、乳製品は含まれていないが、食パンにくらべて塩分が多く弾力がある。9ヵ月ごろから、薄く切ってまわりのかたい部分を除き、小さくちぎって与える。

初期	中期	後期	完了期
×	×	○	○

コールパン

栄養素 炭水化物　**調理法** 卵や、バターなど乳製品が含まれるため脂質も多いので、9ヵ月ごろから。茶色い部分をはがし、焼かずに小さく切るか薄切りにして手づかみ食べ用にしてもよい。

初期	中期	後期	完了期
×	×	○	○

コーンフレーク
（プレーンタイプ）

栄養素 炭水化物　**調理法** とうもろこしの粉にビタミンなどが添加されたものが多く、無糖タイプを9ヵ月ごろから少量の水分でふやかして与える程度に。食物繊維が多く含まれている玄米フレークは、1歳以降に。

初期	中期	後期	完了期
×	×	○	○

蒸しケーキ
（市販の菓子パン）

栄養素 炭水化物、脂質　**調理法** 市販の蒸しケーキ（その他菓子パン）は、砂糖、油脂が多く、添加物も含まれるため、赤ちゃんには不向き。手作りしたうす味のものなら、9ヵ月ごろからあげられる。

初期	中期	後期	完了期
×	×	×	×

ホットケーキミックス

栄養素 炭水化物　**調理法** 小麦粉、膨張剤、砂糖などが原料のミックス粉。無香料、国産小麦のものがおすすめ。蒸しパンなど、9ヵ月以降の手づかみメニューに使える。　**保存法** 開封後は密閉して冷蔵保存。

初期	中期	後期	完了期
×	×	△	○

クラッカー
（プレーンタイプ）

栄養素 炭水化物　**調理法** パサパサして食べにくいので、9ヵ月以降に味つけをしていないものを小さく割って、少量から試す。胚芽入りは食物繊維が含まれているので、1歳以降のおやつにもおすすめ。

初期	中期	後期	完了期
×	×	△	○

オートミール

栄養素 炭水化物、食物繊維、カルシウム　**調理法** えんばく（オーツ麦）を押しつぶして砕いたもの。穀類の中ではタンパク質、ビタミンB_1、鉄、カルシウム、食物繊維が豊富で、かゆ状に煮たり、肉だんごなどに混ぜるとよい。

初期	中期	後期	完了期
△	○	○	○

パン粉

栄養素 炭水化物　**調理法** パンを乾燥し粉末にしたもので、添加物の少ないものを選べば、水分でふやかしてパンがゆの代用や、肉だんごのつなぎにも便利。パン粉焼きやフライはかたいため、1歳以降にようすを見ながら。

初期	中期	後期	完了期
×	△	△	○

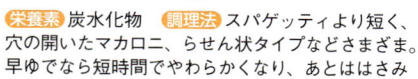

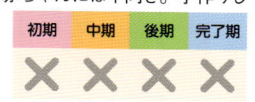

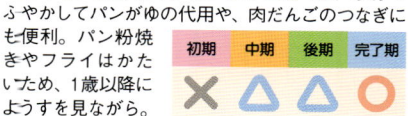

豆腐

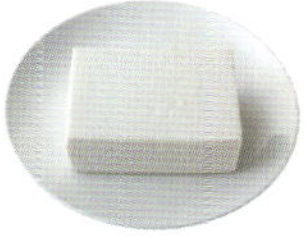

初期	中期	後期	完了期
○	○	○	○

栄養素 タンパク質、カルシウム　調理法 消化がよく、5〜6ヵ月ごろのタンパク質食品のスタートに絹ごし豆腐を使う。慣れたらより栄養価の高い木綿豆腐もとり入れて。1歳まではゆでるか、電子レンジで加熱する。　保存法 冷蔵庫で保存。消費期限内で、開封した日に使いきる。冷凍不可。

初期
絹ごし豆腐をゆでてなめらかにすりつぶし、湯を加えてのばす。

中期
5mmほどの角切りにしてゆでる。木綿豆腐をつぶして野菜とあえてもよい。

後期
8mmほどの角切りにしてゆでる。汁もののほか、木綿豆腐で豆腐ハンバーグを作ってもよい。

完了期
1cmほどの角切りにしてゆでる。片栗粉をふって焼いてもよく、焼き豆腐も使えるようになる。

高野豆腐

初期	中期	後期	完了期
×	○	○	○

栄養素 タンパク質、カルシウム、鉄　調理法 豆腐を凍結・乾燥させた保存食で、豆腐の栄養が凝縮。ぬるま湯でもどし刻んで煮ると、ふんわりとして食べやすい。そのまますりおろしてから煮てもよい。

油揚げ

初期	中期	後期	完了期
×	×	×	○

栄養素 タンパク質、脂質　調理法 水きりした豆腐を薄く切って揚げたもので、油分が多くかみにくいため、ゆでて油を抜き、刻んで1歳以降に。厚揚げは、まわりを除けば7〜8ヵ月ごろから使用できる。

きな粉

初期	中期	後期	完了期
△	○	○	○

栄養素 タンパク質、カルシウム、鉄　調理法 炒った大豆の粉で、加熱不要なので便利。豆腐に慣れた6ヵ月ごろから、かゆやヨーグルトに少量混ぜて与える。そのままではむせることがあるので注意。

おから

初期	中期	後期	完了期
×	×	×	○

栄養素 タンパク質、食物繊維　調理法 豆腐を作る際に出るしぼりかす。大豆の栄養と食物繊維がとれ、1歳以降にうの花煮やハンバーグのつなぎにするとよい。　保存法 生おからは冷蔵または冷凍保存。

タンパク質

肉・魚・大豆・牛乳・卵などに多く含まれるタンパク質は、血やからだをつくる重要な栄養素。消化器官に負担がかかるので、注意して進めましょう。

じゃがいも・片栗粉

初期	中期	後期	完了期
○	○	○	○

旬 秋〜春　栄養素 炭水化物、ビタミンC、カリウム　調理法 デンプンが多く消化によいため、かゆに慣れた5〜6ヵ月ごろに始める。切ると茶色く変色するので、すぐ水にさらしてゆでる。芽や皮の緑色の部分は、有害物質が含まれるため必ずとり除く。片栗粉はとろみづけや肉だんごのつなぎなどに活躍する。　保存法 湿度が低い冷暗所で保存(光があたると芽が出やすくなる)。※以下のいもも同様。

初期
やわらかくゆでてすりつぶし、湯でなめらかにのばす。パサつく食材のとろみづけにも。

中期
やわらかくゆでてつぶす。冷めるとかたくなり、粘りけが出るので熱いうちにつぶす。

後期
5mm〜1cmの角切りか、3cm長さほどのスティック状にしてやわらかくゆでる。おやきにしてもよい。

完了期
1cm角、または1cm角×4cm長さのスティック状にしてやわらかくゆでる。揚げ焼きにしてもよい。

さつまいも

初期	中期	後期	完了期
○	○	○	○

旬 秋　栄養素 炭水化物、ビタミンB_1・C、食物繊維　調理法 じゃがいも同様に使え、甘みがあって食べやすく、便秘の予防にもおすすめ。皮の近くに繊維が多いので、9ヵ月ごろまでは皮を厚めにむき、水にさらしアクを抜いてからゆでる。1歳以降は刻めば皮も食べられる。

長いも・やまといも

初期	中期	後期	完了期
×	△	○	○

旬 冬　栄養素 炭水化物、カリウム　調理法 やまといも(山いも)の中でも、水分の多い長いもは、煮るとやわらかくなり、とろみも出て食べやすい。肌に触れると赤くなるのは、食物アレルギーではなくかぶれで、体質によりかゆくなるので注意。必ず加熱し、生で与えるのは2歳以降に。

里いも

初期	中期	後期	完了期
×	○	○	○

旬 秋　栄養素 炭水化物、食物繊維、カリウム　調理法 かゆくなる成分が含まれるため、7〜8ヵ月ごろから、少量を与えてようすを見て。皮をむき、刻んで煮るか、ゆでてつぶす。

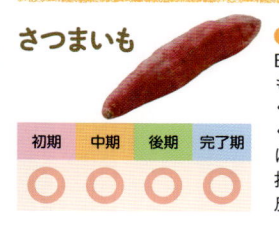

納豆

栄養素 タンパク質　**調理法** 7～8ヵ月ごろから、ひきわり（みじん切り）を加熱してあげ、慣れたらそのまま与える。1歳ごろからは小粒納豆でOK。　**保存法** 冷蔵保存し、期限内に使用するか、密閉し冷凍保存。

初期	中期	後期	完了期
×	○	○	○

グリーンピース

旬 春　**栄養素** タンパク質、炭水化物　**調理法** タンパク質もとれる栄養価の高い野菜。中の豆はやわらかく甘みもあるが、薄皮はのどに引っかかりやすいのでとり除く。冷凍品も便利。※そら豆も同様に。**保存法** ポリ袋に入れ冷蔵保存。ゆでて刻み、ラップで小分けし、冷凍保存すると効率的。

初期	中期	後期	完了期
△	○	○	○

大豆（水煮）

栄養素 タンパク質、鉄、カルシウム　**調理法** ひと晩水に浸し、1時間ほどゆでる（圧力鍋なら10分ほどでやわらかくなる）。薄皮をとり除いて刻み、野菜と煮たり、肉だんごに混ぜてもよい。水煮缶やレトルトパウチも便利。**保存法** 汁をきり、ジッパーつき保存袋に平らに入れ冷凍する。

初期	中期	後期	完了期
△	○	○	○

白身魚

旬 冬～春　**栄養素** タンパク質　**調理法** たい、たら、かれい、ひらめなど。身がやわらかく、脂質が少ない淡白な味で、6ヵ月ごろから与えられる。下処理すみで鮮度のよい刺身が便利。塩分の多い塩だらは使えない。白身の仲間である銀だら、金目鯛など脂質の多いものは9ヵ月以降に。**保存法** 冷蔵庫で保存。新鮮なうちにゆでて冷凍するとよい。

初期	中期	後期	完了期
○	○	○	○

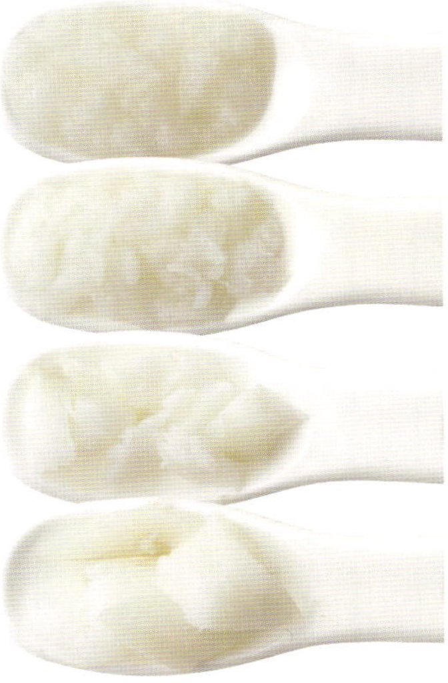

初期
ゆでて皮と骨があればていねいにとり除く。すりつぶして湯を加え、トロトロにのばす。

中期
ゆでて皮と骨をとり除き、細かくほぐす。とろみのある食材と混ぜるか、片栗粉でとろみをつける。

後期
ゆでて皮と骨をとり除き、7～8mmほどに粗くほぐす。スープやかゆに混ぜると食べやすい。

完了期
ゆでて大きめにほぐすか、1.5cm四方ほどの薄切りにして焼いてもよい。

枝豆

旬 夏　**栄養素** タンパク質、炭水化物　**調理法** 大豆の栄養と野菜としての栄養もとれる食材だが、かたいので下処理が必要。さやをはずし、指でつぶれるくらいまでやわらかくゆで、薄皮を除く。冷凍の塩ゆで枝豆も同様に。**保存法** ポリ袋に入れ冷蔵保存。ゆでて刻み、ラップで小分けし、冷凍保存すると効率的。

初期	中期	後期	完了期
△	○	○	○

初期
やわらかくゆでて薄皮をむき、なめらかにすりつぶして湯でのばす。

中期
薄皮をむき、ごく細かいみじん切りにする。かゆなどのとろみのあるものに混ぜる。

後期
薄皮をむき、みじん切りにする。かゆのほか、卵焼きに混ぜてもよい。

完了期
薄皮をむき、粗みじん切りにする。食べられれば半分に割り、手づかみ食べ用にしても。

金時豆・あずき（水煮）

旬 秋　**栄養素** 炭水化物、タンパク質、食物繊維　**調理法** 糖質が多いので、やわらかく煮て1歳以降の手づかみ食べにおすすめ。金時豆は薄皮をむき、半分に切ると食べやすい。食物繊維の多い皮がとり除きにくいので、9ヵ月ごろまでは裏ごしして与える。**保存法** 汁に浸し、小分け容器で冷凍。

初期	中期	後期	完了期
×	△	△	○

ひよこ豆（水煮）

栄養素 タンパク質、カルシウム、葉酸　**調理法** 大豆同様に調理。ポタージュや刻んでひき肉や野菜と煮るとよい。のどに詰まらないよう刻んで与える。　**保存法** 汁をきり、ジッパーつき保存袋に平らに入れ冷凍する。水煮缶やレトルトパウチも便利。

初期	中期	後期	完了期
×	△	○	○

豆乳

栄養素 タンパク質、鉄　**調理法** 大豆を煮た汁をしぼった液体で、牛乳と同じく加熱して使用する。離乳食では砂糖入りではなく、無調整豆乳を使う。とろみをつけてクリーム煮にすると甘みも出て食べやすい。**保存法** 開封後は、冷蔵庫に保存し早めに使いきる。とろみをつけたものは冷凍可。

初期	中期	後期	完了期
×	○	○	○

麩

栄養素 タンパク質　**調理法** 小麦のタンパク質（グルテン）の加工品。おつゆ麩と呼ばれる焼き麩が使いやすい。すりおろしたり、水でもどし刻んで煮たり、または肉だんごに入れるとふんわりとした仕上がりに。生麩は弾力があるので、のどに詰まらないようみじん切りにして。　**保存法** 開封後は密閉し、常温保存。

初期	中期	後期	完了期
○	○	○	○

まぐろ・かつお

初期	中期	後期	完了期
×	○	○	○

旬 まぐろは冬、かつおは春・秋 栄養素 タンパク質、ビタミンD、鉄 調理法 赤身魚は白身魚にくらべ脂質が多く、加熱すると身がかたくなるため、白身に慣れた7〜8ヵ月ごろから細かくほぐして使う 。まぐろは脂質の少ない赤身を使い、かつおの血合いは苦みがあるので1歳未満ではとり除く。 保存法 鮮度が落ちやすいため、鮮度のよいものを購入した日に加熱し、冷凍するとよい。

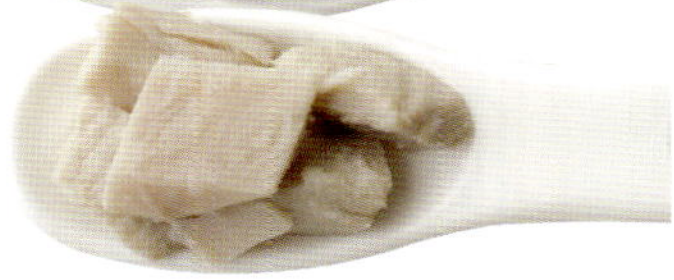

中期

ゆでて包丁で細かく刻み、食べにくいようならすりつぶしてかゆなどに混ぜる。

後期

ゆでて5mm大ほどに細かくほぐす。野菜と煮てあんかけにしてもよい。

完了期

ゆでて1cm大ほどにほぐすか、薄切りにして焼いてしょうゆなどをまぶしてもよい。

鮭

初期	中期	後期	完了期
×	○	○	○

旬 秋 栄養素 タンパク質、ビタミンD 調理法 白身魚だが、赤い色素によりピンク色に。脂質がやや多いので、白身魚に慣れた7〜8ヵ月ごろから。塩鮭ではなく、生鮭を使い、トラウトサーモン(にじます)は脂質が多めなので9ヵ月以降に。スモークサーモン、鮭フレークなどの加工品は塩分が多く、食品添加物も含まれるため、1歳ごろ以降に湯通しして少量を。 保存法 鮮度のよいものを購入し、冷蔵(冷凍)保存。ゆでてほぐし、ラップに包んで冷凍すると便利。

中期

ゆでて皮と骨をとり除き、細かくほぐす。かゆに混ぜると食べやすい。

後期

ゆでて皮と骨をとり除き、7〜8mmほどに粗くほぐす。慣れたら大きくする。

完了期

ゆでて大きめにほぐすか、薄切りにして焼いてもよい。甘塩鮭はゆでてほぐし、味つけせずにご飯などに混ぜて使う。

ツナ水煮缶

初期	中期	後期	完了期
×	○	○	○

栄養素 タンパク質、ビタミンD 調理法 まぐろやかつおを野菜スープなどで煮た、ノンオイルで食塩無添加のものを。7〜8ヵ月ごろから、茶こしに入れ汁をきり、湯をかけてから細かくほぐす。9ヵ月以降は汁をきり、ほぐすだけで使える。 保存法 開封したら使いきるか、残りを冷凍庫で保存。

鮭水煮缶

初期	中期	後期	完了期
×	△	○	○

栄養素 タンパク質、ビタミンD 調理法 鮭を中骨ごとやわらかくゆでた缶詰で、塩分、脂肪分が含まれているため、生鮭に慣れた7〜8ヵ月以降に。汁をきり湯通しして、皮と骨をとり除いて使う。9ヵ月以降は汁をきり、皮や骨をとり除く。ストックしておくと便利。 保存法 開封したら使いきるか、残りを冷凍庫で保存。

ぶり

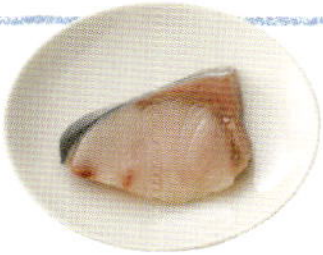

初期	中期	後期	完了期
×	△	○	○

旬 冬 栄養素 タンパク質、脂質、ビタミンE・D 調理法 白身魚にくらべ脂質が多いため、白身魚、鮭に慣れた8ヵ月以降に。皮と骨、血合いをとり除き、ゆでてほぐし、汁ものや煮ものに。 保存法 鮮度のよいものをその日のうちに調理し、残りは冷凍保存。

めかじき

初期	中期	後期	完了期
×	△	○	○

旬 冬 栄養素 タンパク質 調理法 まぐろの赤身より脂質が多いため、まぐろに慣れた8ヵ月ごろからOK。ゆでて細かくほぐし、野菜と煮てあんかけにすると食べやすくなる。 保存法 鮮度のよいものをその日のうちに調理し、残りは冷凍保存。

さつま揚げ

栄養素 タンパク質 調理法 白身魚のすり身を揚げたもの。油分、塩分が多く、弾力があるため、1歳以降に、湯をかけてから刻み、煮ものや汁ものに入れる。同じく魚の加工品である魚肉ソーセージは、塩分、食品添加物が含まれ、離乳食には不向き。 保存法 冷蔵(冷凍)庫で保存。

初期	中期	後期	完了期
×	×	×	△

ちくわ

栄養素 タンパク質 調理法 白身魚のすり身の加工品(練り製品)。弾力があり、かみにくいので、1歳以降に。湯通しをして塩抜きし、薄く切って使う。かまぼこも同様。はんぺんはやわらかいが塩分が多いので、1歳以降に。 保存法 冷蔵(冷凍)庫で保存。

初期	中期	後期	完了期
×	×	×	△

削り節(かつお節など)

栄養素 タンパク質 調理法 かつお節などを薄く削ったもので、だし汁をとるほか、細かくして野菜といっしょにあえると風味がアップする。 保存法 開封後は密閉し、冷蔵保存。

初期	中期	後期	完了期
×	○	○	○

しらす干し

初期	中期	後期	完了期
○	○	○	○

栄養素 タンパク質、カルシウム、ビタミンD **調理法** いわしの稚魚を塩ゆでしたもので、身がやわらかく消化もしやすい。5〜6ヵ月ごろから使えるが、塩分が含まれるので、塩抜きをして使う。小えびなど、しらす以外のものが含まれていることもあるので注意。 **保存法** 密閉して冷蔵(冷凍)保存。

初期

ゆでて塩抜きと殺菌をしてすりつぶし、湯を加えてのばす。かゆや野菜と合わせるとよい。

中期

熱湯をかけ湯通ししたあと、みじん切りにする。かゆや野菜に混ぜるとよい。

後期

熱湯をかけ湯通ししたあと、粗みじん切りにする。おやきなどに加えると、うまみをプラスできる。

完了期

湯通しするか、加熱調理の際にそのまま加えればOK。しらす干しの塩分とうまみを味つけに利用できる。

青魚

あじ・さば・さわら・さんま・いわし

初期	中期	後期	完了期
×	×	○	○

旬 主に秋(あじは通年)
栄養素 タンパク質、脂質、ビタミンD **調理法** 脂質が多く、身もかためなので、赤身魚に慣れた9ヵ月以降に。アレルギーを確認するため少量から試す。鮮度が落ちると臭みがまし、じんましんが出やすくなるので新鮮なものを使う。下処理すみの切り身、食材宅配で扱う冷凍品も便利。塩さばや干物は塩分が多いので、1歳ごろ以降に湯通しして少量を。みりん干しやみそ漬けは味が濃いので、2歳ごろまではNG。 **保存法** 鮮度が落ちやすいため、鮮度のよいものを購入した日に加熱し、冷凍するとよい。

後期

ゆでて中までしっかり火を通し、皮と骨をとり除き(小骨に注意)、細かくほぐす。

完了期

ゆでる、または焼いて皮と骨をとり除き、粗くほぐす。ひと口大のそぎ切りにして片栗粉をふり、焼いてもよい。

ちりめんじゃこ

初期	中期	後期	完了期
△	△	○	○

栄養素 タンパク質、カルシウム、ビタミンD **調理法** しらす干しをより乾燥させたもの。水分が少ない分かたいので、1歳ごろまではゆでるか、水をかけ電子レンジで加熱してから刻んで使うとよい。 **保存法** 密閉し、冷蔵(冷凍)保存。

さば水煮缶

初期	中期	後期	完了期
×	×	○	○

栄養素 タンパク質、脂質 **調理法** さばを中骨ごとやわらかくゆでた缶詰で、塩分、脂肪分が含まれるので、さばに慣れた9ヵ月以降に。汁をきり湯通しして、皮と骨をとり除いて使う。1歳ごろ以降は汁をきり、皮と骨をとり除く。青魚に多く含まれる不飽和脂肪酸(DHA)は、脳の発達を促す作用がある。 **保存法** 開封したら使いきるか、残りを冷凍庫で保存。

桜えび
(小えび)

初期	中期	後期	完了期
×	×	△	△

旬 生は冬〜春 **栄養素** タンパク質、カルシウム **調理法** えびはアレルギーに注意が必要。桜えび(小えび)は殻ごと食べるため、カルシウム補給ができ、風味もアップできる。かたいので、湯でもどしてみじん切りにし、加熱して少量から与える。 **保存法** 生は冷蔵(冷凍)保存。乾燥桜えびは密閉し、常温保存。

いくら
(たらこ・数の子)

初期	中期	後期	完了期
×	×	×	△

栄養素 タンパク質 **調理法** いくら、数の子、たらこなどの魚卵は、塩分が多く、アレルギーと誤嚥《ごえん》(食べ物が誤って喉頭と気管に入る状態)にも注意が必要。1歳以降に、ゆでてつぶしたものを少量、かゆなどに混ぜて与える程度に。 **保存法** 密閉し、冷蔵(冷凍)保存。

冷凍シーフードミックス
(いか、たこ、えび、あさり)

栄養素 タンパク質 **調理法** 下処理すみで便利な冷凍食品だが、いかやたこはかたく、消化もしにくいため離乳食には不向き。えびは9ヵ月ごろ以降、あさりは1歳ごろ以降に、火を通してからみじん切りにして少量を。

初期	中期	後期	完了期
×	×	△ えびのみ	△ えび、あさりのみ

ほたて貝柱水煮缶
(ほたて)

栄養素 タンパク質 **調理法** ほたては加熱するとかたくなるため、9ヵ月ごろ以降に。刺身用を薄く切ってゆで、ほぐして与える。水煮缶は湯通しして塩抜きし、あんかけやスープに加えるとうまみをプラスできる。

初期	中期	後期	完了期
×	×	△	○

かに風味かまぼこ
(かに)

栄養素 タンパク質 **調理法** かにはアレルギーに注意が必要。かに風味かまぼこには、かにの成分が含まれていないものもあるが、塩分と食品添加物が含まれ、消化もしにくいため、与えるなら1歳以降、少量に。

初期	中期	後期	完了期
×	×	×	△

豚赤身肉

もも・ヒレ肉

初期	中期	後期	完了期
×	×	○	○

ロース肉

初期	中期	後期	完了期
×	×	△	○

栄養素 タンパク質、ビタミンB_1 調理法 鶏肉より肉質がかたいため、鶏肉に慣れた9ヵ月ごろ以降に。脂身が少なく、比較的身もやわらかいももやヒレがおすすめ。ロースは脂身をとり除いてよく刻んで使う(しゃぶしゃぶ用スライスはやわらかく、扱いやすいのでおすすめ)。脂身が多く、とり除きにくい豚肩ロースやバラは離乳食には不向き。保存法 冷蔵(冷凍)保存。加熱して刻んだものを、小分けにして冷凍しておくと便利。

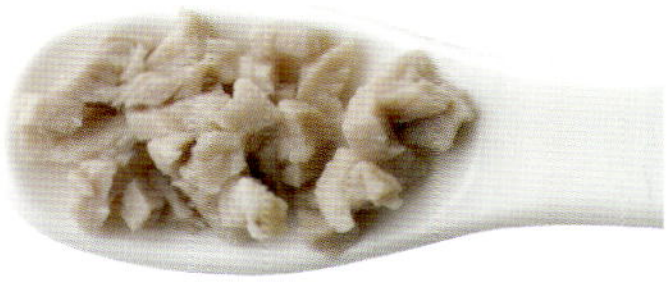

後期

ゆでてごく細かいみじん切りにする。飲みこみやすい具と混ぜたり、あんかけにする。

完了期

ゆでるか炒めて、みじん切りまたは1cm長さのせん切りにする。食べられれば、大きくしていく。

鶏ささみ

初期	中期	後期	完了期
×	○	○	○

栄養素 タンパク質 調理法 肉類の中でも脂肪が少なく、消化吸収しやすいため、豆腐や白身魚に慣れた7〜8ヵ月以降に。丸ごとゆでて煮汁に浸して冷まし、筋をとり除いてほぐすとパサつきをおさえられる。
保存法 冷蔵(冷凍)保存。肉類の中でも鶏肉はいたみやすいので、買ってきた日に加熱して刻み、煮汁に浸して冷凍するとよい。

中期

ゆでてみじん切りにするか、なめらかにすりつぶし、とろみをつける。

後期

ゆでてみじん切りにするか、細かくほぐす。かゆに混ぜたり、あんかけにして飲みこみやすくする。

完了期

ゆでて5mm長さほどに刻むか、ほぐす。1.5cm大ほどのそぎ切りにして、衣をつけて焼いてもよい。

牛赤身肉

初期	中期	後期	完了期
×	×	△	○

栄養素 タンパク質、鉄、亜鉛 調理法 鶏肉に慣れた9ヵ月ごろ以降に。脂肪が少なく、身がやわらかいももやヒレがおすすめ。脂身が多い部位やかたいスネなどは離乳食には不向き。ゆでたり、焼いて刻んだり、生で繊維を断ち切って野菜と煮たり、炒めてとろみをつけたりする。保存法 豚赤身肉と同じ。

鶏もも肉・むね肉

初期	中期	後期	完了期
×	△	○	○

栄養素 タンパク質、脂質 調理法 鶏ささみに慣れた7〜8ヵ月以降に。もも肉よりむね肉のほうが、脂質が少なくておすすめ。皮や脂身はとり除き、中までしっかり火を通す。身がかたいので繊維を断つように刻み、飲みこみやすいものに混ぜるかとろみをつける。保存法 鶏ささみと同じ。

豚・牛ひき肉

栄養素 タンパク質、脂質(豚はビタミンB_1。牛は鉄・亜鉛) 調理法 鶏肉に慣れ、豚、牛赤身肉をそれぞれ試したあとに使う。なるべく脂身が少ないもの、新鮮なものを選ぶこと。そのまま加熱するとかたくて飲みこみにくいので、ハンバーグにするか、とろみをつけて与える。保存法 密閉し、冷蔵(冷凍)保存。

初期	中期	後期	完了期
×	×	○	○

鶏ひき肉

栄養素 タンパク質 調理法 7〜8ヵ月ごろは脂身の少ない鶏ささみ、またはむね肉のひき肉がおすすめ。水を混ぜて加熱し、ザラつきが気になる場合はすりつぶす。とろみをつけたり、ふんわりとした肉だんごにすると飲みこみやすくなる。
保存法 密閉し、冷蔵(冷凍)保存。

初期	中期	後期	完了期
×	○	○	○

レバー(鶏、豚、牛)

栄養素 タンパク質、ビタミンA、鉄 調理法 7〜8ヵ月ごろ以降、鶏、豚、牛肉をそれぞれ試したあとに、鉄分補給でたまに与える程度に。ベビーフード、もしくは鶏レバーがやわらかくて扱いやすい。新鮮なものを、中までしっかり火が通るまでゆでてから刻むと衛生的。
保存法 密閉し、冷蔵(冷凍)保存。

初期	中期	後期	完了期
×	△	○	○

ゼラチン

栄養素 タンパク質 調理法 豚または牛のコラーゲン(タンパク質)で、アレルギーがなければ7ヵ月ごろからOK。ゼリーにしたり、のどごしがよいので離乳食のとろみづけにも使える。
保存法 開封後は密閉し、冷蔵保存。

初期	中期	後期	完了期
×	○	○	○

鶏ささみ水煮缶

栄養素 タンパク質 調理法 下処理の手間がいらず、常備しておくと便利。塩分を含んでいるため、湯通しして使う。1歳ごろからはそのまま、汁も味つけに利用できる。
保存法 開封したら使いきるか、残りを冷凍保存。

初期	中期	後期	完了期
×	△	○	○

ベーコン・ハム・ウインナ

栄養素 タンパク質 調理法 豚肉の加工品で、脂質と塩分が多く、食品添加物も含まれるため、1歳ごろ以降少量使う程度に。湯通しをして刻むか、小さく切って煮る。
保存法 密閉し、冷蔵(冷凍)保存。

初期	中期	後期	完了期
×	×	×	△

牛乳

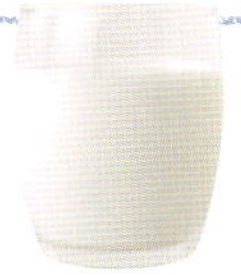

初期	中期	後期	完了期
△	○	○	○

栄養素 タンパク質、脂質、カルシウム　調理法 牛乳は食物アレルギーの原因となりやすく、体質によりおなかがゴロゴロすることも(乳糖不耐症)。栄養価が高く、カルシウムの補給もできるため、6ヵ月ごろ以降、少量を加熱して使用。そのまま飲むのは1歳ごろ以降に。※フォローアップミルクは不足しがちな栄養素を補うための粉ミルクで、9ヵ月ごろから使えますが、離乳食を食べていれば、あえて与える必要はありません。
保存法 冷蔵庫で保存。開封後は早めに使いきる。

プレーンヨーグルト

初期	中期	後期	完了期
△	○	○	○

栄養素 タンパク質、脂質、カルシウム　調理法 牛乳を乳酸菌などで発酵させたもので、腸内環境を整える作用が期待できる。牛乳同様アレルギーがなければ6ヵ月ごろから、加熱せずに少量から使える。無糖のプレーンヨーグルトは酸味が強いので、バナナなど甘みのあるくだものと混ぜるとよい。市販の加糖ヨーグルトは糖分が多いので、1歳半ごろ以降に。　保存法 冷蔵庫で保存。開封後は早めに使いきる。

プロセスチーズ・粉チーズ

初期	中期	後期	完了期
×	×	○	○

栄養素 タンパク質、脂質、カルシウム　調理法 乳を乳酸菌で発酵させるか、酵素を加えて凝固させたナチュラルチーズ。ナチュラルチーズを混ぜ合わせて加熱し、成形したのがプロセスチーズ。脂質、塩分が多いので、牛乳、ヨーグルトに慣れた9ヵ月ごろ以降、刻んで少量から。粉チーズは加熱せずに使える。※カビを使用したナチュラルチーズは、食中毒のリスクもあるため離乳食には不向き。カッテージチーズは熟成させないフレッシュチーズで、塩分、脂肪分は少ないが、市販品は食品添加物が含まれるため9ヵ月ごろ以降少量に。
保存法 密閉し、冷蔵庫で保存。

鶏卵・うずら卵

初期	中期	後期	完了期
△ 卵黄　× 卵白	○	○	○

栄養素 タンパク質　調理法 食物アレルギーの中でも、白身のタンパク質が原因となることが最も多く、パンやお菓子などにも含まれているため注意が必要。栄養バランスのよい食品で、消化もよいので、6ヵ月ごろに黄身から与え始める。7〜8ヵ月ごろ以降に、全卵をしっかり火を通して使用する。うずら卵も同様で、1個が少量で使いやすく、市販の水煮も便利。　保存法 とがったほうを下にして冷蔵庫で保存(うずら卵水煮は開封当日に使用)。
※うずらのゆで卵は弾力があり、そのままではのどに詰まる恐れもあるので、必ず切って与える。

初期(6カ月ごろから)
固ゆで卵の黄身をすりつぶして湯でのばし、耳かき1杯程度から始め、ようすを見ながら小さじ1ほどにふやす。

中期
固ゆで卵の卵白を少量から試し、全卵を1/3個分ほど使える。

後期
溶いた卵をつなぎに混ぜたり、卵焼きや卵とじにして、1/2個分(うずら卵なら2個分)ほど使える。

完了期
加熱した全卵を、1日2/3個を目安に使う。茶碗蒸しやプリン、炒り卵など卵料理のレパートリーもふえるが、目玉焼きはかたくて食べにくいので刻んで与える。

ピザチーズ・クリームチーズ

初期	中期	後期	完了期
×	×	△	△

栄養素 タンパク質、脂質、カルシウム　調理法 ピザチーズはナチュラルチーズの中でも、熱で溶けてのびる性質のあるものをミックスしたもので、溶けるとのびて飲みこみにくく、冷めるとかたくなる。クリームチーズは、生クリームを加えて作る熟成させないフレッシュチーズ。どちらも脂質・塩分が多く、少量をパンにのせる程度に。※生クリームは1歳ごろ以降、少量を料理に使う程度に。
保存法 密閉し、冷蔵庫で保存。

バター

調理法 脂質が多く、塩分も含まれるため、消化器官に負担がかかる。牛乳アレルギーがなければ9ヵ月ごろ以降、少量を料理に使う程度に。　保存法 密閉し、冷蔵庫で保存。

初期	中期	後期	完了期
×	×	○	○

植物油
(なたね油・米油・オリーブ油・ごま油など)

調理法 消化器官に負担がかかるため、9ヵ月ごろ以降、炒めたり焼く際に少量使う程度に。おやつメニューの生地に使う際もなるべく量を減らし、食べすぎないようにして。　保存法 冷暗所で保存。

初期	中期	後期	完了期
×	×	○	○

脂質

エネルギー源であり、からだをつくる要素となる脂質は、母乳や育児用ミルク、食材にも含まれていて、余分にとると消化器官に負担がかかります。ただし、9ヵ月ごろ以降に少量使うことで、赤ちゃんがおいしく食べてくれたり、便秘を予防するなどのメリットもあります。

ビタミン・ミネラル

丈夫なからだをつくるために欠かせない栄養素。
野菜・くだもの・海藻などまんべんなくとりましょう。

大根

初期	中期	後期	完了期
○	○	○	○

旬 冬　栄養素 ビタミンC、食物繊維、カリウム　調理法 加熱するとやわらかくなり甘みが出るので、離乳食のスタートから使える淡色野菜。すりおろしにとろみをつけてみぞれ煮にしても◎。葉先の部分は、7ヵ月ごろからゆでてみじん切りにし、少量をかゆなどに混ぜるとよい。　保存法 新聞紙に包み、冷蔵庫の野菜室で保存。

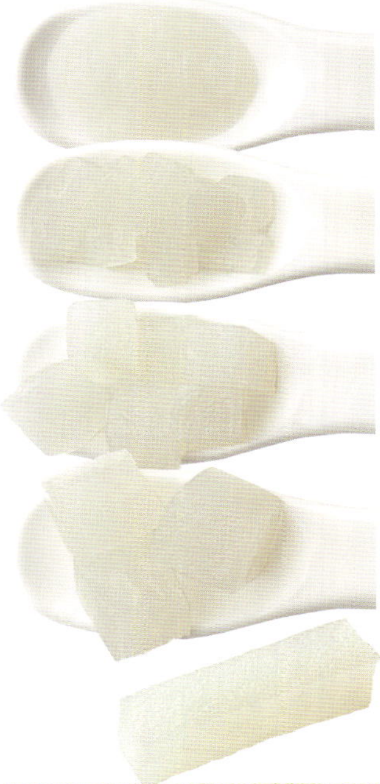

初期
やわらかくゆでてなめらかにすりつぶし、ゆで汁でのばす。

中期
ゆでて2〜3mm角のみじん切りにする。すりおろしを加熱してとろみをつけてもよい。

後期
ゆでて4〜5mm角に刻む。または8mm角×3cm長さほどのスティック状に切ってゆで、手づかみ食べ用に。すりおろして肉だんごなどに混ぜると食べやすい。

完了期
ゆでて7mm〜1cm角に刻む。いちょう切り、せん切り、乱切りなど形を変えたり、1cm角×5cm長さ程度のスティック状に切ってゆでる。

にんじん

初期	中期	後期	完了期
○	○	○	○

旬 秋〜春　栄養素 βカロテン、食物繊維　調理法 甘みがあり、加熱するとやわらかくなるので、離乳食に欠かせない緑黄色野菜（βカロテンの量が多い色の濃い野菜）。皮の近くに栄養があるので薄くむき、水からやわらかくなるまでゆで、食べやすい大きさに切る。　保存法 冷蔵庫の野菜室で保存（加熱し冷凍してもよいが、食感は落ちる）。

初期
やわらかくゆでてなめらかにすりつぶし、ゆで汁でのばす。

中期
ゆでて2〜3mm角のみじん切りにする。すりおろしを加熱してとろみをつけてもよい。

後期
ゆでて4〜5mm角に刻む。または8mm角×3cm長さほどのスティック状に切ってゆで、手づかみ食べ用に。すりおろして肉だんごなどに混ぜると食べやすい。

完了期
ゆでて7mm〜1cm角に刻む。いちょう切り、せん切り、乱切りなど形を変えたり、1cm角×5cm長さ程度のスティック状に切ってゆでる。

れんこん

旬 冬　栄養素 ビタミンC、食物繊維、カリウム　調理法 食物繊維が多く、煮てもやわらかくならないため、すりおろしを9ヵ月ごろ以降に。汁ものや煮ものに入れるとデンプンでとろみがつき、肉だんごやおやきのつなぎにすればもっちりとした食感になる。10ヵ月ごろから、歯茎でかめるようになったら、薄く切ってやわらかく煮て、刻んで与える。　保存法 ラップで包み、冷蔵庫の野菜室で保存。

初期	中期	後期	完了期
×	×	△	○

かぶ

旬 春・秋　栄養素 ビタミンC、食物繊維、カリウム（葉はβカロテン、カルシウム、鉄）　調理法 白い根の部分は、大根同様加熱するとやわらかくなる。甘みはあるが、繊維もあるので、はじめは裏ごしすると安心。葉は、大根同様にやわらかくゆでて刻んで使う。白と緑、2種類の野菜を同時にとれるのでお得。　保存法 葉を分け、冷蔵庫の野菜室で保存。

初期	中期	後期	完了期
○	○	○	○

切り干し大根

栄養素 カルシウム、鉄、食物繊維　調理法 刻んだ大根を乾燥させたもの。食物繊維が多く、かみにくいため、みじん切りにして9ヵ月ごろ以降に。水でもどしてゆでるか、にんじんなどと煮ものにする。やわらかくゆでてみじん切りにしたものは、ひき肉のそぼろあんや、肉だんごなどに加えると食べやすい。　保存法 開封後は密閉し、冷蔵保存（ゆでて刻み、冷凍保存すると便利）。

初期	中期	後期	完了期
×	×	○	○

ごぼう

旬 冬　栄養素 食物繊維、カリウム　調理法 食物繊維が多く、かたいため、9ヵ月ごろ以降になるべくやわらかく煮てから、みじん切りにして少量使う程度に。繊維を断つように薄く切ると食べやすくなり、混ぜご飯や肉だんご、煮ものなどに使える。　保存法 新聞紙に包み、保存袋に入れ、冷蔵庫の野菜室で保存。

初期	中期	後期	完了期
×	×	△	○

トマト・ミニトマト

旬 春～夏 **栄養素** βカロテン、ビタミンC・E **調理法** 水分が多く、皮とタネをとり除けば、5～6ヵ月ごろから生のままあげられる。 **保存法** 野菜室で保存(下処理をして冷凍した際は、加熱して使う)。

初期	中期	後期	完了期
○	○	○	○

初期

皮を湯むきし、タネをていねいにとり除き、なめらかにすりつぶす。

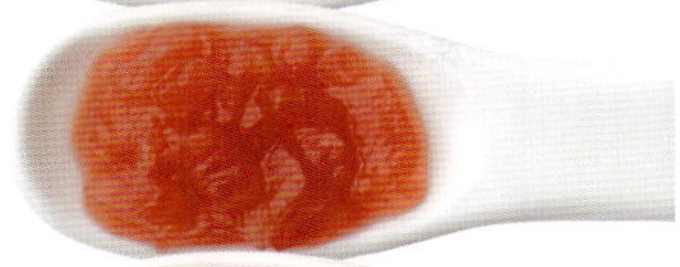

中期

皮をむき、タネをとり除き(少し混ざってもOK)、みじん切りにする。

後期

皮をむき、タネをとり除き(少し混ざってもOK)、5～8mm角ほどに切る。ミニトマトは8等分のくし形切りでもよい。

完了期

皮をむき、タネをとり除き1cm角やくし形切りに。皮とタネは食べられるようになればとり除かなくてもよい。ミニトマトは丸飲みを防ぐため、必ず切って与える。

なす

初期	中期	後期	完了期
△	○	○	○

旬 夏 **栄養素** ビタミンK、カリウム **調理法** 水分が多い夏野菜で、皮をむき、アク抜きをして加熱するとトロッとやわらかくなる。苦みがあるため、ある程度野菜に慣れた6ヵ月ごろ以降に少量から試すとよい。 **保存法** 保存袋に入れ、野菜室で保存。

初期

皮をむき水にさらしてアクを抜き、やわらかくゆで、なめらかにすりつぶす。湯を加えて、トロトロに。

中期

皮をむき、やわらかくゆでてみじん切りにする。だし汁で煮るか、鶏ひき肉といっしょに煮てあんかけにするとよい。

後期

皮をむき、やわらかくゆでて5mm角ほどに切る。みそ汁やトマト煮にしてもよい。

完了期

皮をむき、8mm角ほどに切るか、皮つきで薄いいちょう切りにして、だし汁で煮るとよい。アルミホイルに包みグリルで焼き、皮をむいて刻んでもよい。

かぼちゃ

旬 夏～冬 **栄養素** βカロテン、ビタミンC・E、食物繊維 **調理法** ほくほくとして甘みがあり、ビタミンが豊富なため、離乳食には欠かせない野菜のひとつ。皮とタネはとり除きゆでる、もしくは蒸す。電子レンジで加熱してもOK。9ヵ月ごろ以降は、皮も食べられるようであれば使える。 **保存法** 丸ごとのかぼちゃは、風通しのよい冷暗所で保存。カットしたものはラップに包み、冷蔵庫の野菜室で保存。

初期	中期	後期	完了期
○	○	○	○

初期

ゆでてすりつぶすか、裏ごす。ゆで汁を加えてなめらかにのばす。

中期

ゆでてタネのまわりの繊維をとり除きつぶすか、3mm角ほどのみじん切りにする。

後期

ゆでて5～8mm角ほどに切る。刻んでからだし汁で煮てもよい。または、つぶしておやきや蒸しパンなどに入れる。

完了期

1cm角ほどに切って食べられるようになったら、スティック状にして手づかみ食べ用に。薄く切って油で揚げ焼きにしてもよい。

ズッキーニ

初期	中期	後期	完了期
△	○	○	○

旬 夏 **栄養素** ビタミンC、食物繊維、カリウム **調理法** かぼちゃの仲間で、煮るとやわらかくなり、ヘタをとり除けば皮もすべて使える。淡白な味なので、汁ものやうまみのある肉や魚と合わせたり、マッシュポテトに混ぜると食べやすい。和洋問わずなすと同じ用途で使える。 **保存法** 保存袋に入れ、冷蔵庫の野菜室で保存。

栗

初期	中期	後期	完了期
×	×	△	△

旬 秋 **栄養素** 炭水化物、カリウム、食物繊維 **調理法** やわらかく煮ればほくほくとして甘みがあるが、おなかがゆるくなることもあるので、離乳食ではあえて使用しなくてよい。大人が食べる際に、湯に浸して皮をむき、ゆでるか蒸してから、つぶすかみじん切りにしてかゆに混ぜるなど、9ヵ月ごろ以降少量与える程度に。甘露煮や甘栗は使えない。 **保存法** 新聞紙で包み、保存袋に入れ冷蔵庫の野菜室で保存。

きゅうり

初期	中期	後期	完了期
△	○	○	○

旬 夏 栄養素 カリウム、ビタミンC 調理法 汗で失われる水分とカリウムがとれ、夏の熱中症予防におすすめ。※冬瓜はだし汁で煮て、7〜8ヵ月ごろから。ゴーヤは苦みが強く身もかたいため、1歳ごろ以降に、炒め煮にしたものをごく少量刻んで試す程度に。 保存法 乾燥と低温に弱いので、新聞紙に包むか保存袋に入れ、冷蔵庫の野菜室で保存。

初期
皮をむいてすりおろし、水と片栗粉少々を混ぜ、電子レンジで加熱してトロトロにする。

中期
皮をむいてすりおろし、片栗粉少々を混ぜ電子レンジで加熱するか、薄く切ってゆで、みじん切りにする。ゆでて刻んだ鶏ささみや白身魚とあえる。

後期
皮をむいて薄く切ってゆで、みじん切りに。ツナやしらす干し、わかめなどとあえたり、汁ものに入れてもよい。

完了期
皮つきでもよく、5mm角ほどに切るか、薄いいちょう切りにしてサッとゆでるか、電子レンジで加熱。少量の塩をふると、しんなりとして食べやすくなる。

冷凍ミックスベジタブル

初期	中期	後期	完了期
△	○	○	○

栄養素 βカロテン、食物繊維
調理法 角切りのにんじん、コーン、玉ねぎ、グリーンピース（または、いんげん）などがミックスされた冷凍食品。下処理の手間がなく便利。かたゆでで凍結しているので、やわらかくゆでて刻んで使う。ほかにブロッコリーやかぼちゃなど、冷凍野菜はなるべく国産のものを選ぶと、安心しておいしく食べられる。 保存法 冷凍庫で1ヵ月ほど保存可能だが、開封後はジッパーつき冷凍保存袋に入れ、なるべく早く使いきる。

とうもろこし・コーン缶

初期	中期	後期	完了期
○	○	○	○

旬 夏 栄養素 炭水化物、ビタミンB_1、葉酸 調理法 糖質が多く甘みがあり、かゆに慣れた5〜6ヵ月ごろから。生は皮とひげをとり、半分に折って少ない水で蒸し煮にするか、ラップに包み電子レンジで加熱し、包丁で実をそいでから刻む。缶詰のホールコーン、クリームコーンは食塩無添加なら5〜6ヵ月ごろから、塩分・糖分が含まれるものは9ヵ月ごろから。
保存法 皮とひげをとり、保存袋に入れ冷蔵庫の野菜室で保存。ゆでて刻み、冷凍保存するとよい。缶詰の残りも小分けし、冷凍保存。

初期
やわらかくゆで、裏ごしし薄皮をとり除きなめらかにするか、薄皮をとり除きすりつぶす。かゆと合わせるとよい。

中期
やわらかくゆで、薄皮つきでみじん切りにする。まとまりにくいので、とろみをつけると食べやすい。

後期
ゆでて薄皮つきのまま粗みじん切りにする。クリームコーン缶は、うす味で甘みのあるソースとして使うと、野菜や肉などが食べやすくなる。

完了期
ゆでて実を包丁でそぐ。または、芯をつけて1cm厚さの輪切りにし、手に持たせて前歯でかじりとらせるとよい。

ピーマン・パプリカ

初期	中期	後期	完了期
×	△	○	○

旬 夏 栄養素 βカロテン、ビタミンC、食物繊維 調理法 苦みがあり、すりつぶしにくいので5〜6ヵ月は使えない。赤または黄色のパプリカはピーマンよりも甘みがあるので、7〜8ヵ月ごろに先に試すとよい。皮はピーラーでむくとよいが、むきにくいため、みじん切りの野菜に慣れてから、細かいみじん切りにしてやわらかく煮て使う。油と調理すると苦みが包まれ、ビタミンAの吸収率もアップ。
保存法 乾燥しないよう保存袋に入れ、冷蔵庫の野菜室で保存。

中期
ピーラーで皮をむける部分だけむき、みじん切りにしてゆでるか、だし汁でほかの食材と煮る。とろみがあると食べやすい。

後期
ピーラーで皮をまだらにむける部分だけむき、粗みじん切りにしてだし汁でほかの食材と煮る。みじん切りにして、おやきやハンバーグに混ぜるとよい。

完了期
角切りはかみにくいので、長さ1cmほどのせん切りをやわらかく煮るとよい。しらす干しやツナなど、うまみの出る食材との炒め煮に。

オクラ

初期	中期	後期	完了期
×	○	○	○

旬 夏 **栄養素** ビタミンK、葉酸、食物繊維 **調理法** すりつぶしにくいので、みじん切りで食べられる7〜8ヵ月ごろ以降に、よく洗って産毛とヘタをとり除いてからゆでる。9ヵ月ごろまではタネをとり除いて使う。粘りがあるので、とろみづけにもなる。**保存法** 乾燥に弱いので、ポリ袋に入れ、冷蔵庫の野菜室で保存。

中期
やわらかくゆでて縦に切り、包丁の先でタネをこそげ落とし、みじん切りに。

後期
やわらかくゆでて縦に切り、タネをほぼとり除き、5mm角ほどに切る。

完了期
やわらかくゆでて薄い輪切りから、1cm幅ほどにする。混ぜると粘りが出るので、肉などのパサつく食材に混ぜるとよい。

いんげん・絹さや・スナップえんどう

初期	中期	後期	完了期
×	○	○	○

旬 春〜夏 **栄養素** βカロテン、カルシウム、食物繊維 **調理法** 豆と野菜の要素があり、食物繊維も多い。ヘタと筋をとり除いてやわらかくゆでて刻み、7〜8ヵ月ごろから使える。**保存法** 乾燥に弱く、ポリ袋に入れ空気を抜き、冷蔵庫の野菜室で保存。

中期
やわらかくゆでて大きい豆はとり除き、みじん切りに。かゆやマッシュポテトに混ぜるとよい。

後期
やわらかくゆでて冷水で冷やしてから、豆の部分も含めて粗みじん切りか、5mm角ほどに切る。

完了期
やわらかくゆでて冷水で冷やし、半分に割って5〜6mm角に刻むか、小口切りやスティック状にしてもよい。ごまあえのほか、混ぜご飯や煮ものの彩りに。

パセリ
しそ・ハーブ

初期	中期	後期	完了期
×	×	△	△

栄養素 ビタミンC、カルシウム、鉄 **調理法** 独特の風味と苦みがあり、かみにくいので、みじん切りにして少量混ぜる程度であれば、9ヵ月ごろ以降から。セロリや青じそ、その他のハーブ類も、香りをいやがらなければみじん切りで少量使えるが、あえて与える必要はない。**保存法** フレッシュハーブは瓶に入れ密閉し、冷蔵庫で保存すると長持ちする。ドライハーブは、開封後は密閉し、冷蔵庫で保存。

にんにく・しょうが

初期	中期	後期	完了期
×	×	△	△

旬 春〜秋 **栄養素** にんにく(ビタミンB_6、カリウム)、しょうが(マグネシウム、マンガン) **調理法** 辛み成分と独特の香りがあり、離乳食ではあえて使う必要はない。加熱すれば辛みはなくなり、魚の臭み消しやうまみアップになるので、9ヵ月ごろ以降、大人の食事からのとり分けで少量入る程度ならOK。生では刺激が強いため与えない。**保存法** 風通しのよい冷暗所か、ラップに包み冷蔵庫の野菜室で保存。

こんにゃく

初期	中期	後期	完了期
×	×	×	△

栄養素 カルシウム、食物繊維 **調理法** こんにゃくいもから作られる。弾力があり、かみつぶせないので、丸飲みしてのどに詰まる恐れが。1歳ごろ以降に、とり分けたものをみじん切りにして少量与える程度に。**保存法** 冷蔵庫で保存。冷凍不可。

もやし・
スプラウト

初期	中期	後期	完了期
×	×	○	○

栄養素 ビタミンC、食物繊維 **調理法** ゆでても歯ごたえがありかみにくいので、みじん切りにして9ヵ月ごろ以降に使える。そのほかスプラウト類(新芽)では、ブロッコリースプラウトは栄養価が高く、クセもなく、みじん切りにして9ヵ月ごろから。豆苗(絹さやの芽)は豆臭さがあるが、先のほうを刻んで9ヵ月ごろから。そばの芽はアレルギーを確認して9ヵ月ごろから。かいわれ大根は辛みや苦みがあり、離乳食には不向き。**保存法** 冷蔵庫で保存。日持ちしないので早めに食べきる(スプラウトは根に菌が繁殖する可能性があり、切り離してよく洗い密閉保存するとよい)。

キャベツ・白菜

初期	中期	後期	完了期
○	○	○	○

旬 春・秋 **栄養素** ビタミンC、カルシウム、カリウム **調理法** 甘みがあり、クセのない味で、煮るとやわらかくなり、5〜6ヵ月ごろにかゆの次に試す野菜としてもおすすめ。ゆで汁も甘みがあり、野菜スープとして利用できる。刻んでゆでるよりも、大きめにゆでてから刻んだほうが口あたりがやわらかくなる。 **保存法** 冬は新聞紙に包んで冷暗所で、冬以外はラップに包んで野菜室で保存。

初期

葉先のやわらかい部分をゆでて、みじん切りにする。なめらかにすりつぶし、ゆで汁を加えてのばす。

中期

葉先をやわらかくゆでて、繊維をしっかり断ち切るようにみじん切りにする。肉や魚と合わせてあんかけ煮にすると食べやすい。

後期

芯をとり除けば、白い葉脈の部分は入ってもよく、5mm大ほどに切る。麺類の汁やおやきの具に、みじん切りにして混ぜてもよい。

完了期

芯をとり除いてゆで、5mm〜1cm大ほどに切る。または、生で粗みじん切りにして、だし汁で煮てもよい。サラダでもサッとゆでる（または電子レンジ加熱）と食べやすくなる。

チンゲンサイ

初期	中期	後期	完了期
△	○	○	○

栄養素 βカロテン、カルシウム、カリウム **調理法** シャキッとした食感が特徴の中国野菜。緑の葉先はゆでるとやわらかく、5〜6ヵ月ごろから使える。9ヵ月ごろ以降は白い部分も繊維を断つように刻めば使える。肉と炒め、あんかけやスープに。

ほうれんそう・小松菜

初期	中期	後期	完了期
○	○	○	○

旬 冬 **栄養素** βカロテン、カルシウム、鉄 **調理法** 葉菜類は、筋の少ない緑色の葉先の部分をやわらかくゆでれば、5〜6ヵ月ごろから使える。ゆでて水にさらしてアク抜きをするが、水にビタミンCが流れてしまうため、手早く行って。緑野菜は赤ちゃんにとって受け入れにくい食材のひとつ。食べやすく刻み、おいしく食べられる調理法や味つけを工夫し、食べ慣れることが大切。 **保存法** ぬらしたキッチンペーパーで根元を包んでから、ラップに包むかポリ袋に入れ、根元を立てて冷蔵庫の野菜室で保存。※以下の葉野菜も同様。

初期

葉先をクタクタになるまでゆでてみじん切りにする。筋がなくなるまですりつぶし、湯でのばす（ゆで汁は使わない）。

中期

葉先をやわらかくゆでて、繊維をしっかり断ち切るようにみじん切りに。とろみをつけて食べやすくする。

後期

茎もゆで、葉先を中心に粗みじん切りに。緑野菜が苦手な場合は無理に食べさせず、肉だんごや蒸しパンなどに混ぜてもOK。

完了期

茎もゆで、葉先を中心に粗みじん切り〜1cm長さほどに切る。油で炒めると苦みが包まれ食べやすくなる。

レタス
サニーレタス・ベビーリーフ

旬 春・秋 **栄養素** カリウム、ビタミンK **調理法** 繊維が多いので、ゆでてから刻んで使う。やや苦みがあるので、ほかの葉野菜に慣れてから、少量使う程度で。 **保存法** 野菜保存袋（ベビーリーフは密閉容器）に入れ、冷蔵庫の野菜室で保存。

初期	中期	後期	完了期
△	○	○	○

モロヘイヤ

旬 夏 **栄養素** βカロテン、鉄、食物繊維 **調理法** ビタミン・ミネラルを豊富に含む。少量でも栄養補給でき、少食ぎみの子には特におすすめ。葉のみをゆでて刻むとぬめりが出るので、とろみづけにも利用できる。

初期	中期	後期	完了期
△	○	○	○

水菜・
春菊・菜の花

旬 冬〜春 **栄養素** βカロテン、ビタミンC、カルシウム **調理法** 水菜は葉先は薄く、苦みも少ないのでゆでてすりつぶし、5〜6ヵ月ごろから使える。白い部分はかみにくいので、刻んで9ヵ月ごろ以降に。※春菊、菜の花は苦みがあり、茎のほうはかたいので、9ヵ月ごろ以降に。葉先（菜の花は花のつぼみの部分）をやわらかくゆでて刻み、少量混ぜる程度に。

初期	中期	後期	完了期
△	○	○	○

グリーンアスパラ

旬 春～夏 **栄養素** βカロテン、ビタミンC、カリウム **調理法** 繊維が多いので、5～6ヵ月ごろ以降、ほかの野菜に慣れたあとに、やわらかくゆでた穂先を少量試す程度に。9ヵ月ごろ以降は、軸の部分も刻んで使えるが、下のほうは筋が多いので、離乳食では使わない。ホワイトアスパラも同様。 **保存法** ラップに包み、穂先を上に立てて冷蔵庫の野菜室で保存。

初期	中期	後期	完了期
△	○	○	○

初期

穂先のみをやわらかくゆで、みじん切りにしてすりつぶし、水と片栗粉を混ぜて煮てとろみをつける。または、かゆといっしょにすりつぶすとよい。

中期

穂先のみをやわらかくゆで、みじん切りにする。とろみをつけて飲みこみやすくする。

後期

上半分をやわらかくゆで、穂先または軸を粗みじん切りに。みじん切りにしてかゆや肉だんごなどに混ぜてもよい。

完了期

上半分をやわらかくゆで、5mm角ほどに刻むか、軸を輪切りにする。軸のまわりがかたければ、ピーラーでむいてからゆでると食べやすくなる。

ブロッコリー・カリフラワー

初期	中期	後期	完了期
○	○	○	○

旬 秋～冬 **栄養素** βカロテン、ビタミンC、葉酸、カルシウム **調理法** 緑の野菜の中では甘みがあり、ビタミン・ミネラルもバランスよく含んでいるのでおすすめ。花蕾（からい）と呼ばれる穂先のつぼみ部分をやわらかくゆでて使う。9ヵ月以降は、茎もかたい部分を除いて、やわらかくゆでて刻めば使える。カリフラワーもブロッコリーと同様に使えるが、シチューなどのとろみがある料理といっしょだと食べやすくなる。 **保存法** 保存袋に入れ、軸を下にして冷蔵庫の野菜室で保存。

初期

小房に分けてよく洗い、つぼみの部分を切りとる。やわらかくゆでてすりつぶし、湯でのばす。

中期

つぼみの部分を切りとり、やわらかくゆでて、みじん切りにする。かゆやいもに混ぜるなど、とろみがあると飲みこみやすい。

後期

小房に分けてゆで、つぼみの部分は粗みじん切り～8mm角ほどに刻む。茎の部分も、みじん切りにして肉だんごなどに混ぜると食べやすい。

完了期

小房に分けてゆで、つぼみの部分を1cm角ほどに切る。茎の部分をつけたまま手づかみ食べ用にしてもよい。

長ねぎ 小ねぎ・にら

初期	中期	後期	完了期
×	△	○	○

旬 冬 **栄養素** ビタミンC、葉酸（にらはβカロテン） **調理法** 辛みや苦みがあり、繊維も多いため、8ヵ月ごろ以降に少量から。ゆでてからでは刻みにくいので、みじん切りにしてだし汁などと煮て、汁ものやあんかけにするとよい。小ねぎは小口切りにして、9ヵ月ごろから彩りに使える。にらは独特の香りがあり、9ヵ月ごろ以降、みじん切りにして肉と炒めると食べやすくなる。 **保存法** 新聞紙などに包み、冷蔵庫の野菜室に立てた状態で保存。

中期

白くやわらかい部分を、やわらかくゆでてみじん切りにする。または、みじん切りにしてだし汁で煮て、汁ものやあんかけにしてもよい。

後期

白くやわらかい部分をゆでて粗みじん切りにするか、刻んで煮たり、肉だんごなどに混ぜる。

完了期

粗みじん切りか、薄い半月切りにして煮る。

玉ねぎ

初期	中期	後期	完了期
○	○	○	○

旬 春・秋 **栄養素** カリウム、カルシウム **調理法** 辛み成分の硫化アリルにはビタミンB_1の吸収を促し、消化を助ける作用が。煮ると甘くなり、煮汁も野菜スープとして利用するとよい。みじん切りにしてから加熱するよりも、大きく切って煮たほうがやわらかくなり、甘みも出る。 **保存法** 風通しのよい冷暗所に置き、皮をむいたあとは保存袋に入れ、冷蔵庫の野菜室で保存。

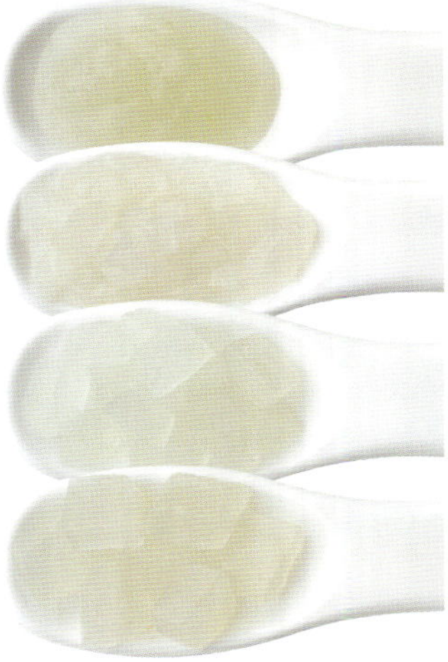

初期

やわらかくゆでて薄皮をとり、みじん切りにしてすりつぶし、ゆで汁でのばす。

中期

やわらかくゆで、みじん切りにする。単品よりも、いろいろな食材と合わせるとよい。

後期

やわらかくゆでて3～5mm大ほどに切るか、みじん切りにしてハンバーグなどに混ぜる。

完了期

やわらかくゆでて5～8mm角ほどに切るか、幅1cmほどのせん切りに。だし汁で煮て汁ものやあんかけにしてもよい。

干ししいたけ

初期	中期	後期	完了期
×	×	×	△

栄養素 食物繊維、ビタミンD
調理法 しいたけを干したもの。水でもどして刻み、もどし汁もだし汁として使える。かみ切りにくいので、1歳ごろ以降に少量使う程度に。
保存法 密閉し、常温保存。

なめこ・マッシュルーム・エリンギ

初期	中期	後期	完了期
×	×	×	△

旬 秋　栄養素 食物繊維、(なめこ)ナイアシン、(マッシュルーム、エリンギ)セレン　調理法 なめこは独特なぬめりがあり、マッシュルームとエリンギは弾力があるため、奥歯が生えるまではかむことが難しい。1歳以降にみじん切りにして、汁ものやご飯、おかずの具のひとつとして混ぜて使う。保存法 購入したパックのまま冷蔵庫の野菜室で保存する。

しめじ
えのき・まいたけ・生しいたけ

旬 秋　栄養素 食物繊維、(しめじ、しいたけ)ビタミンD、(えのき)葉酸
調理法 独特の風味があり、食物繊維が多く消化しにくいため、9ヵ月ごろ以降に。石づきの部分をとり除き、みじん切りにして少量から使う。

保存法 購入したパックのまま冷蔵庫の野菜室で保存する。

初期	中期	後期	完了期
×	×	△	○

後期
ゆでたものをみじん切りにするか、みじん切りにしてだし汁で煮たり、肉だんごなどに混ぜる。

完了期
ゆでたものを粗みじん切りにするか、刻んだものを煮もの、炒めものに。スープに入れるとうまみがアップ。特に便秘ぎみの赤ちゃんにおすすめ。

りんご ・なし

初期	中期	後期	完了期
○	○	○	○

旬 秋～冬　栄養素 カリウム、食物繊維　調理法 酸味が少なく、甘みがある。生では食べにくいので、すりおろして果汁をしぼるか、やわらかく煮て5～6ヵ月ごろから。なしは、煮るとザラつきが気になるので、最初はすりおろし、徐々に生のままみじん切りや薄切りにして与える。切ると酵素の働きで茶色くなるため、水にさらす。　保存法 冬は常温保存でよい。新聞紙に包み、保存袋に入れ冷蔵庫の野菜室に。

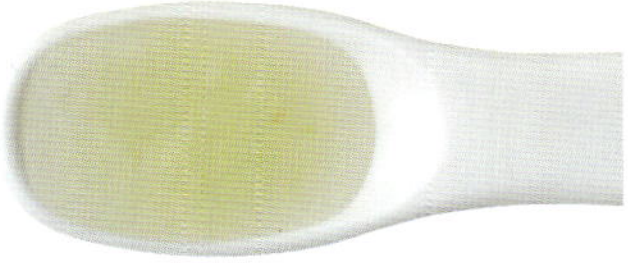

初期
すりおろした果汁を湯でのばすか、やわらかくゆでてすりつぶし、ゆで汁でのばす。

中期
食べる直前にすりおろすか、ゆでてみじん切りに。プレーンヨーグルトやパンがゆに混ぜてもよい。

後期
ゆでて5mm角ほどに切る。または、薄切りで煮て、水溶き片栗粉でとろみをつけたり、さつまいもと煮てつぶしてもよい。

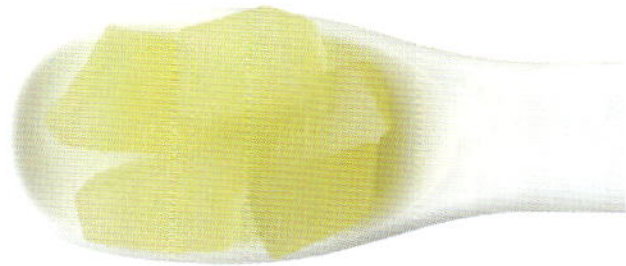

完了期
1cm角や薄いいちょう切りにして煮る。1.5cm幅ほどの薄いくし形切りにして、手づかみ食べ用にしてもよい(のどに詰まらないよう注意)。

バナナ

初期	中期	後期	完了期
○	○	○	○

栄養素 炭水化物、ビタミンB_6、食物繊維　調理法 エネルギー源となる炭水化物が多く、甘みがありやわらかいので、5～6ヵ月ごろからそのまますりつぶしてあげられる。皮をむいて筋をとり除き、端は切り落としてフォークでつぶすか、包丁で切って与える。　保存法 涼しいところで常温保存。日持ちさせたいときは、野菜保存袋に入れてから冷蔵庫の野菜室に入れる(皮は黒ずんでも中がきれいならOK)。

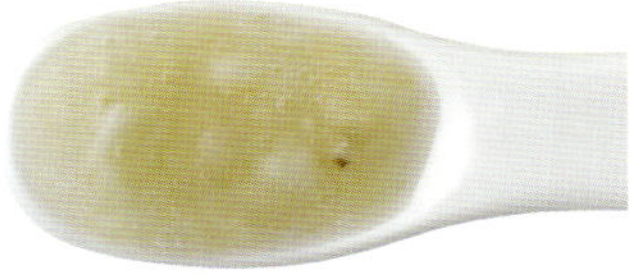

初期
刻んですりつぶし、湯を加えてのばすか、水をふり電子レンジで温めてからすりつぶすとなめらかにしやすい。

中期
包丁でみじん切りにするか、フォークの背でつぶす。切ると茶色く変色するので、食べる直前に調理する。

後期
5mm角ほどに刻み、甘みを利用してプレーンヨーグルトに混ぜるとよい。(1日の目安：1/2本ほど)

完了期
1cm角ほどに切るか、輪切りやスティック状に切って手づかみ食べ用に。つぶしてホットケーキなどに混ぜてもよい。(1日の目安：1本ほど)

くだものについて ❶生であげられますが、清潔な手や調理器具で、食べる直前に切るようにして、食中毒を予防しましょう。❷食物アレルギー(口の中がかゆくなる口腔内アレルギーを含む)の原因となることがあるので注意。生のパイナップル、マンゴーなどのトロピカルフルーツは、口のまわりがかぶれることがあり、離乳食には不向き。❸甘みがあり、食べやすいので、赤ちゃんが好むことが多いです。甘い味に慣れてしまい、離乳食が進まないこともあるので、あくまでも離乳食の一品として、食べすぎないように注意して。

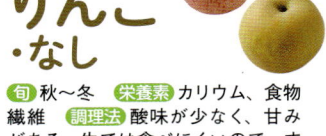

缶詰フルーツ

栄養素 ビタミンCなど　調理法 くだものをシロップ漬けにしたもの。糖分が多く、食品添加物も含まれるため、離乳食には不向き。9ヵ月ごろ以降、水洗いして、刻んで少量にとどめる。プレーンヨーグルトに混ぜるとよい。　保存法 開封後はその日に使いきるか、汁をきり冷凍する。

初期	中期	後期	完了期
×	×	△	△

いちご

旬 冬～春　栄養素 ビタミンC、葉酸、食物繊維　調理法 甘みと酸味のバランスがよく、裏ごししてタネをとり除けば5～6ヵ月ごろから、7ヵ月ごろ以降は刻んでそのままで。※ラズベリー、ブルーベリーは酸味が強く、繊維も多いので、9ヵ月以降刻んで少量を試す程度に。　保存法 ヘタをつけたまま、密閉容器に入れ冷蔵保存。

初期	中期	後期	完了期
○	○	○	○

ドライフルーツ

栄養素 カリウム、食物繊維
調理法 離乳食では、レーズン、ドライプルーンを9ヵ月以降に少量から与えられるが、そのままではのどに詰まる恐れもあるので、湯でもどして刻み、ヨーグルトなどに混ぜて使う。食べ慣れれば、1歳以降のおやつにしてもよい。※食品添加物やオイルコーティングしてあるものもあるため、表示を見て、なるべく添加物の少ないものを選ぶ。　保存法 開封後は密閉して、冷蔵庫で保存。

初期	中期	後期	完了期
×	×	△	○

野菜くだものジュース

栄養素 βカロテン、ビタミンC、カリウム　調理法 市販の大人用ジュースは香料などが含まれることが多い。ベビー用は与えられるが、かむことでだ液を出して消化を助けることが大切なので、ジュースでおなかがいっぱいにならないように注意。無塩のトマトジュースは、離乳食の食材として7ヵ月ごろから使用可。
保存法 開封後はその日のうちに飲みきるか、冷凍し加熱調理に使用する。

初期	中期	後期	完了期
×	×	△	△

さくらんぼ

旬 夏　栄養素 ビタミンC、葉酸
調理法 実がかためで、7～8ヵ月ごろ以降に、皮とタネをとり除きみじん切りにして与える。9ヵ月ごろ以降は、皮をむかなくてもよいが、丸飲みする恐れがあるため、必ず切ってタネをとり除いて。　保存法 密閉容器に入れ、冷蔵保存。※柿、びわも同じく皮とタネをとり除き、刻んで7～8ヵ月ごろ以降から。

初期	中期	後期	完了期
×	○	○	○

桃

旬 夏　栄養素 ビタミンC、カリウム、食物繊維　調理法 甘くて酸味が少なく、熟したものは特につぶしやすいので、5～6ヵ月ごろから加熱せずに使える。空気に触れると茶色く変色するので、食べる直前に切る。
保存法 傷つかないように保存袋に入れ、冷蔵庫の野菜室で保存。

初期	中期	後期	完了期
○	○	○	○

みかん

初期	中期	後期	完了期
○	○	○	○

旬 冬　栄養素 βカロテン、ビタミンC　調理法 水分が多く、甘みがあり、酸味に慣れるためにもよい食材。春に出回るいよかんなどもおすすめ。グレープフルーツはほろ苦さがあり、農薬も心配なので、1歳ごろ以降控えめに与えて。レモン汁は9ヵ月ごろ以降、少量を味つけに使える。
保存法 冬は常温保存できるが、野菜保存袋に入れ、冷蔵庫の野菜室で保存すると長持ちする。

初期

薄皮をむいてすりつぶし、湯でのばす。半分に切って果汁をしぼってもよい。

中期

薄皮をむいてみじん切りにする。さつまいもマッシュやつぶしたバナナに混ぜてもよい。

後期

薄皮をむいて5mm角ほどに刻むか、手でほぐす。プレーンヨーグルトに混ぜてもよい。

完了期

薄皮をむかなくても食べられれば、小房を半分に切って与える。丸飲みしないように注意して。

ぶどう

旬 秋　栄養素 炭水化物、カリウム
調理法 甘みと酸味が強めなので、5～6ヵ月ごろは皮とタネをとり除き、すりつぶして湯でうすめて少量を試す程度に。1歳ごろ以降も、そのままでは丸飲みする恐れがあるので、必ず皮とタネをとり除き、切って与える。
保存法 傷つかないように保存袋に入れ、冷蔵庫の野菜室で保存。

初期	中期	後期	完了期
△	○	○	○

キウイフルーツ

栄養素 ビタミンC、食物繊維
調理法 酸味があり、食物繊維も多いので7ヵ月ごろ以降に。はじめはタネを避けて、みじん切りを少量から。食物アレルギーに注意して。保存法 傷つかないように保存袋に入れ、冷蔵庫の野菜室で保存。

初期	中期	後期	完了期
×	△	○	○

すいか・メロン

旬 夏　栄養素 カリウム（メロンはビタミンCも含む）　調理法 水分が多く、甘みがあり、やわらかくて食べやすいので5～6ヵ月ごろからOK。皮をむいてタネをとり除き、つぶすか刻んで与える。食べすぎるとおなかがゆるくなることがあるので注意。
保存法 切る前は常温保存できる。切ったあとはピッタリとラップに包み、冷蔵保存し、断面を薄く削ってから赤ちゃん用を切ると安心。市販のカットフルーツも同様にして、買ってきたその日に食べきる。

初期	中期	後期	完了期
○	○	○	○

焼きのり・青のり

初期	中期	後期	完了期
×	△	○	○

栄養素 カルシウム、鉄、食物繊維 **調理法** のりを乾燥させたもので、調理の手間がなく、磯の香りが食欲をそそる便利な食材。焼きのりは大きいと上あごにつき、のどに詰まる恐れもあるため、小さくちぎって。 **保存法** 湿気を嫌うため、密閉袋に入れ、冷蔵庫で保存。

わかめ

初期	中期	後期	完了期
×	△	○	○

栄養素 カルシウム、カリウム、食物繊維 **調理法** 海藻類は水溶性食物繊維が豊富で、便秘の予防におすすめ。赤ちゃんの成長に必要なミネラルも補給できる。乾燥カットわかめを水でもどしてやわらかくゆで、刻んで使う。塩蔵わかめはよく塩抜きし、生わかめはかたい茎を除いてゆでる。
保存法 乾燥は密閉し、常温保存。塩蔵や生わかめは冷蔵保存(ゆでて刻み冷凍すると便利)。

中期
水でもどして、クタッとするまでやわらかくゆで、みじん切りにする。かゆややわらかい野菜などに混ぜるとよい。

後期
水でもどしてやわらかくゆで、粗みじん切りに。汁ものやほうれんそうに混ぜて、トロトロに煮ると食べやすくなる。

完了期
水でもどし、5〜8mm大に刻んで、だし汁で煮てスープの具に。ゆでて刻み、しらす干しや野菜とあえても。

粉寒天

栄養素 食物繊維 **調理法** 天草を煮て、乾燥したもの。煮て溶かしやすい粉寒天が便利。寒天ゼリーはかたいと誤嚥する恐れがあるため、やわらかめに作るか、小さく切って与える。寒天サラダは、かたく離乳食には不向き。
保存法 開封後は冷蔵庫で保存。

初期	中期	後期	完了期
×	×	○	○

ひじき(芽ひじき)

栄養素 ビタミンK、カルシウム、食物繊維 **調理法** 消化しにくいため、9ヵ月ごろ以降から。やわらかくゆでてみじん切りにし、かゆや肉だんごに混ぜたり、野菜との煮ものに。水煮品も便利。 **保存法** 常温保存(ゆでて刻み、冷凍すると便利)。

初期	中期	後期	完了期
×	×	○	○

梅干し・漬けもの

調理法 漬けもの類は塩分が強く、食品添加物を含むものもあるため、離乳食には不向き。1歳ごろ以降、みじん切りにした梅干しを味つけとして、ご飯や煮ものに少量混ぜる程度に。その他の漬けものは、湯で洗って塩抜きしてから刻む。※辛みのあるものはNG。

初期	中期	後期	完了期
×	×	×	△

砂糖・てんさい糖

調理法 食材の甘みを生かすことが基本だが、8ヵ月ごろ以降ごく少量の砂糖を加えるとおいしく食べられることも。砂糖より穏やかな甘みで、微量のミネラルやオリゴ糖がとれるてんさい糖やメープルシロップも8ヵ月ごろからOK。

初期	中期	後期	完了期
×	△	○	○

調味料

塩・しょうゆ・みそ

調理法 9ヵ月ごろ以降に。味つけをしたほうが食べやすくなるものから、ごく少量使う。だし汁や、食材に含まれる塩分で食べられるものには使わない。海水から作られた自然塩で、少量をとりやすく、溶けやすい、粒の細かい焼き塩がおすすめ。しょうゆ、みそは、大豆と塩を発酵熟成させた調味料。少量を混ぜると風味がよくなり、おいしく食べられる。添加物のないものを選んで。

初期	中期	後期	完了期
×	×	○	○

ごま

調理法 9ヵ月ごろ以降、食物アレルギーがないかをごく少量で確認をしてから、すりごまを少量風味づけ程度に使う。粒のままでは消化しにくいため、すってから使って。

初期	中期	後期	完了期
×	△	○	○

はちみつ

調理法 乳児ボツリヌス症の原因となるボツリヌス菌の芽胞が混入している可能性が。0歳では与えず、1歳ごろ以降に使用可能。

初期	中期	後期	完了期
×	×	×	○

ケチャップ

調理法 トマトの栄養素がとれるが、塩分や糖分、香辛料が多く、消化器官にも負担がかかる。1歳ごろ以降に味つけには使えるが、上からかけて食べることは控えて。

初期	中期	後期	完了期
×	×	×	○

トマトピューレ

調理法 食塩や添加物が含まれないものは、7〜8ヵ月ごろからトマト煮やスープに利用できる。開封後は、製氷皿で冷凍して。少量ずつ使えるトマトペーストも便利。

初期	中期	後期	完了期
×	○	○	○

マヨネーズ

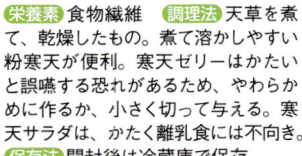

調理法 生卵が原料となるため、全卵が食べられるようになってから。塩分、糖分、香辛料が多いため、9〜11ヵ月ごろ以降に、味つけに少量使う程度に。

初期	中期	後期	完了期
×	×	△	○

ソース・カレー粉・こしょう

調理法 ソースは塩分や糖分、香辛料が多く刺激が強いため、1歳ごろ以降、少量を味つけに使う程度に。辛みのある香辛料(スパイス)もごく少量を風味づけ程度に。

初期	中期	後期	完了期
×	×	×	△

めんつゆ・酒・みりん

調理法 めんつゆは塩分が多く添加物も含むため、1歳ごろ以降ごく少量を。酒、みりんは10ヵ月ごろ以降、加熱でアルコールを飛ばし、とり分けで少量入る程度ならOK。

初期	中期	後期	完了期
×	×	△	△

酢

調理法 強い酸味があり、胃腸にも刺激を与える。9ヵ月ごろ以降は、とり分けで少量入る程度ならOK。1歳ごろ以降も、ごく少量混ぜる程度に。

初期	中期	後期	完了期
×	×	△	△

困ったときの心強い味方

ベビーフードの上手な使い方

赤ちゃんの発育に合わせて作られた市販のベビーフード。
外出するときなどに便利ですが、メニューに変化をつけたいときにもアレンジしてとり入れてみましょう。

タイプ

ベビーフードには主に
4つのタイプがあります。

1 瓶詰め

加熱調理されたものを瓶に詰め、ふたをし、圧力をかけ、加熱殺菌されています。開封後、食べきれない分は冷凍保存することも可能です。

2 フリーズドライ

食材を低温で瞬間冷凍、真空状態で乾燥させ、窒素を詰めてパックされています。熱湯でもどして使用。とても軽いので持ち運びに便利。

3 粉末

おかゆ、だし、スープ　とろみのもとなどさまざまな種類があります。使う分だけ湯で溶かせばいいので簡単です。

4 レトルトパウチ

加熱調理されたものを袋や容器に入れて密閉、高圧殺菌されています。メニューが豊富で、温めずにそのままでも食べられます。

使い方

上手に使えば、調理の
バリエーションがふえます。

1 調理のベースとして使う

だしやソース、ホワイトソースなどさまざまなベース素材が市販されています。食べにくい食材を、手軽に食べやすく変えてくれます。

2 下ごしらえを省く

瓶詰め、フリーズドライ、粉末など、単品食材を裏ごししたものやペーストがあります。おかゆに混ぜたり、パンに塗ったりアレンジを。

3 のせる、かける

ベビーフードをおかゆにかけるだけ、野菜や肉・魚と混ぜ合わせるだけ！　それだけでもマンネリメニューに変化をもたらしてくれます。

4 ひと手間かけてアレンジ

「そのまま食べさせるのは抵抗がある」という人は、ベビーフードを食材のひとつとして使い、アレンジ料理に挑戦してみましょう。

※2020年5月現在、販売されている商品を使用しています。

ベビーフード時期別 簡単アレンジレシピ例

初期（5～6ヵ月ごろ）

とろみのもとと ブロッコリーのペースト

ビタミン ミネラル

材料

ゆでブロッコリー（つぼみの部分）…5g（小房1/2個分）
水…大さじ1
とろみのもと（BF）…1/2包

素材にとろみのもとを混ぜるだけで、簡単に食べやすくできます。

作り方

1 耐熱容器に1cm角ほどに切ったブロッコリーと水を入れ、ふんわりラップをかけ電子レンジで1分ほど加熱する。
2 1をゆで汁とともにすりつぶし、とろみのもとを混ぜる。

フリーズドライ白身魚とかぼちゃのペースト

ビタミン ミネラル　タンパク質

材料

ゆでかぼちゃ…10g（2cm角）
水…小さじ2
裏ごしおさかな（BF）…1キューブ
湯…小さじ2

フリーズドライのベビーフードは、湯をかけてもどすだけ！

作り方

1 耐熱容器にかぼちゃと水を入れ、ふんわりラップをかけ電子レンジで1分ほど加熱。皮と繊維の多い部分をとり除き、すりつぶす。
2 裏ごしおさかなに湯を混ぜ、1に混ぜる。

中期（7～8ヵ月ごろ）

赤ちゃんせんべいと麩のおかゆトマトのせ

炭水化物　タンパク質　ビタミン ミネラル

材料

赤ちゃんせんべい…6枚
焼き麩（おつゆ麩）…1個
トマト…15g（1/8個）
水…大さじ4

赤ちゃんせんべいは包丁で刻みましょう。

作り方

1 赤ちゃんせんべいは細かく刻み、麩はすりおろす。
2 鍋に水を入れて沸かし1を入れ、やわらかくなるまで煮る。
3 トマトは皮を湯むきし、タネをとり除いて粗みじん切りにして、2にのせる。

豆腐入りおじや

炭水化物　タンパク質

材料

ひらめと卵のおじや（BF）…1袋
絹ごし豆腐…25g（3cm角）
青のり…少々

レトルトパックは湯せんするか、中身を耐熱容器にうつし、ふんわりラップをかけ電子レンジで加熱します。

作り方

1 おじやを耐熱容器にあけ、5mm角に切った絹ごし豆腐をのせる。
2 1にふんわりラップをかけ電子レンジで40秒ほど加熱して、青のりをふる。

※赤ちゃんせんべいはベビーフードの分類には入りませんが、離乳食として利用することができます。

後期（9～11ヵ月ごろ）

鮭の豆乳リゾットのご飯おやき

炭水化物　タンパク質

材料

鮭の豆乳リゾット（BF）…1/2袋（40g）
小麦粉…大さじ2
油…少々

ベビーフードに小麦粉を混ぜて、成形しやすくします。

作り方

1 鮭の豆乳リゾットと小麦粉を混ぜる。
2 フライパンに油を熱し、1を広げ、両面が薄く色づくまで焼く。
3 2が冷めたら食べやすい大きさに切る。

五目まぜご飯のもとでご飯入りしらすキャベツスープ

炭水化物　タンパク質　ビタミン ミネラル

材料

五目まぜご飯のもと（BF）…1/2包
キャベツ…10g（10cm四方）
しらす干し…小さじ2
ご飯…大さじ1
水…100ml

五目まぜご飯のもとで、だしがわりにして味つけします。

作り方

1 鍋に水を入れて沸かし、しらす干しに大さじ1ほどの湯をかけ、粗みじん切りにする。
2 キャベツを5mm角に切り、1の鍋に入れ、ご飯としらす干しも加えて煮る。
3 2を器に盛り、五目まぜご飯のもとを混ぜる。

完了期（12～18ヵ月ごろ）

白身魚とポテトのクリーム煮のパングラタン

炭水化物　タンパク質　ビタミン ミネラル

材料

白身魚とポテトのクリーム煮（BF）…50g
にんじん…5g（厚さ5mm輪切り）
牛乳…小さじ1
小麦粉…小さじ1
食パン（8枚切り・耳なし）…1/2枚
粉チーズ…小さじ1/2
ドライパセリ…少々

白身魚とポテトのクリーム煮に、牛乳と小麦粉を混ぜると、即席ホワイトソースに！

作り方

1 食パンは1.5cm角に切り、耐熱皿に広げる。
2 白身魚とポテトのクリーム煮にゆでて5mm角に切ったにんじん、牛乳と小麦粉を混ぜ、1にかけ、粉チーズをふってトースターで10分ほど焼く。好みでドライパセリをふる。

まぐろと野菜煮の和風スパゲッティ

炭水化物　タンパク質　ビタミン ミネラル

材料

まぐろと野菜の煮つけ（BF）…1袋
スパゲッティ（1.4mm）…20g
刻みのり…適量

レトルトパックは湯せんするか、中身を耐熱容器にうつし、ふんわりラップをかけ電子レンジで加熱します。

作り方

1 スパゲッティを2～3cm長さに折ってゆで、水けをきって皿に盛る。
2 1に温めたまぐろと野菜の煮つけをかけ、短く切った刻みのりをのせる。

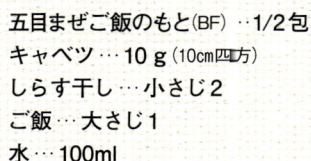

PART3

離乳食の調理テクニック

料理初心者のママやパパも、調理の基本を押さえれば
おいしい離乳食を作れます。
さあ、しっかり準備しましょう！

離乳食作りに活躍する調理器具

よく使う調理器具のほかに、赤ちゃん専用や小さいサイズのものを用意しておくと、離乳食作りがラクになります。

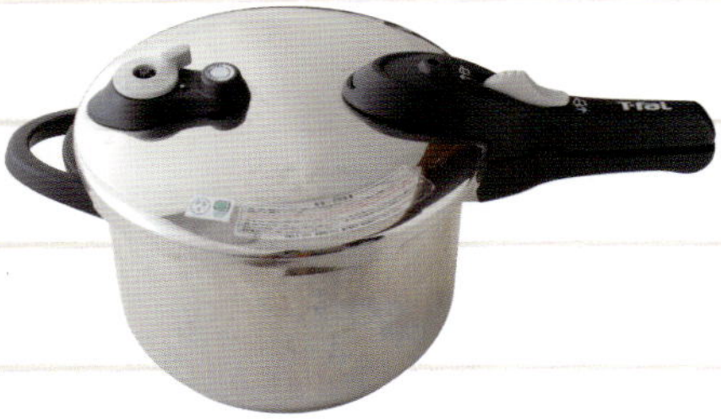

圧力鍋

短時間で食材をやわらかく調理できます。時間のかかる豆や根菜などをまとめて煮て、冷凍保存すると便利です。

ミニフライパン

直径20cm程度の小さめサイズが便利。表面にコーティング加工がされているもの、深さがあるものがおすすめ。揚げものも少ない油でできて処理もラクです。

小鍋

大きな鍋は水分の蒸発量が多くこげつきやすいので、小鍋が便利です。コンロにのせたときに安定するものを選んで。ふたも必要です。

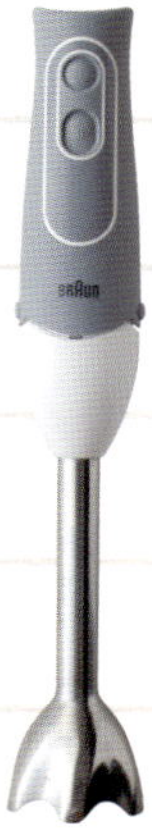

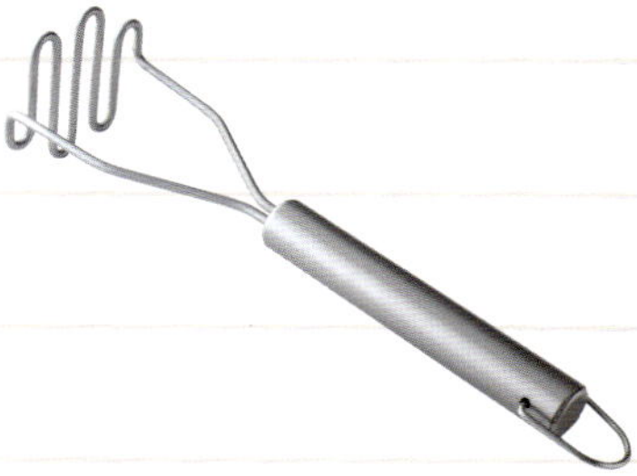

ミニざる&ミニボウル

切った食材を入れたり、洗ったりするときに。サイズをそろえて用意すると使いやすくなります。

ミニ泡立て器

液体を混ぜたり、豆腐のようにやわらかいものを粗くつぶしたりするときに。おかゆ作りにも使えます。

ハンディブレンダー

鍋の中に直接入れて使えるので、なめらかなペーストやスープなどが簡単にできます。かさばらず、離乳食後にも大活躍。

ミニマッシャー

直径5cm前後の小さいマッシャー。小鍋やミニボウルの中にある少量の食材をつぶすときに便利です。

ステンレスバット

衛生的で熱伝導がよいので、急速冷凍に欠かせません。加熱もできるので、焼きものやケーキ型としても使えます。

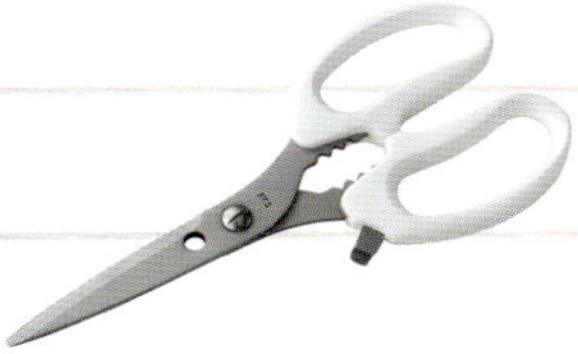

キッチンばさみ

まな板を使わなくても食材を細かく切れます。昆布のようにかたいものを切るときにも便利。

まな板シート

まな板の上にのせて使う、薄いシート。まな板は「肉・魚用とそれ以外」、または「加熱前用と加熱後用」に分けると衛生的です。

子ども用包丁

ペティナイフより刻みやすい形状で、刃先も丸くて安全。少量を刻むときに便利です。

茶こし

しらす干しなど少量の食材を湯通しする際も、湯から引き上げるだけで水きりができます。食材の裏ごしにも便利。

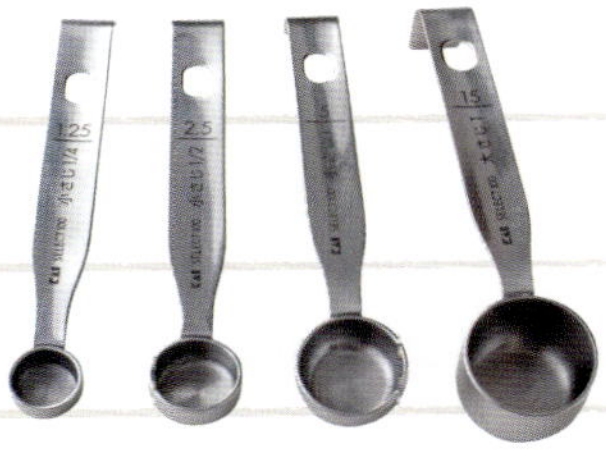

計量スプーン

調味料などを正確に量るために、大さじ1、小さじ1、1/2、1/4があると調理がしやすくなります。

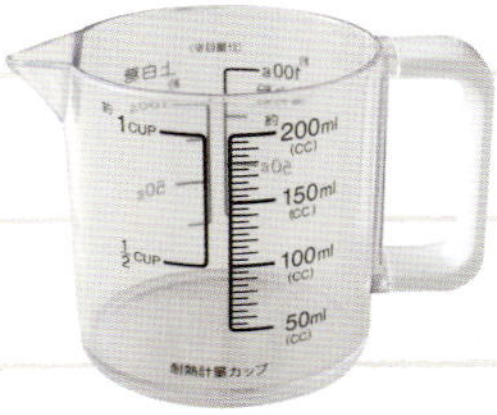

計量カップ

一般的に使われている200mlのものがあればOKです。

はかり

離乳食に使う食材は、5gや10gなど少量。量を把握するためにも、慣れるまでは量ってみましょう。0.1g単位まで量れるものがおすすめ。

ミニすり鉢・すりこ木

離乳食初期を中心に、食材をすりつぶすときに使います。手のひらサイズのものが2つぐらいあると重宝します。

離乳食調理セット

離乳食作り専用の調理セットも市販されています。写真は左上から①保存ふた、②こし網、③おろし板、④すり鉢、⑤おろし器、⑥ジュースしぼり、⑦すりこ木。これらを使って、「裏ごしする」「すりおろす」「つぶす」「こす」のすべての作業ができます。使わないときは、右下の写真のように重ねてコンパクトに収納可能。

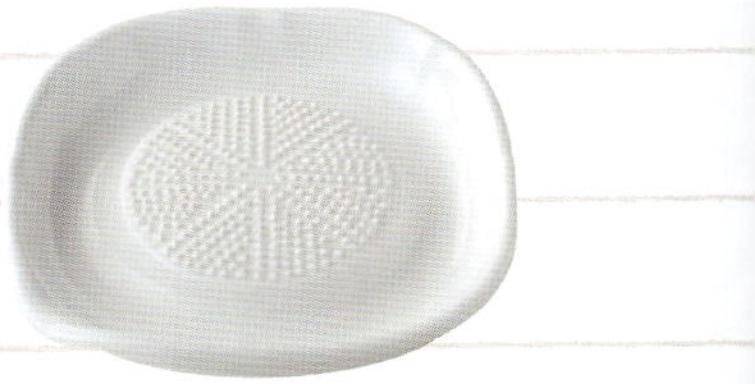

ミニおろし器

少量の食材をすりおろすときに。耐熱性で色うつりしにくく、丈夫なセラミック製がおすすめ。

初めてでも大丈夫！ 基本の調理テクニック

実は、それほど難しくない離乳食作り。基本を覚えて、赤ちゃんにおいしいごはんを食べさせてあげましょう。

テクニック 1

計量する

おいしい離乳食を作るために、食材や調味料を正しく量りましょう。計量スプーンは大さじ１＝15ml、小さじ１＝5mlで、計量カップは１カップ＝200mlです。

計量カップ

水平なところに置いて真横から見る

液体の目盛りを読むときは、水平な場所に置いて真横から見ます。上や下から見ると分量が変わるので気をつけて。粉類は詰めずに、ふんわりと入れた状態で量ります。

はかり

デジタルはかりを使うなら器をのせてゼロ表示に

デジタルはかりは電源を入れ、器をのせてゼロ表示ボタンを押してから、食材を入れて計量します。

計量スプーン

分量の量り方

大さじ（小さじ）１

真横から見たとき、表面張力で少し盛り上がっている状態にします。

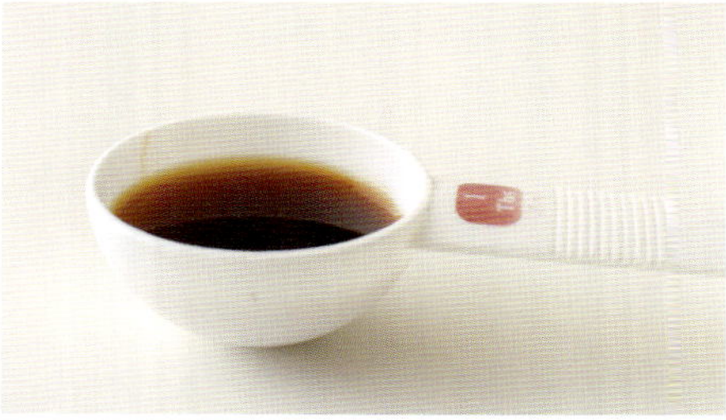

大さじ（小さじ）1/2

底が丸いので、2/3くらいの深さまで入れると1/2量になります。小さじ1/2、1/4スプーンがあると便利。

大さじ（小さじ）１はすりきりで

計量スプーンにふんわりと山盛りにしたら、すりきり棒やスプーンの柄で、手前から奥に平らにすりきります。

大さじ1/2は半分落とす

すりきった大さじ１（または小さじ１）のちょうど半分に線をつけて目印にし、手前の部分をすくい落とします。

食品ごとの単位あたりの目安量

離乳食でよく使う食材のおよその重量を知っておくと、はかりを使わなくてもよいのでラクです。なお、レシピの分量は皮やタネなど、不要な部分をとり除いた正味量となります。

じゃがいも（中1個120g）
厚さ5mm輪切り → 10g

玉ねぎ（中1個180g）
厚さ1cmくし形切り → 10g

にんじん（中1本150g）
厚さ1cm輪切り → 10g

かぼちゃ
2cm角 → 10g

ブロッコリー
小房1個 → 10g

キャベツ
葉1枚 → 30g

ほうれんそう
葉先1枚 → 2.5g

ひき肉
大さじ1 → 15g

鶏ささみ
1本 → 60g

豚薄切り肉
1枚 → 15g

刺身
1切れ → 5～10g

切り身魚
1枚 → 80g

豆腐
3cm角 → 25g

手ばかり

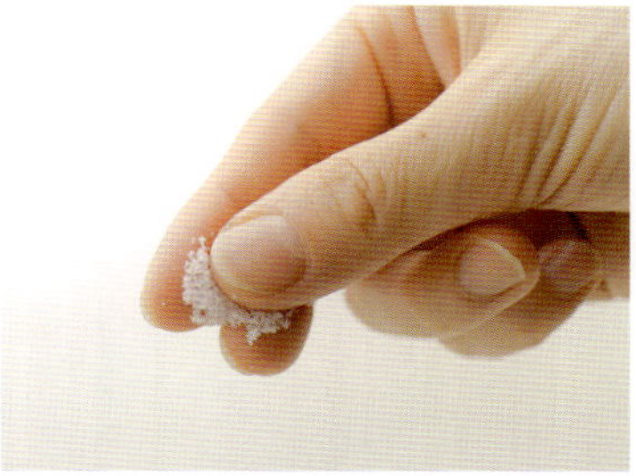

塩ひとつまみ

親指と人さし指、中指の3本の指でつまんだ量で、「少々」の約2倍量に。約0.8g（小さじ1/8）です。食材の量や料理によって加減します。

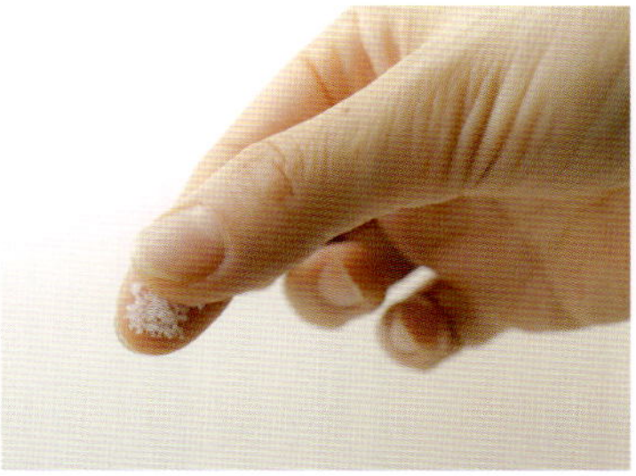

塩少々

親指と人さし指の2本の指でつまんだ量で、約0.4g（小さじ1/15）です。離乳食のレシピによく出てくる「少々」は、約0.2g（小さじ1/30）を目安にします。

計量スプーン、計量カップで量れる重量の目安

「容量」と「重量」の違いをご存じですか？ 容量は、器物の中に入れられる量（容積）のこと。重量は、簡単にいえば「重さ」のこと。下の表を見てわかるように、同じ大さじ1でも、食品の種類によって重さは異なります。計量スプーンと計量カップで、はかりを使わなくても大まかな重量を量ることができます。

食品	重量（g）		
	小さじ1（5mℓ）	大さじ1（15mℓ）	1カップ（200mℓ）
水	5	15	200
酢	5	15	200
しょうゆ	6	18	230
みそ	6	18	230
塩	6	18	240
上白糖	3	9	130
小麦粉	3	9	110
片栗粉	3	9	130
パン粉	1	3	40
粉ゼラチン	3	9	130
牛乳	5	15	210
トマトピューレ	5	15	210
ごま	3	9	120
油	4	12	180
バター	4	12	180

テクニック 2

切る

はじめのころは、みじん切りや小さい角切りがメイン。
1歳ごろからは、スティック状やいちょう切り、半月切りなどいろいろな形に切ってみましょう。

葉菜類を切る

1 葉菜はやわらかくゆでて水けをしぼり、葉先の部分を端から細かく刻みます。繊維をしっかり切り離すように包丁を入れましょう。

2 向きを90度変え、同様に端から細かく刻みます。縦と横の両方から切ることで、長い繊維を残さないようにします。

ポイント

離乳食では、やわらかい葉先を切り分けて使用。9ヵ月ごろからは茎も使えます。

グッド アイデア!

ピーラーでスライスする

皮をむき、リボン状に薄くスライス。さらに短く切って煮ると、早くやわらかくなります。

野菜せん切り器で切る

せん切りが簡単にできて便利。繊維が断たれて、やわらかく煮えるなどの利点もあります。

薄切り

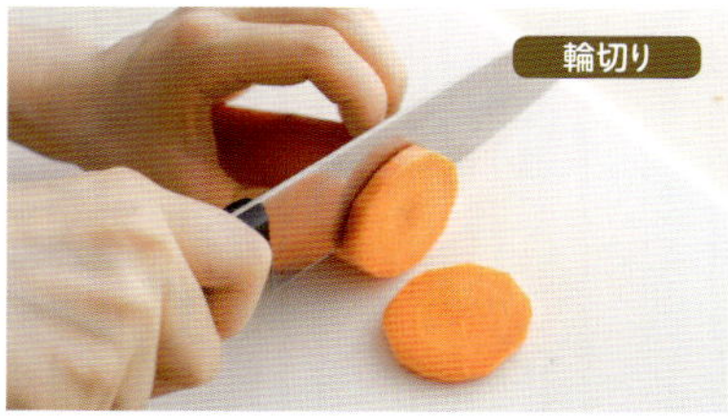

1 2〜5mmの厚さの輪切りにします。

2 輪切りにしたものを横に置き、半分に切ります。

3 半月切りを、さらに半分に切れば、いちょう切りになります。

せん切り

2mmの厚さの輪切りにし、さらに2mmの幅に切るとせん切りになります。これをそろえて細かく刻んでも、みじん切りができます。

角切り

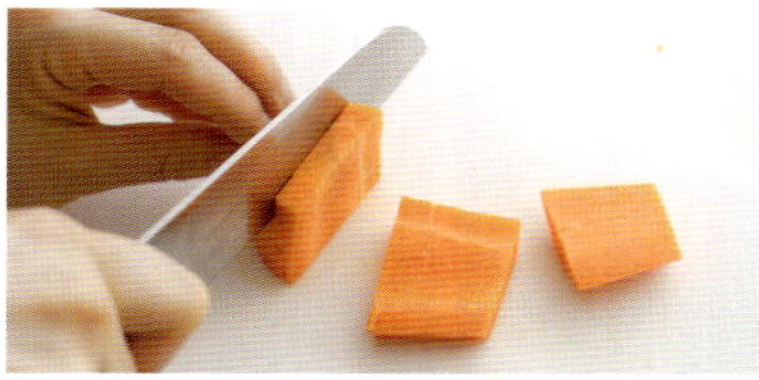

1 1cmの角切りにする場合。まず、にんじんなどの食材を縦方向に1cm幅に切ります。

2 1を横に置き、縦に1cm幅に切ります。薄く切ると短冊切りになります。

3 今度は横に1cm幅に切ります。薄く切ると、1cm角の色紙切りになります。

ポイント

切る幅を変えると、いろいろなサイズの角切りに。たとえば、3mmの角切りにしたいときは、1〜3ですべて3mm幅に切ります。

さらに細かくすると

みじん切り

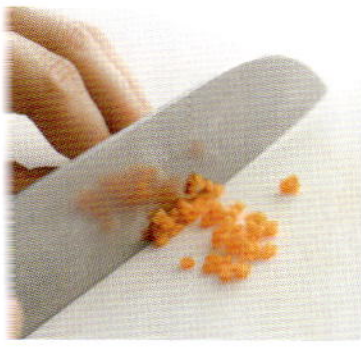

小さい角切りにしたものを1ヵ所に集めます。包丁の刃先を左手で押さえたまま、刃もとだけを動かして細かく刻みます。

ブロッコリーを小房に分ける

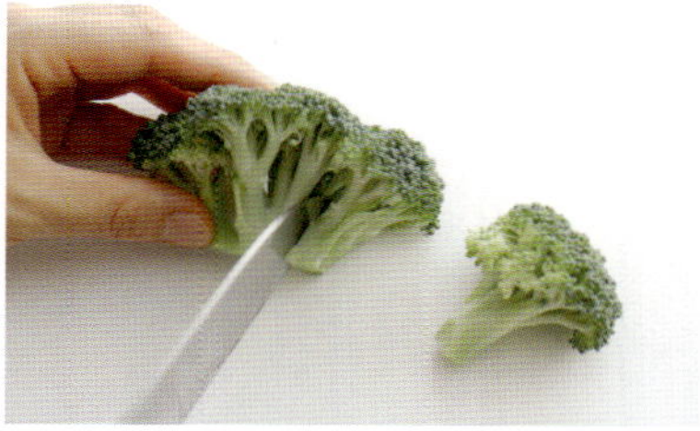

ブロッコリーの太い茎を切り、一房ずつ包丁の刃先で切り分けます。切ってから水洗いしてゆでるとよいでしょう。

ブロッコリーの穂先を切りとる

離乳食では主に穂先(つぼみの部分)を使うため、小房に分けたあと(ゆでたあとでもよい)、刃先で切りとります。

玉ねぎのみじん切り

1 玉ねぎを半分に切り、切り離さないように薄く切りこみを入れます。

2 上から押さえながら、1～2回横に切りこみを入れます。

3 端からバラバラにならないように押さえながら切れば、みじん切りに。

玉ねぎのくし形切り

1 玉ねぎを半分に切り、芯の部分を三角形に切りとります。

2 玉ねぎの切り口を下にして置き、中心に向かって放射状に切り分けます。

ポイント

玉ねぎを半分に切り、繊維を断つように切ると、加熱したとき早くやわらかくなります。

厚みのある肉や魚を薄切りに

そぎ切り

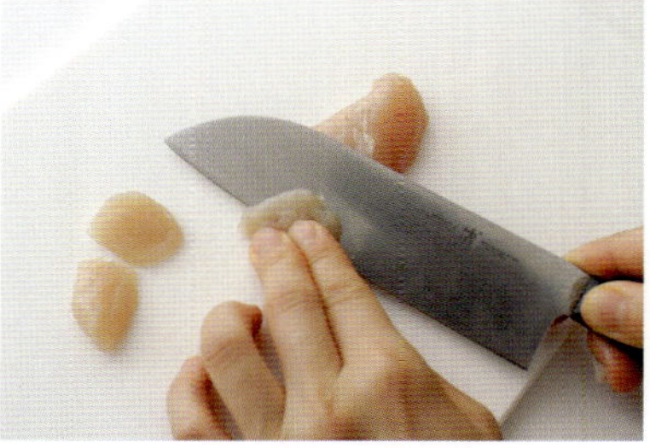

包丁を少し寝かせて入れ、手前に引きながら切ります。肉の繊維が断たれるので、ブツ切りよりもやわらかい食感になります。

いんげんの小口切り

いんげんの太いほうの端を切り落とし、薄い輪切りにし、細い先端の部分はみじん切りにします。ゆでたあとに切ってもOK。

キャベツの芯を切りとる

離乳食には葉のやわらかい部分を使い、芯の部分は包丁で切りとります。芯は薄切りにして、大人用にするとよいでしょう。

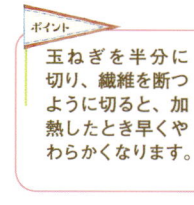

皮・タネを処理する

離乳食で使う食材は、基本的に繊維が多く食べにくい皮はむき、消化しにくいタネはとり除いてから使います。

オクラ

オクラはヘタをとって縦に半分に切り、包丁の刃先でタネをこそげとるようにとり除いてから刻みます。

加熱した鶏ささみを切る

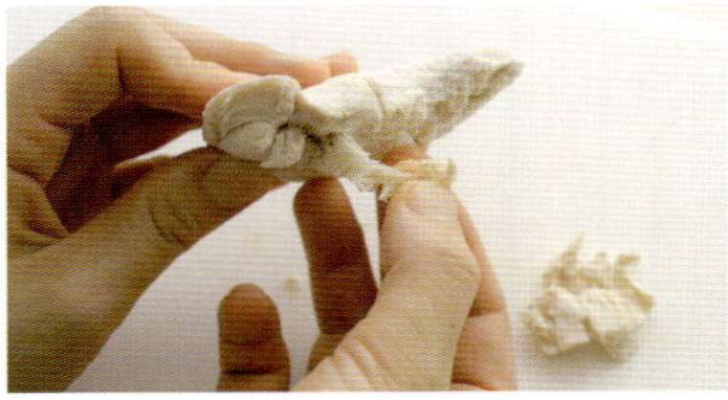

1 ゆでた鶏ささみの筋を手でとり除きます。

2 肉の繊維を断つように細かく刻みます。

3 肉を与え始める際や苦手な場合は、包丁を寝かせて肉をしごくように、さらに細かくみじん切りに。すり鉢ですりつぶしてもOK。

かぼちゃ

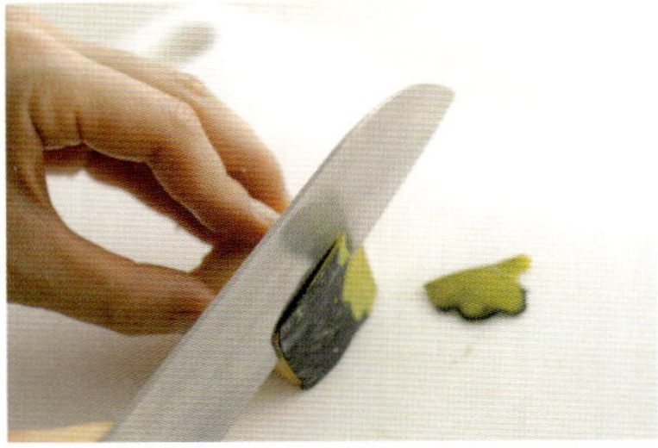

タネをとって角切りにしたかぼちゃを、皮が側面になるように置き、包丁で皮を薄く切りとります。加熱してから切りとってもOK。

かぶ

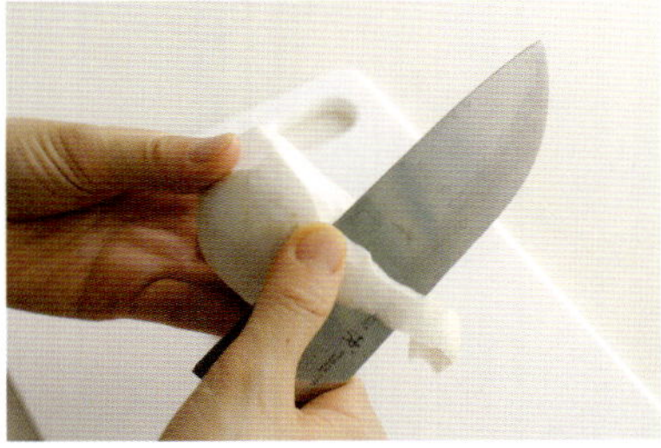

かぶやりんごなどの丸い食材は、手に包丁を持ち、包丁を寝かせて、食材にそわせるようにして動かしながら皮を薄くむきます。

みかん

みかんは外皮をむき、小房に分け、薄皮をていねいにむきます。タネがあれば、とり除きます。

トマト

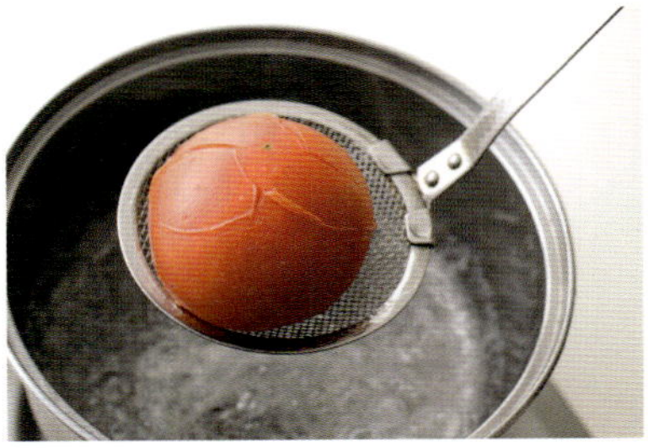

ヘタをとり、数ヵ所に包丁で傷をつけたトマトを網じゃくしにのせ、沸騰した湯で10秒ほどゆで、水で冷やして皮をむきます。

グリーンアスパラ

アスパラの下のほうはまわりの繊維がかたいため、ピーラーで周囲をむいてからゆでて使います。

パプリカ

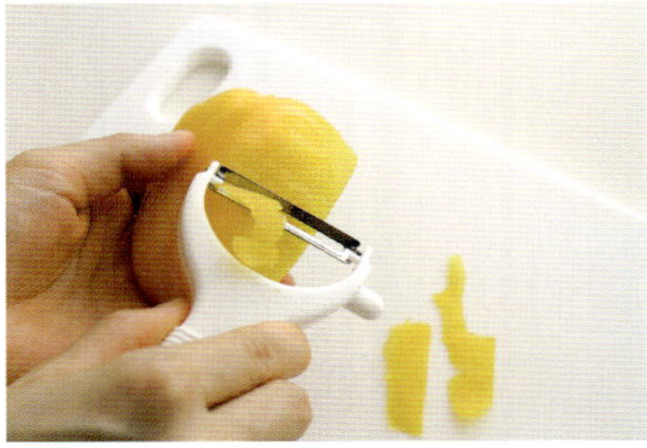

パプリカ、ピーマンは縦半分に切って、タネとヘタの部分をとり除いて水洗いし、皮をピーラーでむきます。

テクニック 3

加熱する

「焼く」「炒め煮」「揚げる」「蒸す」が基本。
加熱調理の方法によって、離乳食メニューのバリエーションも広がります。

ゆでる

沸騰させた水（湯）の中で、食材に火を通すことを「ゆでる」といいます。離乳食では、大人向けに調理するときよりも、やわらかくゆでるように心がけましょう。

水からゆでる

根菜類

鍋に食材と水を入れてふたをし、強火にかけます。沸騰したら火を弱め、やわらかくなるまでゆでます。かぼちゃ、いも類も同様に水からゆでましょう。

ひき肉

鍋にひき肉と水、片栗粉少しを入れてかき混ぜ、ひき肉をほぐします。強火にかけて、沸騰したら火を弱め、かき混ぜながら火を通すと、パサつかずしっとりと仕上がります。

基本の火加減と水加減

レシピにもよく出てくる用語をおさらいしておきましょう。

火加減

強火

鍋底に火がしっかりとあたっている状態。鍋底から火がはみ出すときは、火力が強すぎるので弱めましょう。

中火

鍋底に火の先がちょうどあたっている状態。離乳食を煮るときは、この火加減で調理することが多いです。

弱火

鍋底とコンロのガス口のちょうど真ん中に火の先がある状態。※「とろ火」は、消えるか消えないかぐらいの状態です。

水加減

ひたひたの水

鍋の中に入れた食材の表面が見え隠れする状態。かぼちゃや里いもなど、煮くずれしやすい食材のときに使います。

かぶるくらいの水

鍋の中に入れた食材の表面がちょうど隠れる状態。食材全体に均一に火を通し、味をつけることができます。

たっぷりの水

鍋の中に入れたすべての食材が、すっぽり水に隠れる状態。青菜や麺類などをゆでるときに使います。

湯からゆでる

しらす干し

沸騰した湯に入れ、湯が再沸騰したらとり出します。しらす干しは茶こしに入れて加熱すると、簡単に引き上げられます。

ざるの上から湯をかけ塩抜きする

ミニざるや茶こしに食材(しらす干し、ツナなど)を入れ、下にボウルを置いて熱湯をまわしかけ、塩分や油分をとり除きます。

乾麺

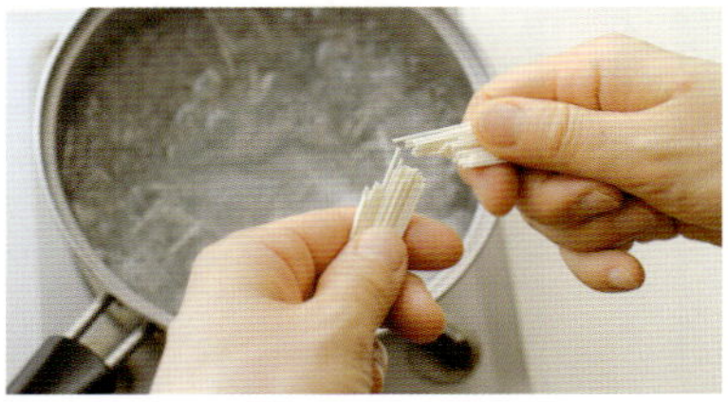

1 沸騰したたっぷりの湯に、手で2cm長さに折った乾麺を入れます。やわらかくなるまで、袋の表示時間の2倍ほどかけてゆでます。

2 ゆで上がったらざるに上げて水にさらし、塩分を落とします。乾麺は塩けがあるので、ゆで汁の中に直接野菜を入れてうどん煮にすることはできません。

切り身魚

1 沸騰したたっぷりの湯に、切り身の魚を静かに落とし入れます。

2 中心を少し割り、中まで火が通っていることを確認してとり出します。

3 皿にのせて冷まし、骨と皮をとり除きながら身をほぐします。

薄切り肉

長く加熱するとかたくなるので、全体的に色が変わったら湯から引き上げます。

**鶏ささみは
煮汁に浸しておく**

鶏ささみは丸ごと湯に入れます。静かに沸く火加減で火が通るまでゆで、煮汁に浸しておくと、しっとりします。

葉菜類(ほうれんそうの場合)

1 鍋にたっぷりの湯(塩は不要)を沸かします。火の通りにくい根元から入れ、3秒ほどで葉全体を入れます。やわらかくなったら引き上げます。

2 何度か水を取りかえながら、水にさらしてアクを抜きます。ほうれんそうの場合、ゆで汁にアクが出るので野菜スープには使いません。

ポイント

小松菜、チンゲンサイも同様にゆでて水にさらします。キャベツ、白菜はアクが少ないので、ゆでたあとは水にさらす必要はありません。

刺身

沸騰した湯に入れ、中まで火が通ったのを確認してからとり出します。

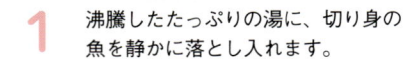

揚げる

1歳ごろから使える調理法。油で加熱することで、食材の水分が蒸発し、カリッと仕上がります。少ない油で揚げ焼きにするのがラク。ヤケドには十分注意しましょう。

1 鍋やフライパンに、油を深さ5mm〜1cmくらいまで入れます。中火にかけて170〜180度の中温くらいに温めます。

ポイント

温度の見方

「中温」の目安は、油の中に乾いた菜箸を入れると、細かい泡がシュワシュワと出てくるころです。

2 衣をつけた食材を静かに並べます。揚げるたびに、新しい油を使いましょう。

3 表面が薄いきつね色になったらとり出します。キッチンペーパーなどの上に置き、しっかり油をきります。食材を小さく切れば早く火が通りますが、ひとつを割ってみて、中まで火が通っていることを確認します。

煮る・炒める

だしや調味料を加えた汁で火を通すことを「煮る」といいます。炒めものも、油で炒めて水分を加える「炒め煮」にすると、火の通りをよくしてしっとり仕上がります。

1 鍋やフライパンに薄く油を引いて熱し、火の通りにくい食材から順に入れます。油が全体に行きわたるように混ぜながら炒めます。

2 全体がしんなりとしたら、水またはだし汁を食材がかぶるくらいに入れます。アクが出る食材は、お玉やアクとりでアクをすくいとります。

3 沸騰したらふたをして火を弱め、やわらかくなるまで煮ます。ふたをはずして調味料を入れ、かき混ぜながら、水けが少なくなるまで煮ます。

焼く

9ヵ月ごろから使える調理法です。外はベタつかず、中はやわらかくしっとりと仕上げるのがコツです。焼きすぎてかたくなったり、こがさないように注意しましょう。

フライパンで

フッ素樹脂加工のフライパンに薄く油を塗って熱し、食材を並べます。裏返したら水を加え、中に火が通るまで、ふたをして蒸し焼きにします。

トースターで

トースターや魚焼きグリルは金属製バットにアルミホイルを敷いて、食材を並べて焼きます(紙は燃える恐れがあり、使えません)。中に火が通る前にこげそうなときは、アルミホイルを上にかぶせます。

オーブンで

オーブンは予熱をして温めておき、天板にクッキングシートを敷いて、食材を並べて焼きます。小さく切ったほうが火は早く通りますが、乾燥してかたくなりやすいので、焼きすぎないように注意しましょう。

炊飯器

炊飯器を使えば、大人のご飯を炊きながら離乳食の準備もできて一石二鳥です。

調理用のかごのついた炊飯器なら、大人のご飯を炊きながら離乳食用の加熱調理ができます。かごがない場合は、耐熱性の調理袋やアルミホイルに食材を包んで炊飯器の中に入れてもOK。

蒸す

蒸し器がなくても、蒸しもの用のすのこを敷いた鍋や電子レンジ用シリコンスチーマーなどで代用できます。

1 鍋の1/4から1/3くらいまで水を入れて火にかけ、沸騰させます。中底を置き、その上に食材を並べます。

2 ふたをして、食材に火が通るまで蒸します。一般的な鍋を使う場合は、鍋とふたの間に菜箸をはさみ、蒸気の逃げ道をつくるか、ふたをぬれぶきんで覆うと、料理の上に水滴が落ちるのを防げます。

ポイント

蒸し調理は、ゆでるよりも素材の味が生き、ビタミンなどの栄養素もゆで汁に流れず、壊れにくいメリットがあります。

電子レンジ

簡単でスピーディに調理できる電子レンジは、離乳食作りの強い味方です。

下ごしらえから調理まで幅広く活用できます

離乳食作りでは、加熱するときに電子レンジを使うのもひとつの方法です。食材の下ごしらえやフリージングの解凍はもちろん、煮ものや蒸しものなどの調理をすることもできます。

電子レンジは、食材中に含まれる水の分子に電磁波があたって、振動を起こすことで加熱するというしくみです。このため、水分量が少ない食材を加熱するとパサパサになったり、とろみをつけようとしてダマができたりといった失敗が起こりがちです。こうしたミスなく離乳食をおいしく作れるように、電子レンジ調理のコツを押さえておきましょう。

※本書のレシピはすべて600Wを基準にしています。異なるワット数の場合は、ようすを見て時間を加減してください（機種により、同じ600Wでも多少異なります）。

ポイント

大きめの容器を使う

汁けの多いものはふきこぼれが心配。深さ1/4くらいまでを目安に、口が広く大きめの耐熱容器に入れ、ふたやラップを少しずらしてかぶせ、数回に分けて加熱します。

ポイント

ときどきかき混ぜる

電子レンジは中央が加熱されやすいので、途中でとり出してかき混ぜましょう。こうすると、加熱しすぎを防ぎ、全体を均一に加熱できます。

ポイント

ラップはふんわりかける

蒸気を外に逃がすことができるように、ふんわりラップをかけます。ピッタリとかけると圧縮されて、食材がつぶれたり、加熱しすぎることもあります。

食材・料理別電子レンジテクニック

仕上げのとろみづけ

大人の食事からのとり分けや、ゆでて刻んだ食材を1食分耐熱容器に入れます。片栗粉小さじ1/8と水大さじ1程度を混ぜ、ふんわりラップをかけ10秒ほど加熱して混ぜます。

魚は片栗粉をまぶす

薄く切った魚を耐熱容器に入れて片栗粉をまぶし、水をふり、ふんわりラップをかけ電子レンジで火が通るまで加熱。パサつきがちな薄切り肉にも応用可能です。少量の場合は、30秒ほどからようすを見て。

野菜は水をかけて加熱

生の野菜やいもを加熱するときは、水を少量かけ、ふんわりラップをかけ電子レンジで加熱すると、加熱のムラやパサつきを防げます。少量のほうれんそうやにんじん、かぼちゃなども加熱できます。

煮もの

耐熱容器に刻んだ具材を入れ、油、調味料を混ぜて、ふんわりラップをかけ電子レンジで加熱します。トマトのように水分の多い食材を入れると、水を使わなくても食材の水分でしっとり加熱できます。

乾物をもどす

桜えびや切り干し大根などの乾物をもどす際は、耐熱容器に入れて（刻んだ野菜もいっしょに）、水をふり、ふんわりラップをかけ電子レンジで加熱。水でもどすだけよりも、早くやわらかくなります。

レンジ蒸しパン

耐熱性シリコンカップに生地を深さ半分ほど入れ、耐熱皿に1〜2個ずつ置き、電子レンジで1分ほど加熱。生地に生っぽい部分があれば、10秒ずつ加熱を追加します。加熱しすぎるとかたくなってしまうので注意しましょう。

電子レンジで使えない容器

電子レンジは水分に電磁波が作用し発熱するため、紙や竹、木、陶器など水分が含まれる容器は使用できません。また、金属（アルミ、ステンレス、ホウロウなど）は電磁波を反射する性質があり、火花が発生し、破損や火事の恐れがあるため使用不可。容器の本体のみ電子レンジ使用可能な場合は、ふたをはずしてラップをかけて使用しましょう。

電子レンジ事故に気をつけて

突沸に注意

電子レンジで液体を加熱するときに、沸点（水は100度）に達しても沸騰せず、振動や調味料を入れるなどの刺激によって急に沸騰が起こって、中身が飛び散り、ヤケドをする恐れが。自動温め（オート）機能は使用せず、加熱しすぎないよう、控えめに時間を設定し、少しおいてから取り出すようにしましょう。

発火事故に注意

電子レンジの庫内が汚れている場合や、水分の少ないいもなどを加熱しすぎることで発火し、火事を起こす恐れがあります。

爆発に注意

卵、ウインナ、たらこなど表面が膜で覆われた食材を電子レンジで加熱すると破裂し、ヤケドをする恐れがあります。

テクニック 4
裏ごしする

離乳初期の5～6ヵ月ごろからよく使うテクニック。
食材を裏ごしすることでなめらかになり、
つぶつぶやザラつきが苦手な赤ちゃんでも飲みこみやすくなります。

こんな食材にも

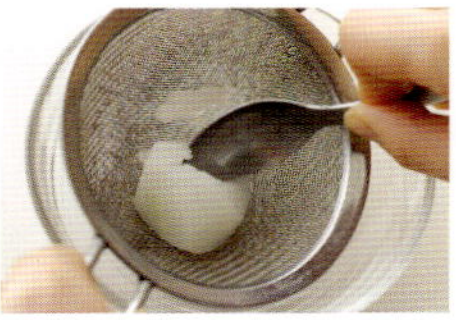

かぶ

かぶのような繊維の多い食材も、裏ごしがおすすめ。こし網の上に繊維が残って、やわらかい部分だけが下に落ちます。

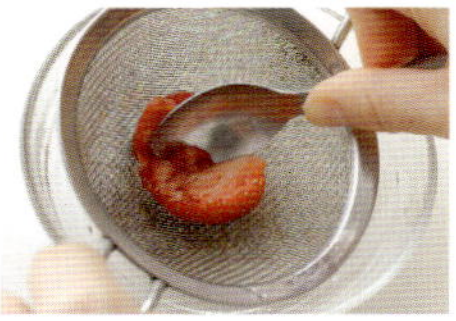

いちご

ヘタを切りとったいちごを1粒のせて、つぶしながら裏ごしすれば、細かいタネがとり除かれ、果汁が下に落ちます。

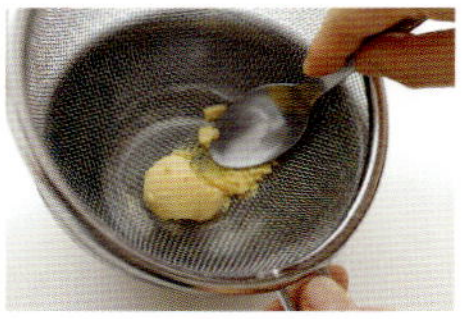

卵黄

ゆで卵の卵黄をざるでこすと、簡単に細かくほぐすことができます。おかゆやおかずのトッピングにしてもきれいです。

1

やわらかくゆでたさつまいもなどの食材を、温かいうちにこし網(目の細かい柄つきのざる)にのせ、スプーンの背でつぶすようにしてこします。

2

こし網の裏についた食材をスプーンでこそげ落とします。時期に合わせて水分を加えてのばすと、食べやすくなります。

ポイント

こし網がないときは、万能こし器や茶こしでも代用できます。

テクニック 5
すりおろす

離乳初期の5～6ヵ月ごろから重宝するテクニック。
かたい食材をすりおろすことで早く火が通り、ふんわり仕上がります。
苦手な食材をすりおろして好きな料理に混ぜてもいいでしょう。

応用テク

かたゆでした野菜

にんじんなどかたい野菜は皮をむいてかためにゆでておくと、力を入れずにすりおろせます。また、生の状態ですりおろしてからゆでるよりも、なめらかに仕上がります。

麩などの乾物も

麩や高野豆腐などの乾物はすりおろすと、水にもどしてから刻む手間が省けます。水分をよく吸うので、汁のとろみづけや肉だんごのつなぎなどに使うと、植物性タンパク質を補給できます。

やわらかい野菜やくだもの

きゅうりやりんごなど生でもやわらかい野菜やくだものは、おろし器に押しつけながら、上下に動かします。繊維に対して直角にすりおろすようにしましょう。

テクニック 6

つぶす

離乳初期の5～6ヵ月ごろに使うことが多いテクニック。
赤ちゃんの食べるようすや用途に合わせてつぶし方や水分量を調節します。

こんな方法も

ブレンダー(ミキサー)でつぶす

素早く均一につぶせるので、ポタージュやまとめて下ごしらえするときに便利。水分が少ないものは、フードプロセッサーを使ってもいいでしょう。

マッシャーでつぶす

やわらかくゆでたじゃがいもは、温かいうちにマッシャーでつぶして。冷めてからつぶすと、粘りが出てしまいます。

フォークでつぶす

平皿の上に食材を置き、フォークの背でつぶします。やわらかくゆでた野菜や白身魚、バナナなど、食材を粗くつぶしたいときに。包丁で切るより、口あたりがやさしくなります。

応用テク

ラップでつぶす

ゆでたかぼちゃなどを少量だけつぶしたいときは、食材をラップに包み、指の腹でつぶす方法も。洗いものが出ないのもうれしいポイントです。

保存袋でつぶす

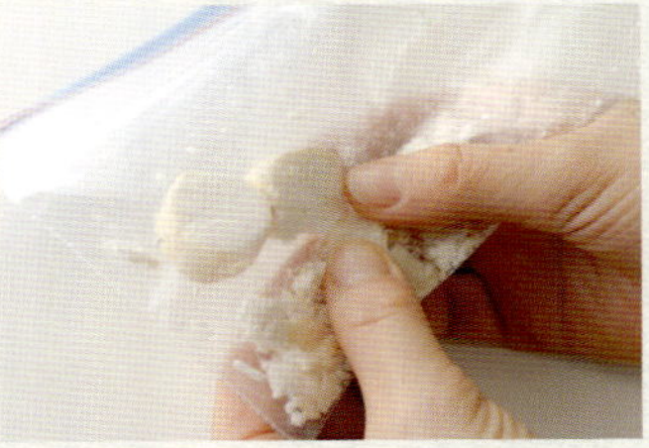

食材を保存袋に入れ、空気を抜いて指先でつぶすか、すりこ木でたたいてつぶします。麩のように、粉状に飛び散りやすい食材におすすめです。

すりつぶしてのばす

1 やわらかくゆでたにんじんなどの食材をすり鉢に入れ、すりこ木で上から力を加えてつぶします。包丁で刻んでからすりつぶすとラク。

2 円を描くようにすりこ木を動かし、食材をすりつぶします。つぶし加減は、赤ちゃんの食べるようすに合わせて調節します。

離乳初期は、水分を加えてなめらかにのばす

離乳初期の5～6ヵ月ごろはすりつぶした食材に湯や野菜のゆで汁などを加えて、トロトロ～ヨーグルト状のかたさになるまでのばしましょう。

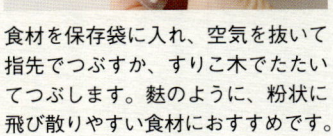

テクニック 7 とろみをつける

肉や魚などパサパサしたものや、そのままだとポロポロしてしまう刻んだ野菜などには、とろみをつけてあげましょう。まとまりがあると飲みこみやすく、食べやすくもなります。

応用テク

電子レンジでとろみづけ

耐熱容器に食材と水分、片栗粉を混ぜ、ふんわりラップをかけ電子レンジで加熱(1人分で20秒ほど)。すぐに取り出して混ぜます。

粉末ベビーフードでとろみづけ

米がゆやとろみのもと、コーンポタージュといった粉末状のベビーフードは、水分のあるものに加えるととろみがつきます。

かゆを利用

かゆをすりつぶしたあとのすり鉢に食材を入れてすりつぶすと、残っているかゆによってとろみがつきます。洗いものが減るのも◎。

水溶き片栗粉で

1 片栗粉に2〜3倍量の水を入れてかき混ぜ、水溶き片栗粉を作ります。米粉やコーンスターチでも代用できます。

2 煮汁がよく煮立っているのを確認して、再びよくかき混ぜた水溶き片栗粉をまわし入れ、ダマにならないように混ぜます。全体にとろみがつくまで煮て、火を止めます。

テクニック 8 あえる

7ヵ月ごろからよく使うテクニック。パサつく食材を水分の多い食材でしっとりさせたり、苦手な食材を食べやすくすることができます。

じゃがいもとあえる

ゆでてつぶし、水分を加えてなめらかにしたじゃがいもに、ゆでた魚や野菜を加えて、よく混ぜ合わせます。じゃがいものかわりに、すりつぶした絹ごし豆腐や納豆でも◎。

ヨーグルトとあえる

コーンフレークや刻んだくだもの、ゆで野菜などを入れた器に、プレーンヨーグルトを大さじ1〜2ほど加え、よく混ぜ合わせます。

テクニック 9

果汁をしぼる

くだものは、粉末より生のものを使って
味や香りを体験させてあげましょう。ただし糖分が多いので、
多くとると離乳食が進まなくなることも。あげすぎには注意して。

1

皮をむいたりんごを、おろし器ですりおろします。

※果汁は生のまま使用するので、しぼる前に手をよく洗い、煮沸消毒した道具を使いましょう。

2

器の上にこし網を置き、すりおろしたりんごをその中に入れます。スプーンの背を押しつけて、果汁をしぼるように下に落とします。

3

2に、同量程度の湯冷ましを加えてうすめます。りんごは色が変わりやすいので、与える直前に作ります。片栗粉を少量混ぜて、電子レンジで温めてとろみをつけたり、寒天と煮てゼリーにしても。

こんな食材も

みかん

かんきつ類は半分に切り、しぼり器に押しつけて果汁をしぼります。

半分に切ってフォークを刺し、はさんで上下に動かすと、果汁が簡単にしぼり出せます。

ポイント
果汁はストローマグではなく、スプーンであげて、飲みこむ練習をしましょう。

テクニック 10

固める

寒天やゼラチンは9ヵ月ごろから使えます。
苦手な食材でも、寒天やゼリーで固めるとのどごしがよくなるので
食べてくれることもあります。

寒天で固める

1

小鍋に固めたい液体と粉寒天を入れ、混ぜてから火にかけます。沸騰して寒天が溶けるまで、よくかき混ぜながら加熱します。

2

常温にもどした牛乳や果汁を加えてかき混ぜます。容器に流し入れて、冷蔵庫で冷やし固めます。刻んだくだものを入れても。

ゼラチンで固める

1

少量の水に粉ゼラチンを入れて10分ほどおき、ふやかします。

※ゼラチンは、酸味の強いものやトロピカルフルーツに使うと、固まりにくい性質があります。

2

固めたい液体を電子レンジまたは鍋に入れて火にかけ、約75度(触れると熱いと感じる程度)に温めます。1を加えて溶かし、容器に流し入れて冷蔵庫で冷やし固めます。

離乳食のベースの作り方

ベースとなる野菜スープ、だし、おかゆなどの作り方を覚えておけば、いろいろなメニューに応用できます。

ベース1 野菜スープ

野菜をゆでた汁をこして作る野菜スープ。
甘みがあるので、食事の合間にスプーンで飲ませたり、離乳食を食べやすいかたさにのばしたりと、特に離乳食の前半によく使います。

1 アクがなく煮くずれしにくい野菜を選び、大人のひと口大ほどに切ります。キャベツやにんじん、玉ねぎのほか、かぶや白菜、大根などが向いています。

2 鍋に野菜を入れ、かぶるぐらいの水を加えて火にかけます。沸騰したら弱火にし、ふたをして野菜がやわらかくなるまで煮ます。アクが出たらすくいとって。

3 ボウルにざるや万能こし器を重ね、鍋の中身を流し入れてこします。

※一度に使いきれない分は、製氷皿や小さい密閉容器などに小分けして冷凍しておきましょう。

4 野菜スープのでき上がり。野菜の甘みやビタミンが含まれているので、離乳食以外で飲ませてもよいでしょう。ゆでた野菜は離乳食に使います。

ベース2 だし

離乳食を始めて1ヵ月ぐらいしたら、だしを使うと、うす味でもおいしく仕上がります。
ぜひ、日本の味である手作りだしのうまみを体験させてあげましょう。

5〜6ヵ月から 昆布

200mlの水に、2cm長さに切った昆布を2〜3枚入れ、30分ほどつけておきます。弱火にかけ、水泡が出てきたらとり出します。

応用テク

食材といっしょに

離乳食用に切った野菜と水に、短く切っただし昆布を入れていっしょに煮れば、あらかじめ昆布だしをとらなくてもよいです。

7〜8ヵ月から 昆布&削り節

1 右の方法でとった昆布だしを煮立たせ、かつお削り節を軽くひとつまみ入れたら火を止めます。

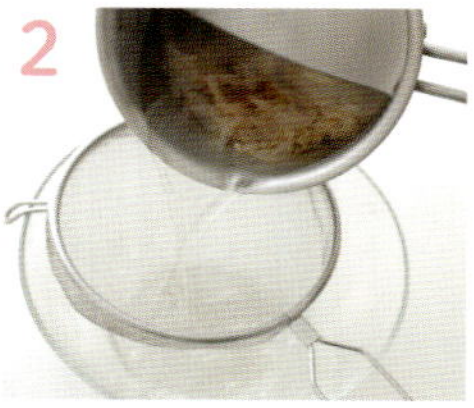

2 冷めたら、ボウルを重ねたざるに流し入れてこします。このとき、削り節を強くしぼると苦みが出るので注意しましょう。

応用テク

即席だしの作り方

茶こしに入れたかつお削り節に湯をかけて、冷めるまで浸しておけば、少量のだし汁が簡単にできます。

ポイント

昆布は切って保存

昆布はキッチンばさみで1〜3cm長さに切り、瓶に保存しておくと、料理のたびに切る手間が省けて便利です。

ベース 3

おかゆ

主食であり、離乳食の基本でもあるおかゆ。毎日食べるものなので、まとめて作って冷凍しておくと便利です。水分量は時期に合わせて変えていきます。

炊飯器で

「おかゆモード」でその時期に合ったおかゆを作り、冷凍ストックしておくと効率的。保温はせず、20分ほど蒸らします。また、湯のみに米と水を入れ、大人のご飯といっしょに炊くと、少量のおかゆが作れます。

電子レンジで

1

ご飯と水を大きめ(容量2ℓくらい)の耐熱ボウルに入れ、30分ほどおいてふやかします(5倍がゆならご飯120gに水360ml)。

2

ラップをかけて両端を少しあけておきます。電子レンジで5分ほど加熱して混ぜ、さらに5分ほど加熱し、20分ほど蒸らします。

※時期別・調理方法別の米(ご飯)と水の分量は、次ページの表を参考にしてください。

ご飯から

1

作りたい分量に合わせて、ご飯と水を鍋に入れます。菜箸やヘラでかたまりをバラバラにほぐします(20分ほどおいてふやかすとよい)。

2

強火にかけ、煮立ったら弱火にしてふたをし、20分ほど煮ます。途中でふきこぼれそうになったら、ふたをずらすか、間に菜箸を1本はさみます。

3 ふたをはずし、ヘラで鍋底からかき混ぜて均一にします。混ぜすぎると粘りが出るので、手早く行いましょう。

4

火を止めてふたをし、20分ほど蒸らしたらでき上がり。小分けにして冷凍保存し、使うたびに電子レンジで加熱するのもよいでしょう。

米から

米をとぎ、水けをきって鍋に入れます。分量の水を加え、20分ほど浸水させます。強火にかけ、煮立ったら弱火にしてふたをし、ときどき混ぜながら40分ほど加熱します。あとは、「ご飯から」の3以降の工程と同じです。

応用テク

離乳食には5倍がゆがあればOK

まず、鍋にご飯と2倍の水を入れ、ふたをして20分ほど炊いて蒸らし、5倍がゆを作ります。これを湯でのばせば10倍がゆや7倍がゆと同じかたさにできます。さらに5倍がゆを卒業したら、普通のご飯を混ぜると軟飯になります。

10倍がゆは、5倍がゆ大さじ1をすりつぶし、湯大さじ1ほどを加えてのばします。7倍がゆにするには、5倍がゆ大さじ2に湯大さじ1ほど加えてのばします。

時期別・調理方法別 おかゆの水加減早見表

おかゆを作るときの水加減（米またはご飯と水の分量比）を一覧にしました。

ご飯から鍋で作る

深めの鍋にご飯と水を混ぜ、ふたをして沸騰後20分ほど（軟飯は15分ほど）炊き、20分ほど蒸らします。米から炊くより早く、作りやすい方法で、ふっくらおいしく炊き上がります。炊き始めのふきこぼれと、炊き終わりのこげつきに注意して、火加減を調整しましょう。ご飯200ml（1カップ）＝160g。

かゆの種類	ご飯：水 （容量比／作りやすい量）	ポイント
5〜6ヵ月ごろ **10倍がゆ**	**1：5** 50ml（40g）：250ml	半量でも作ることができ、とろみがついてやわらかく仕上がる。
7〜8ヵ月ごろ **7倍がゆ**	**1：3.5** 100ml（80g）：350ml	途中で混ぜて底につくのを防ぎ、均一に炊けるようにする。
9〜11ヵ月ごろ **5倍がゆ**	**1：2** 150ml（120g）：300ml	ご飯に水を加え、さらに炊くことで、粒がふっくら仕上がり食べやすくなる。
1歳ごろ〜 **軟飯**	**1：1** 200ml（160g）：200ml	混ぜながらかたさを見られるので、水加減がしやすいですが、底がこげつきやすいので注意して。

米から鍋で作る

まずは鍋で基本のおかゆ作りにトライ。普通のご飯は米：水＝1：1.2で20分ほど浸水し、18分ほど炊き、10分ほど蒸らすと覚えておくとよいでしょう。米200ml（1カップ）＝170g。米1合（米用カップ1杯）は180mlです。

※無洗米を使う場合は米をとぐ必要はなく、普通の米より米の容量を1割ほど減らして量ります。

かゆの種類	米：水 （容量比／作りやすい量）	ポイント
5〜6ヵ月ごろ **10倍がゆ**	**1：10** 30ml（25g）：300ml	沸騰後、40分ほど炊いて20分ほど蒸らす。水分が多いので、米は浸水しなくてもOK。
7〜8ヵ月ごろ **7倍がゆ**	**1：7** 50ml（43g）：350ml	ふきこぼれやすいので、ふたをずらして炊くと◎。
9〜11ヵ月ごろ **5倍がゆ**	**1：5** 100ml（85g）：500ml	最もオーソドックスな方法。この5倍がゆに湯を加えて調節すれば、ほかのかゆを作らなくてもOK。
1歳ごろ〜 **軟飯**	**1：2** 200ml（170g）：400ml	軟飯からは水分量が減るため、普通のご飯と同じく浸水が必要。18分ほど炊いて15分ほど蒸らす。

ご飯から電子レンジで作る

短時間で作りたいときに便利。水分の多い10倍がゆや7倍がゆはふきこぼれやすく、仕上がりもかためなので、5倍がゆ以降におすすめの方法。容量2ℓくらいの耐熱ボウルにご飯と水を入れてふんわりラップをかけ、5分加熱、一度混ぜてさらに5分加熱し、20分ほど蒸らします。

かゆの種類	ご飯：水 （容量比／作りやすい量）	ポイント
5〜6ヵ月ごろ **10倍がゆ**	**1：6** 50ml（40g）：300ml	ご飯が溶けにくいので、みじん切りにしてから加熱するとよい。
7〜8ヵ月ごろ **7倍がゆ**	**1：3.6** 100ml（80g）：360ml	とろみがつきにくく、少しかためのおかゆだが、食べられればOK。
9〜11ヵ月ごろ **5倍がゆ**	**1：2.4** 150ml（120g）：360ml	5倍がゆからこの方法が活用しやすくなるが、少し水っぽい仕上がりに。
1歳ごろ〜 **軟飯**	**1：1.2** 200ml（160g）：240ml	軟飯は、この作り方に最も適している。蒸らし時間は10分ほどでOK。

米から炊飯器で作る

内釜にといで水けをきった米と分量の水を入れ、おかゆ（全がゆ）モード（軟飯は炊飯モード）で炊きます。保温モードにはせず、20分ほど蒸らしながら冷まします。スイッチを押すだけで、ふきこぼれの心配もなくラク。まとめて作るなら、炊飯器がおすすめです。

かゆの種類	米：水 （容量比／作りやすい量）	ポイント
5〜6ヵ月ごろ **10倍がゆ**	**1：10** 30ml（26g）：300ml	量が多くなるので、フリージングして1〜2週間で使いきるようにして。
7〜8ヵ月ごろ **7倍がゆ**	**1：7** 50ml（43g）：350ml	粒があっても、食べられていればOK。1食分ずつフリージングすると◎。
9〜11ヵ月ごろ **5倍がゆ**	**1：5** 100ml（85g）：500ml	炊飯器の「おかゆ」の目盛りに合わせた水加減でOK。最もラクで失敗のない方法。
1歳ごろ〜 **軟飯**	**1：2** 200ml（170g）：400ml	食べる量が多くなるので、この方法がよい。大人用ご飯と混ぜて、少しずつかたくしていくと◎。

ベース 4

パンがゆ

最初は塩分や糖分、油分の少ない食パンを使いましょう。
離乳中期の7〜8ヵ月ごろまではおかゆ状にしますが、
次第に普通のパンやトーストも食べられるようになります。

電子レンジで作る

鍋で作るときと同じく、耳を落として角切りにした食パンと水(または調乳したミルク)を入れます。ふんわりラップをかけ電子レンジで30秒ほど加熱し、混ぜます。

鍋で作る

1
食パン約1/3枚は耳を落として角切りにします。鍋に入れ、水(または調乳したミルク)50mlほどを加えます。

2
弱火にかけ、食パンがやわらかくなるまで混ぜながら煮ます。スプーンなどで食パンを軽くつぶします。

5〜6ヵ月ごろは、すりつぶしてなめらかに

5〜6ヵ月のときは加熱したパンがゆをすり鉢に入れてすりつぶし、湯(または調乳したミルク)をたしてなめらかにします。ゆでた野菜や白身魚を合わせてもよいでしょう。

ベース 5

うどんがゆ

つるつると入る麺類は、赤ちゃんにとって食べやすい食材。
あらかじめ短くしてからゆでると調理がラクです。
初期はつぶしてかゆ状にしてあげましょう。

1 うどんは3cm長さほどに切って鍋に入れ、たっぷりの水を入れて強火にかけます。沸騰したら弱火にしてふたをし、やわらかくなるまで10〜20分ほど煮ます。

2 火を止めてふたをしたまま20分ほど蒸らし、ふやかします。食べやすい大きさにすりつぶして、湯でのばします。初期のすりつぶしは、ハンディブレンダーがラク。

応用テク

うどんをみじん切りにしてからゆでる

あらかじめみじん切りにしてからやわらかくゆでます。ふやかせば、7〜8ヵ月ごろ向けの粒入りうどんがゆに。

ポイント

乾麺の場合、塩分があるので、ゆでて水洗いしてからゆでうどん同様、さらにやわらかくゆでて、かゆ状にします。

調理がグンとラクになる

フリージングテクニック

少量の離乳食を、食事のたびに調理するのは手間がかかるもの。まとめて作って冷凍しておくと効率的です。

フリージングの基本

基本ルールを守れば、食材のおいしさと品質を損なわずに冷凍できます。

使う分だけを解凍し、加熱して食べさせる

冷凍している間、食中毒の原因となる菌は眠っている状態。解凍中に菌をふやさないように注意が必要です。また、一度解凍したものを再冷凍すると食材の味が落ち、品質が悪くなるので避けましょう。冷凍した離乳食は、1〜2週間以内に使いきるようにします。

短時間で急速冷凍を心がけて

時間をかけて冷凍すると、組織が壊れておいしさと栄養素が損なわれます。熱伝導のよい金属製のバットにのせて冷凍庫に入れるなどして、短時間で一気に冷凍します。冷凍庫の温度調節ができる場合は、「強」に設定するとよいでしょう。

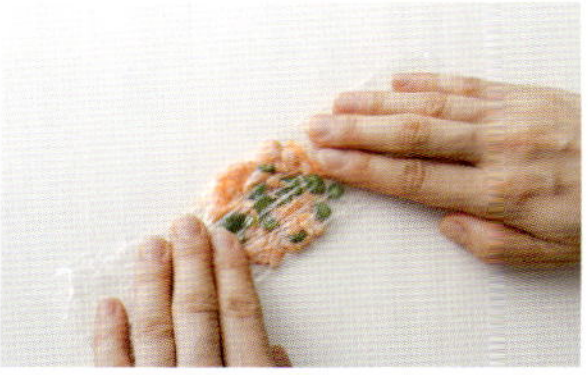

1回分の使用量に分けて、冷ましてから密閉冷凍

調理した食材は、赤ちゃんが一度に食べられる量に分けて、冷凍保存します。乾燥やにおいうつりを防ぐため、なるべく空気に触れないようにすることが大切。密閉容器に入れるか、ラップやカップに入れたものはジッパーつき保存袋に入れましょう。

清潔な調理器具で、食材が新鮮なうちに加熱

食材は、時間がたつにつれて鮮度が落ちてしまいます。特に肉と魚は食中毒の原因菌が増加しやすいので、なるべく購入した日に加熱調理し、清潔な容器などにうつし、素早く冷まして冷凍保存するようにしましょう。

解凍のしかた

食材の種類や用途に合わせて、適した解凍方法を選びましょう。

凍ったまま調理する

調理している鍋やフライパンに凍ったままの状態で入れて、調理と解凍を同時に行います。しっかりと加熱されるので、衛生面でも安心。また、大人用に冷凍した食材でも、さらにやわらかく調理できます。

電子レンジで解凍する

食材を使う分だけとり出し、耐熱皿にのせてラップをかけ電子レンジを使用します。そのあと調理する場合は解凍される程度に、そのまま食べさせる場合はあつあつになるまで加熱。かたい場合は水分を加えて。

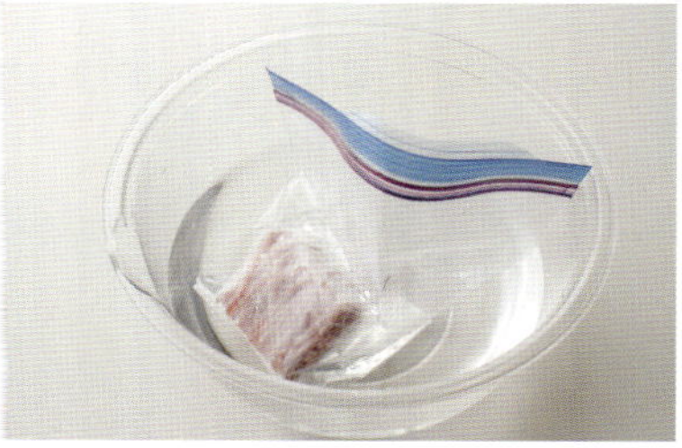

自然解凍する

主で冷凍した肉や魚は、室温での解凍は細菌がふえやすくなるので、冷蔵庫で解凍します。急ぐ場合は、水が直接入らないようにして、水を入れたボウルに浸けて解凍します。解凍したあとは、しっかり加熱します。

小分けのしかた

ペースト、ゆで野菜、スープなど、離乳食の形状に合う方法で小分けにしましょう。

製氷皿で保存

5〜6ヵ月ごろのおかゆや野菜ペースト、だし汁、スープなどに向いています。1個分がおよそ大さじ1なので、必要量がわかりやすくて便利です。ひとマスずつ食材を入れ、ふたまたはラップをかけて冷凍庫に入れます。

凍ったら製氷皿からはずし、保存袋で保存すると場所をとらず、においうつりを防げます。

カップで保存

シリコンカップ

小さい密閉容器

水分の多いおかゆ、汁けのあるおかず、豆やくだものなど汁ごと冷凍して乾燥を防ぎたい食材などに向いています。シリコンカップや小さい密閉容器に1回分ずつ入れます。容器は耐熱性(電子レンジ使用可)で繰り返し使えるものを準備し、ふたのないものはラップをして乾燥を防ぎ、凍ったら保存袋で密閉します。

保存袋で保存

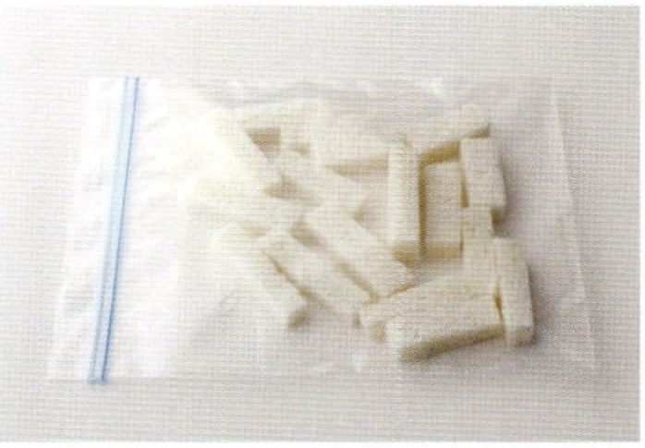

ほぐしやすいゆで野菜やパン、肉だんごなどに向いています。冷凍用ジッパーつき保存袋に入れ、バットにのせ、平らにして凍らせます。必要な分をそのつどとり出して解凍しましょう。

かぼちゃやトマトなどの野菜をペーストやみじん切りにしたものや、おかゆ、ソース類などは、保存袋に入れたら板状に薄くのばし、1回分の量を目安に十字に筋を入れておきましょう。解凍するときに、カットしやすくなります。

ラップで保存

ゆでて刻んだ麺やほぐした魚、細かくカットした野菜など、水分の少ないものに向いています。
しっかり空気を抜いて1回分の量を平らに包み、なるべく重ならないように広げると素早く冷凍、解凍できます。ラップに包んだものをさらに保存袋に入れると、乾燥やにおいうつりを防げます。

刺身の魚や切身肉など生で冷凍するときは、1回分ずつ小分けにすると使いやすくなります。

✕ 保存に使用しないほうがいいもの

アルミホイルやアルミカップは、電子レンジの使用ができません。小分け容器も電子レンジ対応のものを用意しましょう。

✕ 冷凍に向かないもの

フリージングに向かない食材は、こんにゃくや豆腐、じゃがいもなど、繊維や水分の多い野菜などで、冷凍すると食感が変わってしまいます。いも類はマッシュすれば冷凍できます。

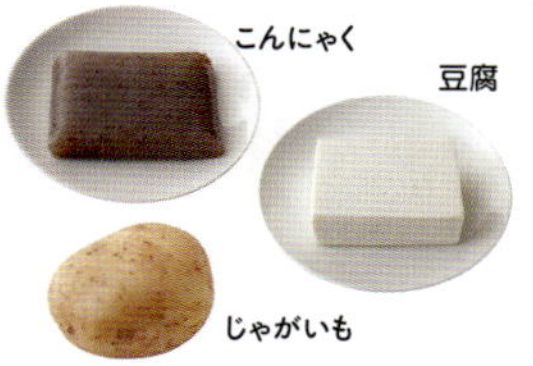

材料別フリージング方法

生のまま１食分ずつとり出せるように冷凍保存したり、加熱して食べやすく刻んだものを１食分ずつ小分けして冷凍すると効率的です。

ほうれんそう

ゆでて刻んだほうれんそうを、ラップの上に1食分ずつ3個ほど並べてまとめて包む。わかめやひじきも同様に。

刺身

刺身やそぎ切りにした魚は、生のまま１枚ずつラップに包み、保存袋に入れる。そのまま調理可能。

納豆（ツナ・コーン）

納豆、ツナ、コーンなど、パックや缶詰を開封してあまったら1食分ずつラップに包み、保存袋に入れる。

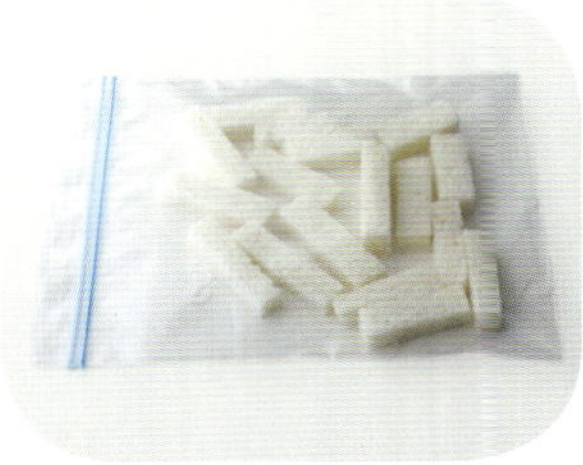

食パン

耳をとり、棒状に切った食パンをジッパーつき保存袋に入れる。バットにのせて冷凍するとよい。

うどん

ゆでて食べやすく刻んだうどんを、1食分ずつラップに包む。凍ったままだし汁で煮てもよい。

豚肉とブロッコリー

煮て刻んだ豚肉とブロッコリーを小分け容器に入れ、煮汁をかける。ほかの肉や野菜でも同様に。

しらす干し

湯通しして刻んだしらす干しを、1食分ずつラップに包む。

パプリカ

ピーラーで皮をむいたパプリカを刻んで電子レンジで加熱。1食分ずつラップに包む。

トマト

皮とタネをとり除き、刻んだトマトを保存袋に入れ、十字に筋を入れ、バットにのせて冷凍する。

キャベツと玉ねぎ

だしで煮て刻んだキャベツと玉ねぎを小分け容器に入れ、煮汁をかける（だし汁を利用できる）。

鶏ささみ

ゆでて刻んだ鶏ささみを煮汁といっしょに小分け容器に入れる（汁に浸すとパサつかない）。

肉だんご

肉だんごをジッパーつき保存袋に入れる。手間のかかるものはまとめて作っておくとよい。

鮭

生鮭の切り身に片栗粉と水をまぶし、電子レンジで加熱。ほぐして1食分ずつラップに包む。

PART4

時期別の進め方と簡単レシピ

離乳食の進め方は、主に４つの段階があります。
どんなことに注意して、どんな離乳食を与えればいいか
時期別に解説＆レシピを紹介！

離乳初期(5〜6ヵ月ごろ)の離乳食

この時期は、食事に慣れることが大切です。思うように食べなくてもあせらず、赤ちゃんのペースで進めましょう。

離乳食はいつ始める?

離乳食は、だいたい生後5〜6ヵ月ごろからスタートします。まわりの人がものを食べているようすを興味深く見つめたり、よだれを出して口をもごもご動かしたりするしぐさが見られたら、離乳食スタートの合図。こうしたしぐさが見られない場合も、遅くとも6ヵ月のうちには始めるようにしましょう。

このころになると、母乳やミルク以外のものを口に入れると舌で押し出そうとする反射がなくなり、スプーンを受け入れられるようになります。まだおすわりが安定しない時期なので、食事のときは椅子に座らせるのではなく、抱っこをして食べさせてあげましょう。

最初はおかゆからスタート

離乳食の1日目は、すりつぶした10倍がゆ1さじ(=小さじ1)を数回に分けて与えます。体調やうんちに異常がなければ、次の日から1さじずつふやします。おかゆに慣れたら、にんじんやキャベツなどの野菜ペーストも与えましょう。1ヵ月たったころには、豆腐やたいなどの白身魚でタンパク質も加えます。個人差はありますが、1ヵ月たって、1回に大さじ2〜3ほどの離乳食を食べられるようになったら、2回食にしてもいいでしょう。

授乳からの栄養がメイン

離乳食をあげたあとには、満足するだけ母乳・ミルクをあげましょう。この時期の栄養の割合は、離乳食が1割に対し母乳・ミルクが9割ほど。授乳からの栄養がメインなので、たくさん食べられなくても心配はいりません。

ただし、泣くたびに授乳しているとつねに満腹で食べられなくなってしまうので、授乳と離乳食の時間を決めて、リズムをつくっていきましょう。1日の授乳は、食後も含めて5〜6回程度(母乳は1〜2回ふえることも)。ミルクの量で800〜1000㎖くらいが目安です。

離乳食を始めると、うんちの状態が変化します。まだ消化力が未熟なので、下痢をすることも。体調の変化をよく観察して、赤ちゃんの機嫌がよく、食欲もあれば心配いりませんが、体調の悪いときは離乳食はお休みしてようすを見ます。下痢が続いたり、血が混じったうんちが出るような場合は、感染症やアレルギーの可能性もあるので、病院を受診しましょう。

離乳食スタートしてOK?
チェックリスト

1. 生後5ヵ月はすぎましたか。
2. 首はすわっていますか。
3. よだれがよく出るようになりましたか。
4. まわりの人が食べているようすに興味をもっていますか。
5. 赤ちゃんの口に指を添えたとき、舌で押し出そうとしませんか。
6. 支えてあげると座れますか。
7. 授乳のリズムは安定してきましたか。
8. 現在の体調や機嫌はよいですか。

上記のうち、①を含む5つ以上があてはまれば、離乳食を開始していいでしょう。※あくまでも目安なので、赤ちゃんのようすを見てスタートしてください。

進め方の目安

初めてあげる食材は1日1種類、1さじから与えてようすを見ましょう。
また、いやがって食べてくれないときは、無理せず次の日に再挑戦すればOKです。

1日目

10倍がゆ 1さじ

最初はおかゆから

消化によいおかゆからスタート。10倍がゆ1さじを数回に分けて食べさせます。

2日目

10倍がゆ 2さじ

問題なければ量をふやす

体調やうんちに異常がなければ、10倍がゆを2さじに。ようすを見ながら、少しずつ量をふやします。

7日目ごろ

にんじんペースト 1さじ → 2さじにふやす

野菜ペーストも追加

慣れてきたら野菜も与えます。最初はにんじんやかぼちゃなど、甘みがあり、ペースト状にしやすい野菜がおすすめです。

慣れてきたら

パンがゆ 1さじから

ほかの炭水化物も

おかゆに慣れてきたなら、じゃがいものペーストやパンがゆなど、おかゆ以外の炭水化物を試してもいいでしょう。

1ヵ月目ごろ

豆腐または白身魚ペースト 1さじ → 2さじにふやす

タンパク質にも挑戦

1ヵ月目ごろから、タンパク質も与えます。豆腐または白身魚のペースト1さじから開始し、慣れたら固ゆで卵の卵黄を湯でのばし、少量から試します。タンパク質食品は消化器官の負担が大きいので、あげすぎには注意が必要です。

よく食べるようになったら

1日1回食から2回食へ

1回目

1回食のときと同じ時間に、同じくらいの量をあげます。初めての食材は、1回目のときに試すとよいでしょう。

2回目

1回目の1/2量くらいから始めて、少しずつ量をふやします。赤ちゃんによっては2回目(午後)のほうがよく食べることも。

1日のタイムスケジュール(例)

離乳食は、できるだけ毎日同じ時間にあげるようにします。1日1回からスタート。開始から1ヵ月以上たち、慣れてきたら1日2回にふやします。

離乳食と母乳・ミルクの割合

離乳食〜10%　母乳・ミルク90%〜

前半(1回食)

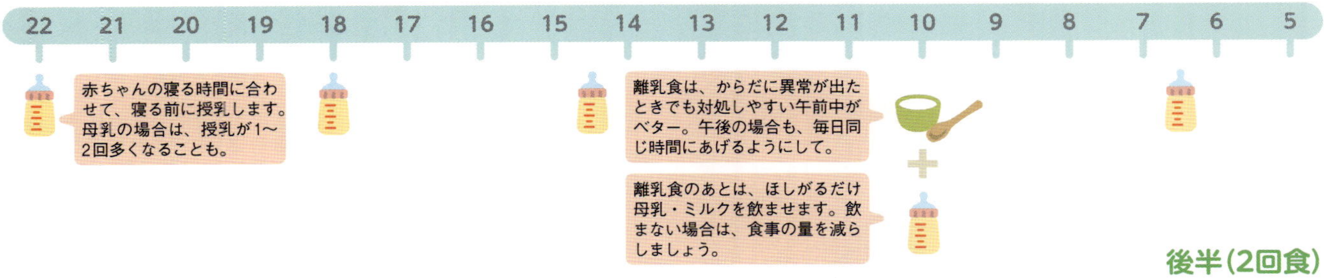

22 21 20 19 18 17 16 15 14 13 12 11 10 9 8 7 6 5
赤ちゃんの寝る時間に合わせて、寝る前に授乳します。母乳の場合は、授乳が1〜2回多くなることも。
離乳食は、からだに異常が出たときでも対処しやすい午前中がベター。午後の場合も、毎日同じ時間にあげるようにして。
離乳食のあとは、ほしがるだけ母乳・ミルクを飲ませます。飲まない場合は、食事の量を減らしましょう。

後半(2回食)

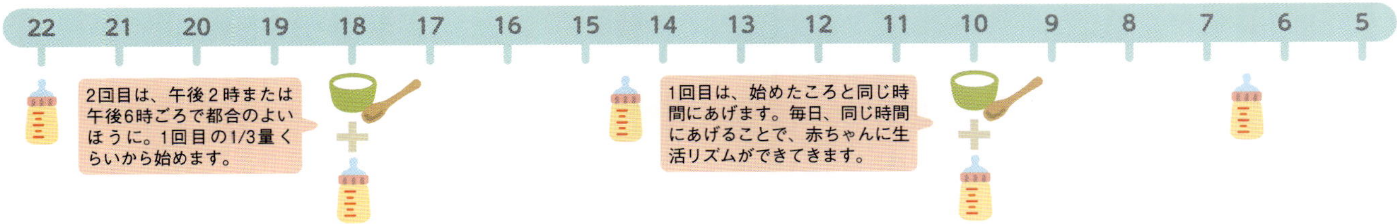

22 21 20 19 18 17 16 15 14 13 12 11 10 9 8 7 6 5
2回目は、午後2時または午後6時ごろで都合のよいほうに。1回目の1/3量くらいから始めます。
1回目は、始めたころと同じ時間にあげます。毎日、同じ時間にあげることで、赤ちゃんに生活リズムができてきます。

食材の形態と味つけ

ペースト状から始めて水分を減らしましょう

今まで液体しか口にしたことがなかった赤ちゃんは、ドロッとしたものでもうまく飲みこめず、つぶつぶした食感も苦手。はじめのうちは、食材をすりつぶしたあとに裏ごしし、湯や野菜スープでのばして、なめらかなペースト状にしたものを与えます。慣れたら、赤ちゃんのようすを見ながら少しずつ水分を減らしていきましょう。

この時期、食材は単品であげるのが基本。もしアレルギーがあった場合に、原因を特定しやすいためです。食べさせる量が多いと症状が重くなることもあるので、必ず1さじから試します。慣れてきたら、ふたつの食材を混ぜたり、食べにくい食材をかゆに混ぜたり、片栗粉でとろみをつけて、飲みこみやすくしてもよいでしょう。

また、食材そのものの味や香りを体験させてあげたい時期でもあります。調味料は使わず、食材をのばすときにも、風味のあるだしではなく、湯や野菜スープ(＝野菜の煮汁)を使いましょう。

食材の形態	1回（1食）の分量の目安	
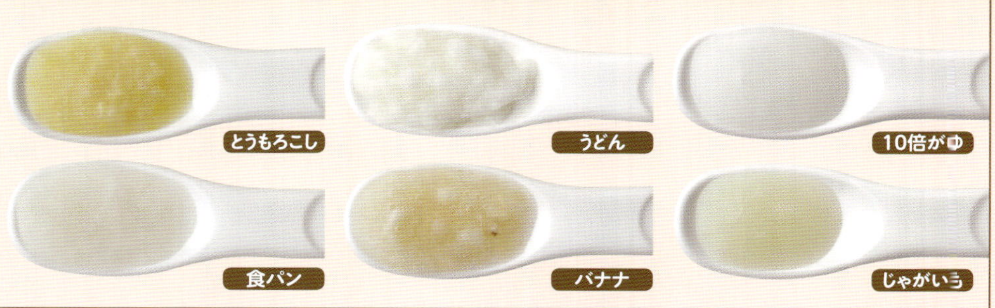	10倍がゆをメインとして、食パン、うどんやそうめんなどの麺類、じゃがいもやさつまいもなどのいも類があてはまります。おかゆに慣れてきたら、その他の食材も試してみましょう。 ●主な食材の量 10倍がゆ…30～40g または 食パン(8枚切り)…1/8～1/6枚 または ゆでうどん…15～25g じゃがいも…10～15g	炭水化物
	たいやひらめなどの脂肪分が少なく、消化によい白身魚や、しらす干し、豆腐などがこの時期に適しています。豆腐は口あたりのよい絹ごし豆腐を選び、しらす干しはゆでて塩抜きしてから使います。 ●主な食材の量 白身魚…5～10g または 豆腐…10～25g 卵黄…小さじ1/4～1	タンパク質
	野菜の量は合計で10～20gが目安。緑黄色野菜(βカロテンが豊富で、色の濃い野菜)と淡色野菜(大根、キャベツなど)を1品ずつあげられるとよいでしょう。やわらかく煮えやすい野菜から試し、キャベツやほうれんそうなどは葉先を使います。やわらかくゆでた棒状の野菜などを手づかみで口に運ぶこともできるので試してみましょう。 ●主な食材の量(例) にんじん…10g ＋ キャベツ…10g	ビタミン・ミネラル

食べさせ方のポイント

離乳初期（5〜6ヵ月ごろ）の食べ方

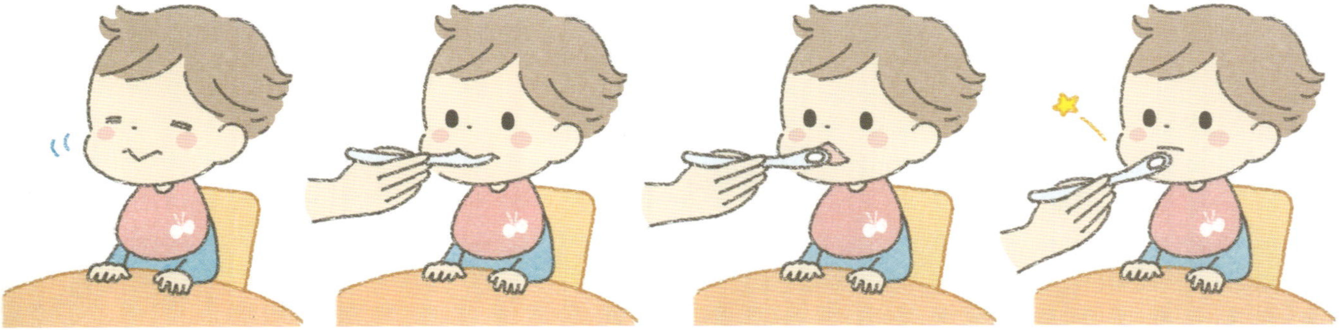

1

赤ちゃんの下唇にスプーンをあて、ちょんちょんと軽く刺激します。このとき、舌で押し出すこともありますが、そのうちなくなります。

2

自分から口を開くのを待ちます。スプーンは舌と平行になるようにさし出し、口の中に押しこまないようにします。

3

上下の唇で食べ物をはさんで取りこんだら、そっとスプーンを抜きます。口からこぼれたときはスプーンですくい、また口もとに持っていきます。

4

舌を前後に動かしながら食べ物を奥に移動させ、飲みこみます。上手にゴックンできるようになるのが、この時期の目標です。

ポイント

赤ちゃんをリラックスさせてあげましょう

最初のころは横抱きで、赤ちゃんが安心できる環境を作ってあげます。姿勢は授乳よりも少し立てるイメージ。腕で背中をしっかりと支え、安定させます。

ゆっくり待ちましょう

はじめは、舌を出して食べ物をなめるだけのことも。「あーん」などの声かけをしながら、赤ちゃんが自分から食べるのをゆっくり待ってあげましょう。

✕ これはNG!

一度にたくさんあげすぎたり、間をおかずに次々と与えたりすると、うまく飲みこめません。

口の奥に入れたり、上あごにこすりつけたりすると、自分で口を閉じられなくなります。

離乳初期（5～6ヵ月ごろ）の献立例

前半には1日1回、後半には1日2回、離乳食を与えます。後半は、緑黄色野菜、淡色野菜、タンパク質を合わせてみましょう。

前半（主食＋主菜）

主食 裏ごし10倍がゆ 炭水化物
主菜 にんじんペースト ビタミン ミネラル

材料

10倍がゆ…大さじ2（61～62ページ参照）
にんじん…5～10g（厚さ5～10mm輪切り）
にんじんのゆで汁…適量

作り方

1 小鍋にいちょう切りにしたにんじんと、鍋の深さ半分ほどの水を入れて強火にかける。沸騰したら弱火にしふたをして、指でつぶれるぐらいにやわらかくなるまで15分ほどゆでる。
2 10倍がゆをすりつぶし、目の細かいざるで裏ごす（固ければ1のにんじんのゆで汁を加えて、トロトロにする）。
3 10倍がゆをすりつぶしたすり鉢で1のにんじんをすりつぶし、1のにんじんのゆで汁（小さじ1～2）を加えて、トロトロと流れるくらいにのばす。

Advice
はじめにすりつぶしがゆをあげてみて、食べにくそうなら裏ごしして粒を除きます。サラサラ流れるくらいのかたさから始め、少しずつ水分を減らしてトロッとさせていき、量もふやしていきましょう。

Point
かゆをすりつぶしたあとに、そのままかゆの残るすり鉢で野菜をすりつぶせば、かゆのとろみを利用できます。

主食 じゃがいもペースト 炭水化物
主菜 ブロッコリーペースト ビタミン ミネラル

材料

じゃがいも…15g（厚さ7mm輪切り）
ブロッコリー（つぼみの部分）
…10g（小房1個）
湯（または野菜スープ60ページ参照）…適量

作り方

1 小鍋にいちょう切りにしたじゃがいもとたっぷりの水を入れて、端がくずれるくらいまでやわらかくゆでてとり出す。続けて小鍋に粗みじん切りにしたブロッコリーのつぼみの部分を加え、やわらかくゆで、ざるに上げて水けをきる。
2 1のじゃがいもをすりつぶし、湯（または野菜スープ小さじ2～3）を加えてトロトロにのばす。
3 2のじゃがいもの残るすり鉢で1のブロッコリーをすりつぶし、湯（または野菜スープ）を加えて、トロトロにのばす。

Point
ブロッコリーなどアクが出る野菜は、5～6ヵ月ごろは特に、ゆで汁を使わず野菜スープまたは湯でのばすとよいでしょう。

Point
ブロッコリーは、じゃがいものとろみを使うと食べやすくなります。

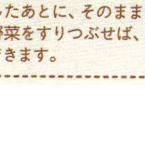

後半（主食＋主菜＋副菜）

主食 すりつぶし10倍がゆ 炭水化物
主菜 豆腐ペースト タンパク質
副菜 かぼちゃ＆玉ねぎペースト 炭水化物 ビタミンミネラル

材料

10倍がゆ…大さじ2～3
（61～62ページ参照）
かぼちゃ（皮・タネを除く）…10g（2cm角）
玉ねぎ…10g（厚さ1cmくし形切り）
絹ごし豆腐…25g（3cm角）
ゆで汁…適量

作り方

1 小鍋に深さ半分ほどの湯を沸かし、豆腐を入れて30秒ほどゆでてとり出す。続けてかぼちゃと玉ねぎを小鍋に加え、やわらかくなるまでゆでる。
2 10倍がゆをすりつぶし、皿に盛る。
3 1の豆腐を2のかゆの残るすり鉢ですりつぶす（1のゆで汁でのばしてもよい）。
4 3の豆腐の残るすり鉢で、薄皮をとった1の玉ねぎをすりつぶし、1のゆで汁を加えて、なめらかな状態にのばし、皿に盛る。続けて、1のかぼちゃをすりつぶし、ゆで汁を加えてトロトロにのばす。

Advice
単品に慣れたら、緑黄色野菜（かぼちゃ、にんじん、ブロッコリーなど）と淡色野菜（玉ねぎ、白菜など）をいっしょにすりつぶしてもOK。

主食 ミニトマトのせパンがゆ 炭水化物 ビタミンミネラル
主菜 白身魚ペースト タンパク質
副菜 白菜ペースト ビタミンミネラル

材料

食パン（8枚切り・耳なし）…1/6枚
ミニトマト…1個
白身魚の刺身（かれい、真だいなど）
…5g（1切れ）
白菜（葉先）…10g（10cm四方）
A 水（または野菜スープ）…大さじ1
A 片栗粉…小さじ1/8

作り方

1 耐熱容器にAを混ぜ、ラップをかけずに電子レンジで20秒ほど加熱し、とり出してよく混ぜる。
2 小鍋に湯を沸かし、ちぎった白菜をやわらかくゆで、ヘタをとったミニトマトも加えサッとゆでてとり出す。続けて白身魚の刺身もゆで、ざるに上げる。
3 すり鉢で2の白菜をすりつぶし、1のあんを小さじ1ほど加えて、トロトロにのばし、皿に盛る。続けて2の白身魚をすりつぶし、残りの1を加えて、トロトロにのばす。
4 食パンを1cm角に切って耐熱容器に入れ、水大さじ3を混ぜる。ふんわりラップをかけ電子レンジで30秒ほど加熱し、すりつぶす。
5 2のミニトマトの皮をむき、半分に切ってタネと芯をとり除く。すり鉢ですりつぶして4のパンがゆにのせる。

Point
水と片栗粉を電子レンジで加熱したあんでとろみをつけると、飲みこみやすくなります。

グリーンピース米粉がゆ

炭水化物　ビタミン ミネラル

材料

グリーンピース（冷凍）…小さじ1
ゆで汁…小さじ1/2ほど
米粉…小さじ1
水…大さじ4

Advice
米粉を使えば、簡単に10倍がゆを作れます。最初の1ヵ月はこれでもOK！

作り方

1 耐熱容器に冷凍グリーンピースと水小さじ1（分量外）を入れ、ラップをかけずに電子レンジで50秒ほど加熱。薄皮をとってすりつぶし、ゆで汁を加えてトロトロにのばす。
2 耐熱容器に米粉と水を混ぜ、ラップをかけずに電子レンジで40秒ほど加熱して混ぜて皿に盛り、1をのせる。

すりおろしにんじん入りパンがゆ

炭水化物　ビタミン ミネラル

材料

食パン（8枚切り・耳なし）…1/8〜1/6枚
にんじんすりおろし…小さじ1
水（または調乳したミルク）…大さじ3

Point
水分の多い食材は、生ですりおろしてから加熱し、すりつぶしてもOK（りんご、大根、きゅうりなども同様に）。

作り方

1 耐熱容器に1cm角に切った食パンとすりおろしたにんじん、水を入れて混ぜる。ふんわりラップをかけ電子レンジで30秒ほど加熱する。
2 1をすり鉢でなめらかにすりつぶす。

かぼちゃ入り裏ごしうどんがゆ

炭水化物　ビタミン ミネラル

材料

ゆでうどん…15g（2本）
かぼちゃ（皮・タネを除く）…5g（1cm厚さ×2cm四方）
ゆで汁…大さじ1〜2

Point
うどんは弾力があってすりつぶしづらいので、裏ごし、またはハンディブレンダーが簡単です。

作り方

1 小鍋に3cm長さに切ったうどんと水を入れ、ふたをして10分ほどゆでる。かぼちゃも加えてやわらかくなるまで5分ほどゆで、ざるに上げてゆで汁を分ける。
2 1のうどんをみじん切りにし、1のかぼちゃといっしょに裏ごす。1のゆで汁を加えて、なめらかにのばす。

ほうれんそうがゆ

炭水化物　ビタミン ミネラル

材料

ほうれんそう（葉先）…2.5g（1枚）
5倍がゆ…大さじ1
湯…大さじ1ほど
（10倍がゆ大さじ2でもよい）

Advice
離乳食のかゆは5倍がゆを作り、湯でのばしてかたさを調節するだけでもOK。赤ちゃんの食べるようすを見て、徐々に水分を減らしていきます。

作り方

1 小鍋に湯（分量外）を沸かし、ほうれんそうの葉先をやわらかくゆでて水にさらし、水けをしぼり、みじん切りにする。
2 1に5倍がゆを合わせてよくすりつぶし、湯を加えてトロトロにする。

離乳食を始めて１ヵ月ほどたったら、豆腐と白身魚を少量から始めましょう。

主菜レシピ

たいとじゃがいものすりつぶし

炭水化物　タンパク質

材料

真だい（刺身）…5〜10g（1〜2切れ）
じゃがいも…15g（厚さ7mm輪切り）
ゆで汁…小さじ2ほど

Advice
豆腐と白身魚の単品に慣れたら、いもや野菜を合わせて、甘みととろみを加えて食べやすくしましょう。

作り方

1 小鍋に1cm四方ほどに切ったじゃがいもとかぶるくらいの水を入れ、やわらかくなるまでゆでる。そこに真だいも加えて、火が通るまでゆでる。
2 1を合わせてなめらかにすりつぶし、ゆで汁を加えてトロトロにのばす。

にんじんと豆腐のすりつぶし

タンパク質　ビタミン ミネラル

材料

にんじん…15g（厚さ5mm輪切り3枚）
水…大さじ2
絹ごし豆腐…15g（2.5cm角）〜25g（3cm角）
にんじんのゆで汁…適量

Point
少量の野菜は水をかけ、ふんわりラップをかけ電子レンジで加熱すると、簡単にやわらかくできます。

作り方

1 耐熱容器ににんじんと水を入れてふんわりラップをかけ、電子レンジでやわらかくなるまで2分ほど加熱し冷ます。
2 豆腐も耐熱容器に入れて、ふんわりラップをかけ、電子レンジで30秒ほど加熱。1と合わせてすりつぶし、にんじんのゆで汁を加えてトロトロにする。

たらとキャベツのすりつぶし

タンパク質　ビタミン ミネラル

材料

真だら…5〜10g（ゆで、小さじ1〜2）
キャベツ（刻み）…10g（10cm四方）
キャベツのゆで汁…適量

Point
切り身魚は生よりも、ゆでてから皮と骨をとり除くほうが効率的。そのあとはフォークなどでほぐせばOK。

作り方

1 真だらの切り身を火が通るまでゆで、皮と骨をとり除きフォークでほぐす。
2 キャベツはゆでてみじん切りにし、1と合わせてすりつぶし、キャベツのゆで汁を加えてトロトロにする。

しらすとさつまいものすりつぶし

炭水化物　タンパク質　ビタミン ミネラル

材料

さつまいも…15g（厚さ7mm輪切り）
しらす干し…小さじ1（2g）〜2（4g）
湯（または野菜スープ60ページ参照）…適量

作り方

1 さつまいもはいちょう切りにし、水にさらしてアクを抜く。
2 小鍋に1とかぶるくらいの水を入れ、やわらかくなるまでゆでる。そこにしらす干しも加えて、ざるに上げて水けをきる。
3 2をなめらかにすりつぶし、湯を加えてトロトロにのばす。

野菜もくだものもはじめは単品で与え、徐々に甘みやとろみのある食材を組み合わせて。

 副菜 レシピ

トロトロ小松菜

ビタミン・ミネラル

材料
小松菜（葉先）… 5g（2枚）
水… 大さじ1
A 水（または野菜スープ）… 大さじ1
片栗粉… 小さじ1/8

Point
小松菜をほうれんそうにかえてもOK。片栗粉でとろみをつけて食べやすくしましょう。

作り方
1 耐熱容器にちぎった小松菜と水を入れ、ふんわりラップをかけ電子レンジで40秒ほど加熱。水にさらしてしぼり、みじん切りにしてからすり鉢でなめらかにすりつぶす。
2 耐熱容器にAを混ぜ、電子レンジで20秒ほど加熱し、1に混ぜる。

おかゆ入りとうもろこしのすりつぶし

炭水化物　ビタミン・ミネラル

材料
とうもろこし（ゆで、または食塩不使用ホールコーン缶）… 大さじ1
10倍がゆ… 小さじ1（61～62ページ参照）
湯… 小さじ1

Point
かゆでとろみをつけることができます。

Advice
とうもろこしの皮は、ぶどうと同じ要領でむくのが簡単です。

作り方
1 生のとうもろこし（1本）は皮をむいてひげをとり、半分に切ってゆで、実を包丁でそぐ。ホールコーン缶の場合は汁をきり、茶こしに入れて湯をかける。
2 1のとうもろこしの粒を、指でつぶすようにして薄皮をとる。すり鉢に入れ、10倍がゆ、湯を加えてなめらかにすりつぶす。

トマトのすりつぶし

ビタミン・ミネラル

材料
トマト… 15g（1/8個）

Advice
とり除いたタネのまわりの汁を裏ごしして分けると、ムダなく使えます。トマト1個分を作り、製氷皿で冷凍すると◎。

作り方
1 小鍋に湯を沸かし、ヘタをとったトマト（1個）を入れて転がす。とり出して冷水に入れる。
2 1のトマトの皮をむいて8等分し、芯のかたい部分とタネをとり除き、すり鉢でなめらかにすりつぶす。

おろしきゅうりとなしのトロトロ

ビタミン・ミネラル

材料
きゅうり… 10g（厚さ2cm輪切り）
なし… 15g（厚さ1cmくし形切り）
片栗粉… 小さじ1/8

Point
水分の多い食材は、片栗粉でとろみをつけると飲みこみやすくなります。すりおろしたままあげてもOK。

作り方
1 耐熱容器に、皮をむきすりおろしたきゅうりとなし、片栗粉を混ぜる。
2 1にふんわりラップをかけ、電子レンジで30秒ほど加熱して混ぜる。

かぶとみかんの裏ごし

ビタミン ミネラル

材料

かぶ…20g（厚さ1cm輪切り）
水…大さじ1
ゆで汁…小さじ2
みかん…1房

Point
みかんの薄皮はていねいにとり除いて。薄皮が残っているとと食べづらくなります。

作り方

1 耐熱容器に5mm角に刻んだかぶと水を入れ、ふんわりラップをかけ電子レンジで1分ほど加熱。ざるに上げ、ゆで汁と分ける。
2 薄皮をむいたみかんと1を合わせて裏ごしし、1のゆで汁を混ぜてのばす。

Advice
みかんのかわりにいちごでもOKです。

大根とりんごのすりつぶし

ビタミン ミネラル

材料

大根…10g（厚さ3mm輪切り）
りんご…10g（厚さ5mmくし形切り）
ゆで汁…小さじ1

作り方

1 小鍋に深さ半分ほどの水と、いちょう切りにした大根とりんごを入れ、ふたをしてやわらかくなるまでゆでる。
2 1の大根とりんごをすり鉢でなめらかにすりつぶし、1のゆで汁を加えてトロトロにのばす。

ほうれんそうとバナナのすりつぶし

ビタミン ミネラル

材料

ほうれんそう（葉先）…2.5g（1枚）
水…大さじ1
バナナ…20g（1/4本）
湯…小さじ2

Point
バナナは電子レンジで温めることで、すりつぶしやすくなります。

作り方

1 耐熱容器にちぎったほうれんそうと水を入れ、ふんわりラップをかけ電子レンジで40秒ほど加熱。水にさらしてしぼり、みじん切りにしてからすり鉢ですりつぶす。
2 バナナをラップで包み、電子レンジで20秒ほど加熱。1に加えてすりつぶし、湯でのばす。

ヨーグルト入り桃のすりつぶし

タンパク質 ビタミン ミネラル

材料

桃…15g（厚さ1cmくし形切り）
プレーンヨーグルト…小さじ1

Point
ヨーグルトのかわりに湯冷ましでもOK。桃は空気に触れると茶色く変色するため、食べる直前に調理しましょう。

作り方

1 桃は厚さ1cm程度に切る。
2 1をすり鉢に入れ、プレーンヨーグルトを加えて、なめらかにすりつぶす。

初めての離乳食は、とまどうことばかり。これでよいのかと不安になったり、
わからないことが出てきたりしたときは、ぜひこのページを開いてみてください。

離乳初期の 離乳食Q&A

Q 小さく生まれたのですが、ほかの子と同じように始めて大丈夫？

出産予定日から5ヵ月を目安に始めて。

予定日より早く小さめで生まれた赤ちゃんは、予定日から数えて5ヵ月ごろを目安に始めます。ただし、からだが少し小さめでも発育がよく、離乳食を始める準備ができているなら、生後6ヵ月ごろから始めても。かかりつけの医師に相談するとよいでしょう。

Q 体が標準より大きめです。早めに始めてもいい？

生後5ヵ月までは待って。

からだが大きく体重が重くても、5ヵ月未満の赤ちゃんは、消化器官がまだ十分に発達していません。胃や腸に負担がかかるので、開始は生後5ヵ月まで待ったほうが安心です。5ヵ月になったら、68ページにあるチェックリストを確認してスタートしましょう。

Q 離乳食を始める前に、果汁や麦茶でスプーンの練習をしたほうがいい？

果汁はNG。行う場合は野菜スープで。

スプーンの練習は、離乳食を始めてからでも大丈夫。始める前に、下唇を指で軽く刺激してあげてもいいでしょう。果汁は甘いので、早くから与えると離乳食の味を物たりなく感じたり、母乳・ミルクの量が減る可能性も。この時期は、まだ控えましょう。

Q 授乳の回数が多く、離乳食をあげるタイミングをつかめない…。

日中は授乳リズムをつくるよう意識して。

そろそろ授乳の間隔をあけ、生活リズムを整えたい時期。離乳食は毎日同じ時間にあげ、授乳はその3時間くらい前にすませるとおなかがすいてきます。おなかがすきすぎても泣いてしまうので、機嫌がよいうちに始めましょう。

Q 離乳食はほしがるだけ与えていい？

母乳・ミルクとのバランスが大切。

適量には個人差がありますが、この時期はまだ消化器官が未熟なので、食べすぎると胃や腸に負担がかかります。また、この時期はまだ母乳・ミルクからの栄養がメインなので、離乳食でおなかがいっぱいになって飲む量が減ると、必要な栄養がたりなくなることも。

Q 離乳食を始めたら、うんちがゆるゆるに。大丈夫？

元気があれば、心配なし。

離乳食を始めると腸内細菌のバランスが変わるので、うんちの状態も変化します。また、消化力が未熟なので、ときには下痢をすることも。赤ちゃんの機嫌がよく、食欲もあるならまず心配いりませんが、下痢が続くようなら受診しましょう。

Q 初めての食品は必ず1さじから始めるの？

アレルギーがないか確認するためです。

食物アレルギーがないかどうか確認するためにも、初めての食品は１さじから、単品であげるのが基本です。食べたあとの赤ちゃんのようすに問題がなければ、2日目からは少しずつ量をふやしていきます。初めて食べたものを日付とともに記録しておくと、あとで確認できて便利です。

Q 母乳・ミルクをあまり飲みません。栄養面が心配なので、早めに2回食にしてもいい？

離乳食スタートから1ヵ月は待って。

離乳食のあとに飲む母乳・ミルクの量が減ることは問題ありません。ただ、この時期はまだ１日の必要栄養量の8～9割を母乳・ミルクからとっているので、授乳だけの時間にはしっかり飲ませたいもの。2回食は、開始から1ヵ月ほど経過し、飲みこむことにも慣れてきたら始めますが、少し早めてもよいです。

Q 離乳食の時間は夜遅くなっても大丈夫？

遅くとも夜7時までにはすませて。

アレルギーなど、何かあっても対応しやすいように、1回目の離乳食は午前中がいいといわれています。ただし、家庭の都合によっては午後になってもOK。大切なのは、毎日同じ時間に離乳食をあげて、生活リズムをつくることです。夜遅くにあげると消化器官に負担がかかるので、夜７時までにはあげるようにしましょう。

Q りんごなど甘いものは食べても、ほかのものを食べていない…。

慣れるまで、無理なく続けていって。

赤ちゃんは母乳・ミルクの甘みに慣れているので、甘いものを好みます。その他の味は、経験によって食べられるようになります。まずは単品で試してみて、食べなければ好きなものと混ぜてあげるなど、少しずつ慣れさせましょう。いろいろな味を覚える時期なので、今は食べなくてもトライしつづけて。

Q 離乳食を始めたら、最初からベビーチェアに座らせたほうがいい？

この時期は抱っこしてあげて。

この時期の赤ちゃんは、まだ上手に椅子に座ることができません。ひざの上で抱っこしてあげましょう。支えがなくても１人で安定して座れるようになったら、ベビーチェアに座らせ、足が下につくように、高さを調節します。からだがずり落ちないように、しっかり固定してあげましょう。

Q 食べたことがある食材なのに、まぶたにブツブツが。アレルギーなの？

体調によって出ることも。ようすを見て。

アレルギーは体調などによって反応したり、しなかったりすることがあります。一時的なものもあるので、食べたものと症状をメモしてしばらくようすを見ましょう。体調のよいときに同じ食材を試して同じ症状を繰り返すようなら、アレルギーなどの心配があるので与えるのをやめて、医師に相談してください。

離乳中期（7～8ヵ月ごろ）の離乳食

舌で食べ物をつぶす練習をする大切な時期です。赤ちゃんをよく観察して、じっくり進めていきましょう。

おすわりが安定し、自己主張も出てくる時期

このころの赤ちゃんはおすわりが安定してきて、1人で座れるようになります。離乳食も、ベビーチェアなどに座らせて食べさせることができるように。両手が自由になって、食べ物をさわろうとすることもあるでしょう。

また、自分から声を上げて要求するようになるのも、この時期の特徴です。離乳食のときに声を出してせがんだり、気に入らないときには怒ったりするなど、自己主張も強くなります。大人の話すことも少しずつ伝わるようになるので、「おいしいね！」などとやさしく声をかけてあげましょう。

いろいろな食材を試そう

赤身魚や脂肪の少ない肉など、食べられる食材がふえます。少しずつ新しいものをとり入れて、メニューに変化をもたせましょう。初めての食材はアレルギーに注意して1さじから開始し、赤ちゃんの体調に異常がないか確認しましょう。卵の場合は卵白がアレルギーの原因になりやすいので、卵黄のみからスタートし、全卵へと進みます。

個人差はありますが、後半ごろには1回の離乳食に、合計2分の1カップ分くらいの量を食べるのが目安です。この時期は、舌を上下に動かして食べ物をつぶす練習をする、大事な時期でもあります。赤ちゃんをよく観察して、じっくり進めていきましょう。

また、味の好みも出てくるので、今まで食べていたものが食べられなくなったり、新しい食材を受けつけないこともありますが、これも成長の過程と受け止めながら、いろいろな食材を体験させてあげましょう。

まだ授乳からの栄養が大事

この時期の栄養の割合は、離乳食が3割に対し、母乳・ミルクは7割ほど。まだ授乳からの栄養がメインですが、離乳食の比重も大きくなってきます。授乳と離乳食の目標時間を決めて、リズムを作っていきましょう。

1日の授乳の回数は、食後も含めて5回程度（母乳の場合は1～2回ふえることも）。ミルクの量で800㎖が目安です。

移行するタイミング

生後7ヵ月ごろからようすを見てステップアップ

移行する目安は、離乳食を始めて1～2ヵ月がすぎた生後7ヵ月ごろです。離乳食の進みぐあいは、「ヨーグルト程度のかたさのものを口を閉じて飲みこめる」「1回に大さじ3程度の量を食べられる」「1日2回の離乳食を始めている」ことが目安になります。

1日2回の離乳食のうち、新しい食材をとり入れたり、今までとは違う形態にチャレンジしたりするのは、できるだけ1回目にしましょう。2回目は、これまでも食べたことのあるものを中心にして、徐々に量や種類をふやしていくといいでしょう。

1回目

初めてチャレンジする食材

たとえば…

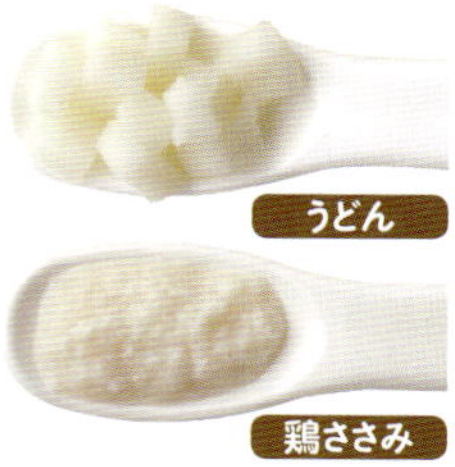

2回目

食べたことのある食材

たとえば…

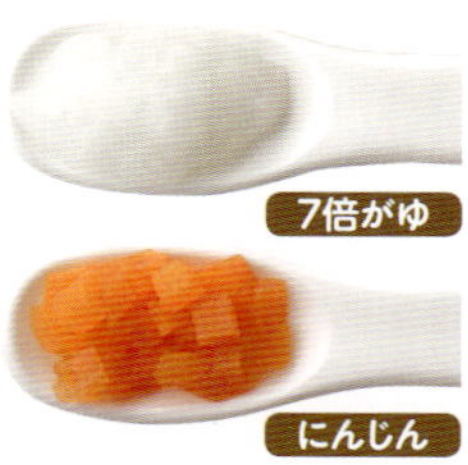

1日のタイムスケジュール（例）

離乳中期の離乳食は、離乳初期の後半に引き続き2回食です。
1回目は午前10時ごろ、2回目は午後2時ごろまたは午後6時ごろを目安にします。

離乳食と母乳・ミルクの割合 離乳食10〜30% 母乳・ミルク90〜70%

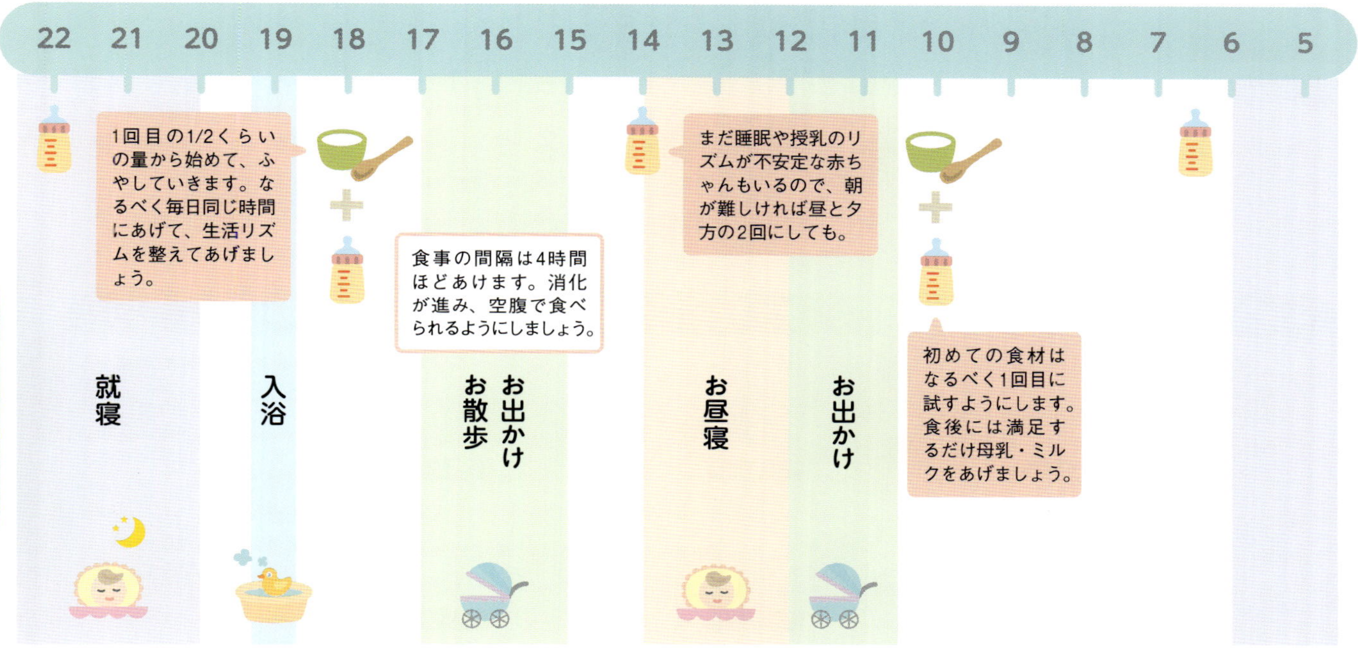
22 21 20 19 18 17 16 15 14 13 12 11 10 9 8 7 6 5
1回目の1/2くらいの量から始めて、ふやしていきます。なるべく毎日同じ時間にあげて、生活リズムを整えてあげましょう。
食事の間隔は4時間ほどあけます。消化が進み、空腹で食べられるようにしましょう。
まだ睡眠や授乳のリズムが不安定な赤ちゃんもいるので、朝が難しければ昼と夕方の2回にしても。
初めての食材はなるべく1回目に試すようにします。食後には満足するだけ母乳・ミルクをあげましょう。
就寝
入浴
お出かけ
お散歩
お昼寝
お出かけ

食べさせ方のポイント

安定した姿勢で座らせて楽しい雰囲気づくりを

赤ちゃんのおすわりが安定したら、ベビーチェアなどを用意します。背もたれを立てて、赤ちゃんがずり落ちないようにベルトなどで固定してください。大人は正面に座り、「あーん」「おいしいね」などと明るく声をかけながら離乳食をあげます。モグモグ口が動いているかも見ながら、ゆっくりペースで食べさせることが大切です。

生後8ヵ月ごろになると、スプーンや食べ物に興味をもち、スプーンやお皿に手をのばしてくるようになります。これは、自分で食べたいという意欲の表れです。服やまわりが汚れるのが気になるかもしれませんが、手づかみ食べもできるだけ自由にやらせて、食への興味を伸ばしてあげましょう。大人が離乳食をあげるスプーンのほか、赤ちゃんがにぎるためのスプーンを別に用意しましょう。

食材の形態と味つけ

舌でつぶす練習には絹ごし豆腐が最適

ポタージュ状からヨーグルト状の離乳食を、口を閉じて上手に飲みこめるようになったら、舌でつぶす練習を始めます。舌でつぶす感覚を覚えるためには、スプーンですくった絹ごし豆腐が最適です。

野菜はなめらかにつぶしたものの中に、みじん切りにしたもの、粗くつぶしたものを混ぜたり、棒状のゆで野菜で手づかみ食べも試してみましょう。やわらかく、ふんわりとした状態に仕上げるのがコツ。肉や魚が食べられるようになりますが、加熱するとかたくなるため、細かく刻みとろみをつけると食べやすくなります。すり鉢ですりつぶしてもよいでしょう。

●味つけ

生後8ヵ月ごろまでは、食材や昆布、かつおのだし汁に含まれている塩分のみで十分です。調味料は使わず、素材のおいしい味を体験させてあげましょう。

だしのとり方
→60ページ参照

食材の形態	1回（1食）の分量の目安	
とうもろこし うどん 7倍がゆ 食パン バナナ じゃがいも	下記のほかに、ひやむぎ（乾麺なら10g）などが使えます。まだすべてかゆ状にしますが、水分量は少しずつ減らします。おかゆは具を混ぜてもよいですが、単品でもあげるようにしましょう。 ●主な食材の量 7倍〜5倍がゆ…50〜80g または 食パン（8枚切り）…1/2枚 または ゆでうどん…1/4玉	炭水化物
まぐろ 豆腐 白身魚 鮭 鶏ささみ しらす	鶏肉やまぐろなどの魚など、食べられる種類が多くなります。下記以外にも、納豆は10g、卵は卵黄1個分〜全卵1/3個。牛乳・ヨーグルトは50〜70gが目安です。タンパク質の多い食材を2種類使うときは、使用量を半分ずつにしてください。 ●主な食材の量 白身魚…10〜15g または 鶏ひき肉…10〜15g または 豆腐…30〜40g	タンパク質
ブロッコリー ほうれんそう キャベツ トマト かぼちゃ にんじん	野菜は合計で20〜30gが目安。旬の野菜をとり入れながら、緑黄色野菜（βカロテンが豊富な色の濃い野菜）と淡色野菜（大根、キャベツなど）をバランスよくあげます。くだものも少量使えますが、野菜のかわりにはなりません。 ●主な食材の量（例） かぼちゃ…15g＋ほうれんそう…5g ＋大根…10g	ビタミン・ミネラル

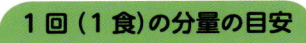

離乳中期（7～8ヵ月ごろ）の離乳食メニューのポイント

基本は主食＋主菜＋副菜の2～3品

白がゆ＋肉・魚、野菜のおかず＋豆腐や野菜の汁ものという献立が基本ですが、なかなか思うように食べてくれないことも。食べる・食べないには個人差があり、食べ物の好みも出てくる時期です。食べられる食材を中心に、ときには、混ぜがゆなどの一品メニューのみでも大丈夫です。

また、おかゆが苦手なら、麺類やパンがゆにツナや野菜を混ぜたり、肉や魚が苦手なら、納豆やヨーグルトをおかずにしてもよいでしょう。

お気に入りのブームは一時的なこともあるので、臨機応変にいろいろな食べ方を試してみましょう。

食べる日と食べない日の差が出ることも

毎日だいたい同じ時間に、同じようなメニューの離乳食を用意しても、その日の赤ちゃんの体調や気分などによって、食べてくれないこともあります。離乳食は食べたり食べなかったりして、一喜一憂しながら進んでいくのが普通です。元気に成長しているなら、ゆったりと構えて見守りましょう。

ペースト状メニューから料理らしくなってきます

5～6ヵ月ごろまでは、食材をペースト状にしてあげていましたが、このころになったら、離乳食も少しずつ大人のメニューに近い形にしていきます。

白がゆや食材単品の味を味わうことも続けていきながら、肉や魚と野菜を合わせてあんかけにしたり、かゆに具を混ぜるなど、食材を組み合わせたメニューをとり入れていきます。

「単品では食べなかった食材も、こうすれば食べる」という発見があると、離乳食も一歩前進します。

肉や魚を食べやすくするあんかけおかず

鮭とキャベツのミルクあんかけ↓91ページ

かつおと白菜のだしあんかけ↓91ページ

タンパク質、野菜がとれる主食メニュー

ツナと野菜入りマカロニミルク煮↓89ページ

白身魚とブロッコリーのパンがゆ↓89ページ

納豆・ヨーグルト＋野菜のおかず

かぼちゃのヨーグルトがけぶどうのせ↓93ページ

納豆のモロヘイヤあえ↓93ページ

離乳中期（7〜8カ月ごろ）の献立例

離乳食は1日2回になります。少しずつ水分を減らして粒を加えていき、舌でつぶして食べられるように練習していきましょう。

前半（主食＋主菜＋副菜）

主食＋主菜＋副菜を基本にして、
2〜3品のメニューにします。
献立例を参考に、このあとで紹介する
主食、主菜、副菜レシピを上手に
組み合わせて食べさせてあげましょう。

主食

7倍がゆ

炭水化物

材料

7倍がゆ…50〜80g

作り方

61〜62ページ参照

主菜

鶏ひき肉入りかぼちゃマッシュ

炭水化物　タンパク質　ビタミン ミネラル

材料

鶏ひき肉（むね肉）…5g（小さじ1）

A
- 水…大さじ1
- 片栗粉…小さじ1/8

かぼちゃ（皮・タネを除く）
…20g（2cm角2個）

作り方

1 かぼちゃは1cm四方の薄切りにする。
2 耐熱容器に鶏ひき肉、Aを入れて混ぜ、1をのせてふんわりラップをかけ、電子レンジで1分ほど加熱する。
3 2をすり鉢に入れ、ひき肉をすりつぶすように混ぜる。

副菜

豆腐とチンゲンサイの薄くず汁

タンパク質　ビタミン ミネラル

材料

絹ごし豆腐…15g（2.5cm角）
チンゲンサイ（葉先）…4g（1枚）
だし汁…100ml（昆布かつおだし60ページ参照）
水溶き片栗粉
（水小さじ1/2：片栗粉小さじ1/4）

作り方

1 小鍋にだし汁とみじん切りにしたチンゲンサイを入れ、やわらかくなるまで煮る。
2 5mm角に切った豆腐を1に入れ、水溶き片栗粉を混ぜる。ひと煮立ちさせて、とろみをつける。

主食

ミルクパンがゆのきな粉のせ

炭水化物　タンパク質

材料

食パン（8枚切り・耳なし）…1/3〜1/2枚
牛乳…大さじ1
水…大さじ2
（または調乳したミルク大さじ3）
きな粉…小さじ1/4

作り方

1 耐熱容器に1cm角に切った食パンと牛乳、水（または調乳したミルク）を入れ、ふんわりラップをかけ電子レンジで30秒ほど加熱。パンをつぶすようにフォークなどで混ぜる。器に盛り、きな粉をのせる。

Point
パンがゆは、電子レンジで加熱し、フォークでつぶすとラク。

主菜

たいとアスパラのミニトマト煮

タンパク質　ビタミンミネラル

材料

真だい刺身…10g（2切れ）
グリーンアスパラ（穂先）…3cm長さ
ミニトマト…1個
片栗粉…小さじ1/8
水…大さじ2

作り方

1 アスパラの穂先をゆでてみじん切りにする。ミニトマトもサッと湯通ししてとり出し、皮とタネをとり除き、みじん切りにする。
2 耐熱容器に入れた真だいに片栗粉をまぶし、水を加えて、ふんわりラップをかけ電子レンジで1分ほど加熱する。
3 2をフォークの背で細かくなるまでつぶし、1を混ぜる。

Point
ミニトマトの皮とタネは、湯通しすると簡単にとり除けるようになります。

主食はおかゆのほかに、パンやうどんもとり入れて。具を混ぜると栄養バランスがよくなります。野菜の汁ものをメニューに加えるとよいでしょう。

副菜

かぶのトロトロスープ

ビタミンミネラル

材料

かぶ…10g（厚さ5mm輪切り）
かぶ（葉先）…2.5g（1枚）
だし汁…50ml
水溶き片栗粉
（水小さじ1/2：片栗粉小さじ1/4）

作り方

1 かぶと葉をゆで、みじん切りにする。
2 小鍋に1とだし汁、水溶き片栗粉を混ぜる。ひと煮立ちさせて、とろみをつける。

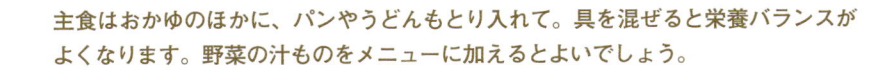

主食　主菜

鮭とほうれんそうがゆ

炭水化物　タンパク質　ビタミン ミネラル

材料

7〜5倍がゆ
…50〜80g（61〜62ページ参照）
生鮭（皮・骨を除く）
…15g（そぎ切り1と1/2枚）
ほうれんそう（葉先）…5g（2枚）

作り方

1 沸騰した湯で生鮭をゆでてとり出し、続けてほうれんそうをゆで、水にさらしてしぼる。
2 1の鮭とほうれんそうをみじん切りにして、7倍がゆに混ぜる。

Point
ゆでた鮭は、あら熱がとれてから手でほぐしましょう。小骨もていねいにとり除いてください。

副菜

さつまいもりんごマッシュ

炭水化物　ビタミン ミネラル

材料

さつまいも…15g（厚さ7mm輪切り）
りんご…10g（厚さ5mmくし形切り）
ゆで汁…小さじ1

作り方

1 さつまいもはいちょう切りにし、水にさらしてアクを抜く。りんごは半分に切る。
2 小鍋に1とかぶるくらいの水を入れ、やわらかくなるまでゆでる。
3 2のさつまいもをすり鉢ですりつぶし、2のゆで汁を加えてのばし、1のりんごをみじん切りにして混ぜる。

主食と主菜を合わせ、汁と副菜を添えたメニュー。飲みこみにくい魚や青菜は、みじん切りにしてかゆに混ぜると食べやすくなります。野菜の汁も○を添えて、順番にあげるとよいでしょう。

副菜

にんじんと大根のすまし汁

ビタミン ミネラル

材料

にんじん…5g（厚さ5mm輪切り）
大根…10g（厚さ3mm輪切り）
だし汁…50ml

Point
大根とにんじんは、「さつまいもりんごマッシュ」のさつまいもとりんごといっしょにゆでると時短に！

作り方

1 いちょう切りにした大根、にんじんをやわらかくなるまでゆでる。
2 小鍋にだし汁とみじん切りにした1を入れ、ひと煮立ちさせる。

主食　主菜

鶏ささみと白菜のわかめうどんがゆ

炭水化物　タンパク質　ビタミン ミネラル

材料

ゆでうどん…30g（1/6玉）〜45g（1/4玉）
鶏ささみ…10g（1/6本）
白菜（葉先）…10g（10cm四方）
乾燥カットわかめ…2枚（水でもどす）
ゆで汁…大さじ2

作り方

1 小鍋に3cm長さに切ったうどんとたっぷりの水を入れ、ふたをしてやわらかくなるまで10分ほどゆでる。
2 1に鶏ささみと白菜、わかめを加え、鶏ささみに火が通るまでゆでる。ざるに上げてゆで汁を分け、具とうどんをみじん切りする。
3 2を器に盛り、2のゆで汁を混ぜる。

Point
具材をすべていっしょにゆでて刻むと、時短になります。また、ゆでると具のうまみが出るので、だしは不要です。

具を混ぜた主食メニューは一品だけにならないよう、簡単にできる副菜を添えるとバランスがとれます。

副菜

刻みトマト

ビタミン ミネラル

材料

トマト…20g（1/6個）

作り方

トマトの皮を湯むきして、タネをとり除き、みじん切りにする。

Advice
バナナ、トマトは5〜6ヵ月ごろは加熱したほうが安心ですが、7〜8ヵ月ごろからは生でもOKです。

副菜

バナナヨーグルトあえ

タンパク質　ビタミン ミネラル

材料

バナナ…1/4本
プレーンヨーグルト…大さじ2

Point
バナナは空気に触れると茶色く変色するため、食べる直前につぶしましょう。フォークを使うと簡単につぶせます。

作り方

1 バナナは端を切り落として筋をとり除き、フォークの背で細かくつぶす。
2 1にプレーンヨーグルトを加えて、混ぜる。

わかめしらすがゆ

炭水化物　タンパク質　ビタミン ミネラル

材料

7〜5倍がゆ
…50〜80g（61〜62ページ参照）
乾燥カットわかめ…2枚（水でもどす）
しらす干し…小さじ1

Point
乾燥わかめとしらす干しは、ゆでてやわらかくし、塩抜きもします。かゆにうまみが加わり、栄養バランスもよくなります。

作り方

1 小鍋に湯を沸かし、水でもどした乾燥わかめとしらす干しをゆでてざるに上げ、水けをきって、みじん切りにする。
2 7倍がゆに1を混ぜる。

枝豆とのりの混ぜがゆ

炭水化物　タンパク質　ビタミン ミネラル

材料

7〜5倍がゆ
…50〜80g（61〜62ページ参照）
枝豆…6粒（冷凍ゆで枝豆でも可）
焼きのり…2cm四方

Advice
枝豆のかわりにそら豆でもOKです。そら豆を使う場合、量は1粒にします。

作り方

1 小鍋に枝豆と水を入れ、やわらかくゆでて薄皮をとり除き、みじん切りにする。
2 7倍がゆに、1と細かくちぎったのりを混ぜる。

卵黄のせがゆ

炭水化物　タンパク質

材料

7〜5倍がゆ
…50〜80g（61〜62ページ参照）
ゆで卵（黄身）…1/2〜1個分

Advice
卵は加熱した卵黄のみをごく少量試し、アレルギー反応がなければ徐々に量をふやしていきましょう。

作り方

1 小鍋に卵（1個）とかぶるくらいの水を入れて強火にかけ、沸騰したら弱火にして10分ほどゆでて、かたゆで卵にする。
2 1を水にさらして殻をむき、白身を割り、卵黄だけをとり出す。
3 2を目の細かいざるで裏ごしして、7倍がゆにのせる。

お麩とにんじん入りひやむぎ煮

炭水化物　タンパク質　ビタミン ミネラル

材料

ひやむぎ…10～15g
焼き麩（おつゆ麩）…3g（2個）
にんじん…10g（厚さ1cm輪切り）
だし汁…50ml
青のり…ひとつまみ

Point

小麦タンパクを乾燥させた麩は、すりおろしてから調理すると、刻む手間が省けます。

作り方

1 小鍋にせん切りにしたにんじんとたっぷりの水を入れてゆで、1cm長さに折ったひやむぎも加え、やわらかくゆでる。ざるに上げ、水洗いして水けをきり、みじん切りにする。麩はすりおろす。
2 小鍋に、だし汁と1を入れて煮る。
3 2を器に盛り、青のりをのせる。

ツナと野菜入りマカロニミルク煮

炭水化物　タンパク質　ビタミン ミネラル

材料

早ゆでマカロニ…10～15g
ツナ（水煮・食塩不使用）…小さじ1
いんげん…1/2本
赤パプリカ…2g（5mm細切り）
牛乳（または調乳したミルク）…大さじ1
A 水（または野菜スープ）…大さじ2
　 片栗粉…小さじ1/4

作り方

1 小鍋に湯を沸かし、端の部分をとったいんげん、皮をむいた赤パプリカ、マカロニを入れ、やわらかくなるまでゆでる。ざるに上げてゆで汁をきり、みじん切りにする。
2 ツナは茶こしに入れて湯をかける。
3 小鍋に牛乳（または調乳したミルク）とAを混ぜ、1と2を加え、ひと煮立ちさせて、とろみをつける。

白身魚とブロッコリーのパンがゆ

炭水化物　タンパク質　ビタミン ミネラル

材料

食パン（8枚切り・耳なし）…1/3～1/2枚
白身魚（真だいなどの刺身）…5g（1切れ）
ブロッコリー（つぼみの部分）
　…10g（小房1個）
水（または野菜スープ）…50ml

作り方

1 小鍋に湯を沸かし、白身魚とブロッコリーをゆで、ざるに上げる。
2 小鍋にみじん切りにした1と、1cm角に切った食パン、水（または野菜スープ）を入れて、パンがやわらかくなるまでつぶしながら弱火で煮る。

鶏肉や赤身魚も試してみましょう。肉や魚はまとめて調理し、冷凍保存が効率的です。

主菜レシピ

豆腐のきゅうりあんかけ

タンパク質　ビタミン ミネラル

材料

絹ごし豆腐…30～40g
きゅうり（すりおろし）…大さじ1
片栗粉…小さじ1/8

Point

カットした生のきゅうりは奥歯が生えるまではかみにくいので、すりおろすと◎。片栗粉を混ぜ加熱してとろみをつければ、緑のきれいなソースに（すりおろしなら9ヵ月ごろからは皮つきでもOK）。

作り方

1 絹ごし豆腐は5㎜角程度に切り、耐熱容器に入れ、ふんわりラップをかけ電子レンジで20秒ほど加熱し、器に盛る。
2 きゅうりは皮をむき、すりおろして耐熱容器に入れ、片栗粉を混ぜ、ふんわりラップをかけ電子レンジで20秒ほど加熱し1にかける。

鶏ひき肉とブロッコリーのトロトロ煮

タンパク質　ビタミン ミネラル

材料

鶏ひき肉（むね肉）
…10g（小さじ2）～15g
A｜水…大さじ1
　｜片栗粉…小さじ1/8
ブロッコリー（つぼみの部分）
…10g（小房1個）

作り方

1 耐熱容器に鶏ひき肉、Aを入れてよく混ぜ、ふんわりラップをかけ電子レンジで40秒ほど加熱する。
2 小鍋に湯を沸かし、ブロッコリーをやわらかくなるまでゆで、みじん切りにする。
3 1と2を混ぜる。

オクラとしらすの豆腐あえ

タンパク質　ビタミン ミネラル

材料

オクラ…1/2本
木綿豆腐…25g（3㎝角）
しらす干し…小さじ1

Point

オクラは縦に半分に切ると、タネをとり除きやすくなります。

作り方

1 小鍋に湯を沸かしヘタをとったオクラをゆで、豆腐、しらす干しも加えてゆで、ざるに上げる。
2 1のオクラはタネをとり除き、1のしらす干しと合わせてみじん切りにする。
3 2と1の豆腐を器に入れ、豆腐をつぶしながら混ぜる。

まぐろとパプリカのさつまいもあえ

炭水化物　タンパク質　ビタミン ミネラル

材料

まぐろ（赤身の刺身）…10g（1切れ）～15g
パプリカ（赤、黄、どちらかでも可）
…計10g（幅5mm細切り2枚）
さつまいも…15g（厚さ1cm輪切り）
さつまいものゆで汁…小さじ1ほど

Point
かための食材も、さつまいもマッシュとあえてとろみを出すと食べやすくなります。

作り方

1 さつまいもはいちょう切りにし、水にさらしてアクを抜く。水からゆで、とり出す。ゆで汁もとり分ける。
2 1の鍋に、皮をむいたパプリカとまぐろの刺身を入れて火が通るまでゆで、みじん切りにする。
3 1のさつまいもをラップに包み、粒がなくなるまで指でつぶして器に入れる。2と、1のゆで汁を加えてあえる。

鮭とキャベツのミルクあんかけ

タンパク質　ビタミン ミネラル

材料

生鮭（皮・骨を除く）
…10g（そぎ切り1枚）～15g
キャベツ（葉）…10g（10cm四方）
キャベツのゆで汁…大さじ1
牛乳（または調乳したミルク）…大さじ1
片栗粉…小さじ1/4

Point
電子レンジで加熱するのも簡単ですが、鍋に入れとろみがつくまで煮てもOK。

作り方

1 小鍋に湯を沸かしキャベツをゆでてとり出し、ゆで汁をとり分ける。続けて生鮭をゆでる。
2 キャベツをみじん切りにし、鮭は小骨をとり除いて細かくほぐす。
3 耐熱容器に1のキャベツのゆで汁、牛乳（または調乳したミルク）、片栗粉を混ぜて、2を加え、ふんわりラップをかけ電子レンジで30秒ほど加熱して混ぜる。

かつおと白菜のだしあんかけ

タンパク質　ビタミン ミネラル

材料

かつお（刺身）…10g（1切れ）～15g
白菜（葉先）…10g（10cm四方）
だし汁…大さじ2
片栗粉…小さじ1/4

Point
かつおはかたく、手ではほぐせないので、包丁で細かく刻む必要があります。

作り方

1 小鍋に湯を沸かし白菜をゆでてとり出し、続けてかつおをゆでる。
2 1の白菜とかつおをみじん切りにする。
3 耐熱容器にだし汁と片栗粉、2を混ぜ、ふんわりラップをかけ電子レンジで30秒ほど加熱して混ぜる。

ゆでて刻んだ肉や魚を混ぜれば主菜に変身！　便利な副菜レシピを紹介します。

副菜レシピ

里いもとにんじんのおかかあえ

炭水化物　ビタミン ミネラル

材料

里いも（冷凍）…20g（1個）
にんじん…10g（厚さ1cm輪切り）
かつお削り節…ひとつまみ
ゆで汁…小さじ1ほど

Point

冷凍里いもなら皮をむくなどの下処理が省けて便利。具材を煮たあとでつぶすときはフォークを使うと、すり鉢がなくても簡単にマッシュできます。

作り方

1 解凍した里いもを薄切りにし、にんじんはせん切りにして小鍋でやわらかくゆで、ざるに上げる。ゆで汁を分けておく。
2 1をフォークの背で細かくつぶし、指で細かくした削り節と、1のゆで汁をあえる。

ミニトマトのお麩あえ

タンパク質　ビタミン ミネラル

材料

ミニトマト（冷凍）…3個
焼き麩（おつゆ麩）…6g（4個）

Point

トマトの皮は「湯むき」が一般的ですが、ヘタをとって冷凍し、水にさらすとスルッとむけます。皮をむいたミニトマトは冷凍のままで刻み、加熱して使います。とり除いたタネを裏ごせば、まわりの汁も利用できます。

作り方

1 麩は水でもどし、水けをしぼりみじん切りにする。
2 凍ったミニトマトを水にさらして皮をむき、半分に切ってタネをとり除き、裏ごしして汁を分ける。
3 2のミニトマトをみじん切りにして、耐熱容器に入れ、2の汁と1を混ぜる。ふんわりラップをかけ電子レンジで20秒ほど加熱する。

ズッキーニ入りマッシュポテト

炭水化物　ビタミン ミネラル

材料

じゃがいも…20g（1/6個）
ズッキーニ…5g（厚さ5mm輪切り）
調乳したミルク（または温めた牛乳か無調整豆乳）…小さじ1

作り方

1 じゃがいもは薄切りにして、水からゆでる。ズッキーニも加えて、やわらかくなるまでゆで、水けをきる。
2 1のじゃがいもを熱いうちにフォークの背で細かくつぶし、ミルク（または温めた牛乳か無調整豆乳）を混ぜてやわらかくする。1のズッキーニをみじん切りにして混ぜる。

かぼちゃのヨーグルトがけぶどうのせ

炭水化物 タンパク質 ビタミン ミネラル

材料

かぼちゃ（皮・タネを除く）…20g（2cm角2個）
水…小さじ2
プレーンヨーグルト…大さじ1
ぶどう（タネなし巨峰）…15g（2個）

Advice
ぶどうのほか、季節のくだものを使うとバリエーションが広がります。ヨーグルトを4倍にして主菜にもできます。

作り方

1 かぼちゃを5mm厚さに切り、ラップを敷いた耐熱容器にのせて水をかけ、ふんわりラップで包んで電子レンジで1分ほど加熱する。
2 1が冷めたらラップの上から指でつぶし、皿に盛り、プレーンヨーグルトをかける。
3 皮をむいてみじん切りにしたぶどうをのせる。

ツナと玉ねぎのコーン煮

タンパク質 ビタミン ミネラル

材料

玉ねぎ…10g（厚さ1cmくし形切り）
とうもろこし（ゆで、または食塩不使用ホールコーン缶）…大さじ2
ツナ（水煮、食塩不使用）…小さじ1
玉ねぎのゆで汁…大さじ1
片栗粉…小さじ1/8

Advice
7〜8ヵ月ごろにツナを使う際は、湯通しして塩抜きをすると安心。ツナを3倍にして主菜にもできます。

作り方

1 玉ねぎを水からやわらかくゆでて、みじん切りにする。ゆで汁はとり分けておく。
2 ゆでて実をそいだとうもろこしは薄皮をとり除き、みじん切りにする。
3 ツナは茶こしに入れて湯をかけ、細かくほぐす。
4 耐熱容器に1の玉ねぎとゆで汁、2、片栗粉を混ぜる。ふんわりラップをかけ電子レンジで20秒ほど加熱し、3を混ぜる。

納豆のモロヘイヤあえ

タンパク質 ビタミン ミネラル

材料

ひきわり納豆…小さじ2
モロヘイヤ（葉）…5g（4枚）
だし汁…小さじ2

Advice
小粒納豆を使う場合は、みじん切りにしましょう。モロヘイヤがなければ、ほうれんそうや小松菜でもOK。納豆を2倍にして主菜にもできます。

作り方

1 小鍋に湯を沸かしモロヘイヤをゆで、水にさらして水けをきり、みじん切りにする。
2 耐熱容器にひきわり納豆とだし汁を混ぜる。ふんわりラップをかけ電子レンジで20秒ほど加熱し、1のモロヘイヤを混ぜる。

離乳中期の

離乳食Q&A

あまり食べてくれなかったり、逆に食べすぎたり、食材によって好き嫌いがあったり。離乳食のステップアップとともに、新たな悩みも出てくるかもしれません。

Q 以前は食べてくれたのに、最近は量が減ってきた。どうして?

よく食べる時期と食べない時期があります。

どの赤ちゃんにも、離乳食の食べぐあいには波があるものです。一時的なことも多いので、気長に見守りましょう。離乳食の形状を変えると、慣れるまで食べる量が減ることも。また、だんだんと味の好みが出てきて食べなくなることもあります。

Q 勢いよく食べ、丸飲みしているみたい。この食べ方で大丈夫?

ゆっくり食べるように間をとり、声をかけて。

離乳食の形状が簡単すぎるのかもしれません。徐々に粒をふやし、水分を減らします。「モグモグしようね」などと声をかけながらようすを見て、飲みこんだのを確認できたら次をあげましょう。絹ごし豆腐の角切りは、舌でつぶしながら食べる練習に最適です。

Q 離乳食のあとに母乳・ミルクを飲まない。栄養はたりているの?

食べる量を調節してあげて。

まだまだ授乳が必要な時期ですが、離乳食後の母乳・ミルクの量が多少減っても、その他の3回の授乳がしっかりできていて、順調に成長していれば心配はいりません。パンがゆやマッシュポテトにミルクを加えるなどして、離乳食からとり入れるのも手です。

Q 前歯が生えてきたけど、離乳食は今までと同じで大丈夫?　歯みがきは必要?

離乳食はそのままでOK。

前歯が生えても、離乳食にはあまり影響はなく、舌でつぶす練習を続けます。歯みがきはまだする必要はありませんが、食後に湯冷ましを飲ませたり、しめらせたガーゼで歯をふいて、口の中を清潔にする習慣をつけると、虫歯予防につながります。

Q 野菜が嫌いで食べてくれない。どうすればいいの?

家族がおいしく食べるようすを見せて。

この時期はだんだんと味がわかってくるので、野菜の苦みや舌ざわりで苦手なものも出てきます。うすく味をつける、すりおろして好きなメニューに混ぜる工夫も必要ですが、まずは家族が「おいしいね」と言って食べるようすを見せてあげることが大切です。

Q 離乳食が大好きでたくさん食べる。ほしがるだけあげて大丈夫?

おかゆや野菜を多めにして。

離乳食後の母乳・ミルクがしっかりと飲め、次の離乳食もちゃんと食べられるなら、目安量より多くあげても大丈夫です。ただし、消化器官に負担をかけないように、タンパク質は目安量程度にします。食材の形状などを少しずつステップアップしてみましょう。

Q おかゆが嫌いなので、いつもいろいろ混ぜているけど、いい？

白がゆとおかずを分けて用意して。

米は日本人の大切なエネルギー源です。まず白がゆにチャレンジして、食べなければおかずを混ぜてあげるようにしましょう。おかゆが嫌いな赤ちゃんの場合、おかゆの粒が苦手ならなめらかにすりつぶしてあげますが、水分を減らしてかためにしたほうが食べてくれることもあります。

Q あまり離乳食を食べてくれず、からだも小柄で心配…。

栄養の高い食材を積極的にあげて。

赤ちゃんの体格や食べる量には、個人差があり、元気に成長しているようなら大丈夫。赤身の魚、緑黄色野菜、納豆、チーズなど、栄養価の高い食材をとり入れて、少量でも十分な栄養がとれるように心がけましょう。好きなメニューの中にきな粉やしらす干しなどを加えて、栄養価をアップするのもおすすめ。

Q 食べたものがそのままうんちに出てくる。サイズが大きすぎるの？

赤ちゃんの機嫌がよければ、問題なし。

赤ちゃんの消化器官はまだまだ未熟なので、にんじんやほうれんそうなど、食べたものがそのままうんちに出てきてドキッとすることも。まったく栄養がとれていないわけではないので、赤ちゃんの機嫌がよければ心配はいりません。繊維の多い食材はやわらかく、細かくしてあげるとよいでしょう。

Q やわらかいものや小さいものしか食べなくて、なかなかサイズを変えられない。

よく食べるものからサイズアップしてみて。

赤ちゃんが固形物を食べられるようになるには、時間がかかるものです。まずは好きなものを少し大きい状態にして手づかみ食べを促してみましょう。それと同時に、小さくつぶしたり、おかゆに混ぜたりしてあげます。あせる必要はありませんが、毎日練習することで、だんだん食べられるようになります。

Q カゼで離乳食をお休み。はじめからやり直すべき？

消化によいものを、なめらかな状態にして。

病状が回復したら、なるべく時間をあけずに再開し、徐々に以前の状態まで戻していきます。病気が完全に治るまでは、繊維の多いものは控え、おかゆや豆腐など消化のよいもので、形を大きくしたり、水分を減らしたりして、舌でつぶす練習を続けます。食べることで免疫力が高まり、丈夫なからだを作ります。

Q 口に入れてもベーッと出してしまい、ほとんど食べてくれない。どうすればいいの？

無理やりスプーンを入れるのは逆効果。

赤ちゃんにとって食べることは未知の経験。スプーンや食べ物が口に入ることを、なかなか受け入れられないことも。ベーッと舌を出すこともありますが、そのうちなくなっていきますので、今はあきらめも肝心。泣いているところに無理やりスプーンを突っこむと、食べることが苦手になってしまいます。

離乳後期（9～11ヵ月ごろ）の離乳食

３回食になり、食事の用意は大変ですが、メニューの幅が広がり楽しい時期でもあります。

自分で食べる練習を応援しよう

運動量がふえるとともにからだつきもしまり、はいはいやつかまり立ちができるようになります。また、手先が器用になって、少し重いものも持てるようになります。離乳食では、手づかみで食べたり、コップやお椀を持ってお茶やスープを飲んだりする練習をするとよい時期です。うまくいかないこともありますが、手を添えてやさしくサポートしていきましょう。

また、この時期になると、言葉もだんだんと理解できるようになり、大人のまねをします。自分でやりたいという気持ちが強くなるので、離乳食でも赤ちゃんの意欲を大切にして、少しずつ自分で食べられるように応援していきましょう。

好き嫌いが出てくることも

食べられる食材の幅が広がり、豚肉や牛肉、さんまやいわしなどの青魚もあげられるようになるので、大人からのとり分けがしやすくなります。好き嫌いが出てくることもありますが、嫌いなものは好きなものと組み合わせるなどの工夫をしながら、「いつか食べられるようになる」と気長にトライしつづけることが大切です。また、9～11ヵ月ごろは舌でつぶすだけでなく、固形の食べ物を歯ぐきでつぶし、舌でまとめて飲みこむ練習をしたい時期。歯ぐきで食べられるように、ポロポロするものは片栗粉でまとめたり、好きな食材を大きめに切ってあげましょう。

鉄分不足が心配なので、レバーやまぐろ、大豆、青菜、海藻など、鉄分の多い食材を積極的にとり入れます。個人差はありますが、1回に合計3分の2カップ分ぐらい食べられるのが目安です。

離乳食の栄養がメインに

1日3回の離乳食を定着させたい時期です。栄養の割合は、離乳食が6割に対し母乳・ミルクが4割ほどで、離乳食がメインに逆転します。離乳食のあとの授乳は徐々に減り、ほしがらなくなる赤ちゃんもいます。離乳食がうまく進まない場合は、赤ちゃんがほしがるだけ授乳していると食べる量がなかなかふえません。日中の母乳・ミルクの量は徐々に減らしていくようにしてください。最終的には、ミルクの量で500㎖程度を目安にしましょう。

移行するタイミング

生後9ヵ月をすぎて2回食が安定していればOK

生後9ヵ月をすぎ、1日2回の離乳食がほぼ安定して食べられるようになっていれば、ステップアップします。離乳食の進みぐあいとしては、「絹ごし豆腐くらいのものを舌でつぶして食べられる」「1回分の量を合わせて子ども茶碗半分ぐらい食べられる」ことが目安になります。

一気にステップアップすると赤ちゃんが大変なので、それまでと同じ内容で3回食にしてから、少しずつ形態や量を変化させていくといいでしょう。赤ちゃんのペースに合わせて、新しい食品や固形のものにも挑戦してみましょう。

9～11ヵ月ごろからチャレンジしてみたい食材

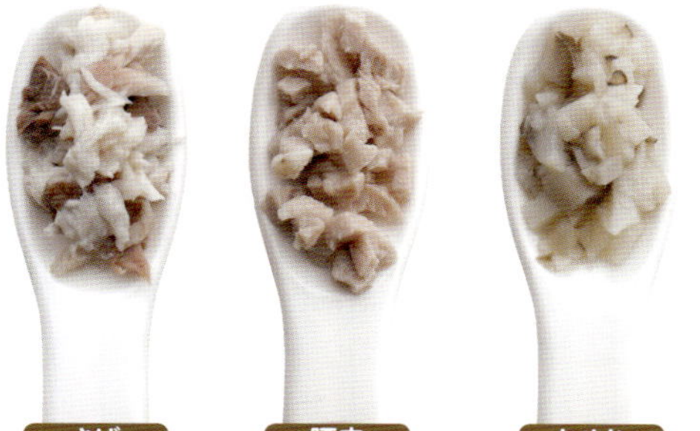

さば　豚肉　しめじ

1日のタイムスケジュール（例）

離乳後期の離乳食は、1日3回になります。
離乳食の間隔がそれぞれ3〜4時間以上となるように、遊びや昼寝を含めた生活リズムを整えましょう。

離乳食と母乳・ミルクの割合 離乳食40〜70% 母乳・ミルク60〜30%

22
21
20
19
18
17
16
15
14
13
12
11
10
9
8
7
6
5
3回目の離乳食では、それまでと同じ量をあげます。家族で食卓を囲んで食べられるのが理想的です。
新たに始めた時間帯（それまで朝・夕の場合は昼）は、食べ慣れた食材を1/3量から始めます。
初めての食材はここでチャレンジ。10時ごろまでには食べないと、1日3回食べるのが難しくなります。
就寝
入浴
お出かけ
お散歩
お昼寝
お出かけ
室内遊び

食べさせ方のポイント

食べ物に手をのばしたら手づかみ食べの時期

ゆでた角切りの野菜が食べられるようになり、離乳食に手をのばすようになったら、手づかみ食べがスタート。ゆで野菜やトーストなど、歯ぐきでつぶせるかたさで、手づかみしやすいメニューを平らな皿に少しずつのせます。まわりを汚してもグッとガマンし、食べる意欲を大切にしてあげてください。はじめは大人が手伝い、上手にできたらたくさんほめてあげましょう。

手づかみ食べは、「自分でできた」という達成感を与え、食事を楽しくしてくれます。それ以外にも「ひと口量を覚える」「手指の動きの発達」「かむ力を高める」といった効果があります。

食材の形態と味つけ

手づかみ食べに合わせて少しずつ大きくして

この時期の目標は、歯ぐきでつぶして食べられるようになることです。食材は5～8㎜角くらいに切り、指でつぶせる程度(バナナくらい)までやわらかくして与えましょう。ただし、豚肉のように加熱してもかたいものや海藻などは、小さく刻みます。

手づかみ食べが始まったら、ゆでたにんじんなど、にぎってもくずれにくい食材をサイコロ状や棒状に切ってあげましょう。肉だんごやスティック状の食パントースト、おやき、蒸しパンなどもおすすめです。赤ちゃんが飽きないように、小さく刻んだやわらかいものやスープなども組み合わせます。

塩や砂糖、しょうゆ、みそなどの調味料もごく少量使えるようになりますが、1回の食事に味つけしたものと、味つけしていないものを組み合わせるといいでしょう。濃い味に慣れると、野菜や白がゆを食べなくなることもあります。味をつけなくても食べられるようであれば、なるべくそのまま続けていきましょう。

<table>
<tr><th>食材の形態</th><th>1回(1食)の分量の目安</th><th></th></tr>
<tr><td>
</td><td>5倍がゆが基本ですが、後半には軟飯にしても大丈夫。スパゲッティも食べられるようになります。具を混ぜて炒めたり、パンをトーストしたりと、いろいろな調理法ができるようになります。

●主な食材の量
5倍がゆ…90g～軟飯80g または
食パン(8枚切り)…3/4枚 または
ゆでうどん…1/2玉 または
乾麺…20g</td><td>炭水化物</td></tr>
<tr><td>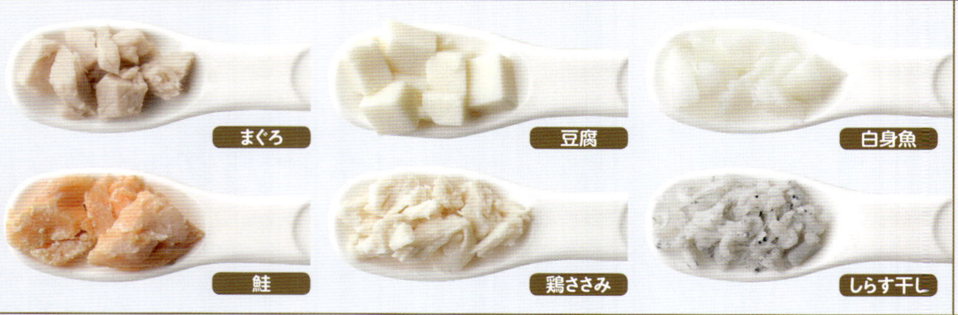
</td><td>消化器官の発達にともない、豚や牛の赤身、青魚も食べられるようになり、不足しやすい鉄やビタミンDが補給できます。乳製品は80g(チーズは控えめに)、卵は1/2個、納豆は大さじ2程度食べられるようになります。

●主な食材の量
白身魚・赤身魚…15g または
鶏ささみ・鶏むね肉ひき肉…15g
または **豆腐…45g**</td><td>タンパク質</td></tr>
<tr><td>
</td><td>野菜は合計で30～40gが目安。葉菜、根菜、果菜(トマトなど)に加え、わかめやひじきなどの海藻類やきのこ類も試してみましょう。繊維が多いものは、やわらかくして刻んで使います。くだものは、1回15g程度に。

●主な食材の量(例)
ミニトマト…2個 ＋
ひじき(もどしたもの)…小さじ1 ＋
かぶ…15g</td><td>ビタミン・ミネラル</td></tr>
</table>

油と調味料の使い方

少量の油やバターが使えるように

後半（9ヵ月ごろ）からは、少量の油やバターも使えます。フライパンに薄く広げ、食材を焼いたり、炒めたりと新しい調理法によりメニューの幅も広がります。

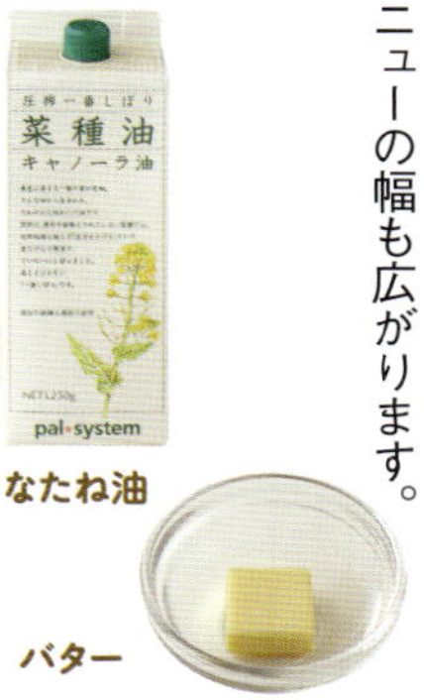

なたね油
バター

調味料は添加物不使用のものを

塩、砂糖、しょうゆ、みそをごく少量加えることで、赤ちゃんがよく食べてくれることがあります。調味料はなるべく自然な製法の良質なものを選ぶと安心です。赤ちゃんにも、きっとおいしさが伝わるはずです。

てんさい糖
塩
きび砂糖
しょうゆ
みそ

離乳後期（9〜11ヵ月ごろ）のおやつの役割

おなかがすくとき少量だけあげる程度に

市販品の赤ちゃん向けおやつには「生後5ヵ月から」というものもありますが、基本的に1歳までおやつを与える必要はありません。9〜11ヵ月のころは、次の食事までおなかがもたない場合や、外出先で次の離乳食まで時間があるときなどに少量あげる程度にしましょう。からだに負担をかけないように、赤ちゃん用に作られたうす味のもの、添加物を使っていないものを選びます。おやつを食べることで離乳食や母乳・ミルクの量に影響が出ないように気をつけて。あくまでもおやつは「楽しみ」程度にして、ほしがるだけあげることのないようにしましょう。パッケージは見せず、少量を皿にのせてあげるのがコツです。

1日のおやつの量は？

1日10粒程度

たまごボーロ

卵・小麦粉を使った焼き菓子。口の中で簡単に溶けるので食べやすく、食べ物を指でつまむ練習にもなります。

1日2枚程度

ビスケット

口の中のだ液で溶かすことができる軽い食感の赤ちゃん用ビスケット。砕いてヨーグルトやスープに入れてふやかしてあげても◎。

1日3枚程度

赤ちゃんせんべい

赤ちゃん用の米せんべい。だ液で溶けるので、前歯がなくても食べやすいのが特徴です。手づかみ食べの練習にも。

おやつが離乳食に変身

赤ちゃん用おやつは、甘みをおさえて野菜などを加えることで離乳食にもなります。やさしい甘みとなめらかさがプラスされ、野菜が苦手な赤ちゃんも喜んでくれるはず。

アレンジ例

赤ちゃんせんべいと麩のおかゆトマトのせ→41ページ

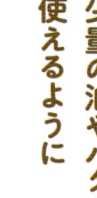

離乳後期（9～11カ月ごろ）の献立例

離乳食は1日3回になります。献立の基本「主食＋おかず＋汁もの」を心がけて、組み合わせを考えてみましょう。

前半（主食＋主菜＋副菜）

主食

おろしにんじん入り5倍がゆ

炭水化物　ビタミン ミネラル

材料

5倍がゆ…80～90g（61～62ページ参照）
にんじん（すりおろし）…小さじ1

作り方

1 耐熱容器にすりおろしたにんじんを入れ、ふんわりラップをかけ電子レンジで20秒ほど加熱する。
2 5倍がゆに1を混ぜる。

かゆや肉だんごにもすりおろしたり、細かく刻んだりした野菜を混ぜて食べやすくします。

主菜

お麩入り肉だんご アスパラ添え

タンパク質　ビタミン ミネラル

材料

鶏ひき肉…15g（大さじ1）
玉ねぎ…10g（厚さ1cmくし形切り）
焼き麩（おつゆ麩）…1.5g（1個）
片栗粉…小さじ1/4
しょうゆ…少々
グリーンアスパラ（穂先）…5cm

作り方

1 玉ねぎと麩をいっしょに鍋でゆでて水けをきり、みじん切りにする。アスパラは厚さ3mmほどの輪切りにする。
2 1の玉ねぎと麩、鶏ひき肉、片栗粉、しょうゆをよく混ぜる。
3 小鍋に深さ1/3程度の湯を沸かし、アスパラを入れる。2をおよそ1.5cm大に丸めて鍋に落とし、2分ほどゆでる。

Point

玉ねぎと麩をゆでて刻み、つなぎにするとふんわりとやわらかく、飲みこみやすい肉だんごができます。手づかみ食べにもおすすめです。

副菜

豆腐とわかめのすまし汁

タンパク質　ビタミン ミネラル

材料

絹ごし豆腐…15g（2.5cm角）
小ねぎ…1/2本
乾燥カットわかめ…2枚（水でもどす）
だし汁…100ml（昆布かつおだし60ページ参照）
しょうゆ…少々

作り方

1 水でもどしたわかめをみじん切りにし、小ねぎを小口切りに、豆腐を5mm～1cm角に切る。
2 小鍋にだし汁と1を入れてわかめがやわらかくなるまで煮て、しょうゆを混ぜる。

主食

トーストパン

炭水化物

材料

食パン（8枚切り・耳なし）…1/2～3/4枚

作り方

食パンは1cm幅×4cm長さほどのスティック状に切る。アルミホイルに並べて、トースターで表面を焼く。

主菜

鮭とほうれんそうのクリームコーン煮

タンパク質　ビタミン ミネラル

材料

生鮭（皮・骨を除く）
…15g（そぎ切り、1と1/2枚）
ほうれんそう（葉先）…8g（3枚）
玉ねぎ…10g（厚さ1cmくし形切り）
裏ごしクリームコーン缶…大さじ1
牛乳…大さじ1
水（または野菜スープ）…大さじ1
片栗粉…小さじ1/4

作り方

1 玉ねぎと生鮭を鍋でゆでて、とり出す。ほうれんそうもゆでて水にさらし、水けをしぼる。
2 1の玉ねぎとほうれんそうを粗みじん切りにする。鮭は小骨をとり除き、5mm～1cm大程度にほぐす。
3 耐熱容器に2と裏ごしクリームコーン、牛乳、水、片栗粉を混ぜ、ふんわりラップをかけ電子レンジで1分ほど加熱する。

Advice
クリームコーンはほとんどのものが食塩入りですが、9ヵ月ごろから使えます。裏ごしタイプのクリームコーンは、離乳食に便利。そうでないものは、コーンの皮が気になるようなら、裏ごしして使いましょう。

スティック状に切って軽くトーストしたパンは、手づかみ食べの練習にぴったり。魚や青菜もクリームソースなら食べやすくなります。

副菜

トマトゼリー

ビタミン ミネラル

材料

トマト…30g（1/4個）
粉ゼラチン…小さじ1/2
水（または野菜スープ）…大さじ2
砂糖…小さじ1/4

作り方

1 トマトは皮を湯むきし、タネをとり除き5mm角程度に切る。
2 粉ゼラチンは小さじ1の水（分量外）を混ぜて、3分ほどおいてふやかす。
3 耐熱容器に水（または野菜スープ）と砂糖を入れ、電子レンジで30秒ほど加熱し、2のゼラチンを混ぜる。
4 小さい器に1のトマトを入れて3をそそぎ、冷蔵庫で1時間ほど冷やし固める。

後半（主食＋主菜＋副菜）

具だくさんの麺料理には、
手づかみ食べができる野菜やくだもの
を添えると、自分で食べる練習ができ、
栄養バランスもよくなります。

主食　主菜

鶏ささみと野菜のにゅうめん

炭水化物　タンパク質　ビタミン ミネラル

材料

ひやむぎ…20g
鶏ささみ…15g（1/4本）
にんじん…5g（厚さ5mm輪切り）
オクラ…1本
長ねぎ…2cm長さ
だし汁…100ml
しょうゆ…小さじ1/4

作り方

1 鶏ささみはそぎ切りに、にんじんは1cm長さのせん切りに、オクラは半分に切ってタネをとり除き、5mm角に切る。長ねぎはみじん切りにする。
2 小鍋にだし汁と1のにんじん、鶏ささみを入れて煮る。火が通ったら、1のオクラと長ねぎを入れ、鶏ささみをとり出し、粗みじん切りにして戻し、しょうゆを加える。
3 2cm長さほどに折ったひやむぎをやわらかくゆで、水で冷やして、水けをきり、2に加えてひと煮立ちさせる。

副菜

フルーツ（桃）

ビタミン ミネラル

材料

白桃…20g（1/8個程度）

作り方

白桃の皮をむき1cm角に切る。桃の変色を防ぐため、サッと水洗いして水けをきる（食べる直前に切るとよい）。

副菜

かぼちゃスティックソテー

炭水化物　ビタミン ミネラル

材料

かぼちゃ（皮・タネを除く）…30g（2cm角3個）
水…大さじ1
片栗粉…小さじ1/4
油…少々

Advice

かぼちゃマッシュは、手づかみ食べ用におやきのように焼くのがおすすめです。じゃがいもでもOK。

作り方

1 かぼちゃを5mm厚さに切り、ラップを敷いた耐熱容器にのせる。水をかけ、ふんわりラップで包んで電子レンジで1分ほど加熱し、軽く水けをきる。
2 1に片栗粉をふり入れ、ラップで包んで指でつぶす。8等分して、4cm長さのスティック状にまとめる。
3 油を塗ったフライパンに並べ、ふたをして両面うすく色づくまで焼く。

主食

さんまの塩焼きのせがゆ

炭水化物　タンパク質

材料

5倍がゆ…90〜軟飯80g（61〜62ページ参照）
さんま…15g（1/8尾ほど。焼く際は1尾焼く）
焼きのり…3cm四方
しょうゆ…少々

作り方

1 さんまは頭の部分をキッチンばさみで切り、腹部をはさみで切ったら内臓をとり、水洗いする。半分に切ってアルミホイルにのせ、魚焼きグリル（またはトースター）で火が通るまで約10分焼く。
2 1が冷めたら皮をとり除き、骨の少ない背側の身をとり、小骨をとり除きながらほぐす。
3 5倍がゆに小さくちぎった焼きのりをのせ、しょうゆをまぶした2をのせる。

Point
さんまは焼いてからほぐすと、包丁でそぐよりも骨がとり除きやすい。背側は骨が少なく使いやすいです。

Advice
さんまは、下処理すみのもの（3枚おろし）や刺身用を焼くと、時短になります。

副菜

白菜のみそ汁

ビタミン ミネラル

材料

白菜（葉先）…10g（10cm四方）
だし汁…100ml
みそ…小さじ1/6

作り方

5mm角ほどに刻んだ白菜をだし汁でやわらかくなるまで煮て、みそを溶く。

Advice
この時期は、大人の分といっしょに作り、味つけ前にとり分けると効率的。材料を刻み、汁にうす味をつけるとよいでしょう。

焼き魚に肉じゃが、みそ汁の定番の和食献立。
大人の分からのとり分けで、同じメニューが楽しめます。

主菜

肉じゃが煮

炭水化物　タンパク質　ビタミン ミネラル

材料

牛もも薄切り肉…8g（1枚）
じゃがいも…20g（1/6個）
にんじん…10g（厚さ1cm輪切り）
玉ねぎ…10g（厚さ1cmくし形切り）
絹さや…1/2枚
だし汁…100ml
しょうゆ…少々
砂糖…少々

Advice
大人用に具を大きく切って煮て、味つけ前にとり分けて刻み、うす味をつけてもよいでしょう。

作り方

1 じゃがいもは1cm角に、にんじん、玉ねぎは5mm角に切る。じゃがいもは水洗いして、水にさらしてアクを抜き、水けをきる。
2 小鍋にだし汁と1を入れて煮る。牛肉を加え、火が通ったらとり出し1cm長さの細切りにして、鍋に戻す。
3 絹さやの筋とヘタをとり除き、1cm長さのせん切りにして2に加える。しょうゆ、砂糖を混ぜ、煮汁が少なくなるまで煮る。

白がゆも食べられるように続けつつ、バリエーションも広げていきましょう。

ツナ入りミニトマトがゆ

炭水化物　タンパク質　ビタミン ミネラル

材料

5倍がゆ
…80g〜軟飯80g(61〜62ページ参照)
ツナ(水煮・食塩不使用)…小さじ2
ミニトマト…2個
粉チーズ…小さじ1/2

Point
皮を上にして電子レンジで加熱すると、ミニトマトの皮が簡単にツルッとむけます。

作り方

1 耐熱容器に汁をきったツナと、半分に切りタネをとり除いたミニトマトを入れたら、ふんわりラップをかけ電子レンジで40秒ほど加熱する。
2 1のミニトマトの皮と芯のかたい部分をとり除き1をかゆに混ぜて、粉チーズをふる。

ひじきと枝豆のしらすがゆ

炭水化物　タンパク質　ビタミン ミネラル

材料

5倍がゆ
…80g〜軟飯80g(61〜62ページ参照)
芽ひじき(水煮)…小さじ1
枝豆(冷凍ゆで枝豆でも可)…12粒
しらす干し…小さじ2

Point
乾燥ひじきの場合は、やわらかくゆでましょう。

作り方

1 芽ひじき、薄皮をむいた枝豆を鍋でやわらかくゆで、しらす干しも加え、ざるに上げて水けをきる。
2 1をみじん切りにして、5倍がゆに混ぜる。

豚肉と野菜のあんかけがゆ

炭水化物　タンパク質　ビタミン ミネラル

材料

5倍がゆ
…80g〜軟飯80g(61〜62ページ参照)
豚もも薄切り肉…15g(1枚)
にんじん…20g(厚さ2cm輪切り)
玉ねぎ…20g(厚さ1cmくし形切り2切れ)
いんげん…小1/3本
ゆで汁…大さじ3
片栗粉…小さじ1/2
しょうゆ…少々

Advice
豚肉野菜煮はまとめて作って、小分けにして冷凍しておくと便利です。

作り方

1 にんじんと玉ねぎをゆで、豚肉といんげんを加えて火が通るまでゆでる。
2 1の鍋からとり出した豚肉をみじん切りにし、にんじんと玉ねぎを5mm角程度、いんげんを薄い輪切りにする。ゆで汁はとり分けておく。
3 小鍋に2とゆで汁、片栗粉、しょうゆを混ぜてとろみがつくまで煮て、5倍がゆにかける。

かぼちゃパンがゆ トースト添え

炭水化物　ビタミン ミネラル

材料

食パン（8枚切り・耳なし）…1/2～3/4枚
かぼちゃ（皮・タネを除く）…30g（2cm角3個）
牛乳…大さじ2
水…大さじ1
塩…少々

Advice
耳をとった食パンを細く切ってトーストすると、手づかみ食べにピッタリです。ちぎってスープに浸してパンがゆにすれば、2種類の食べ方を楽しむことができます。

作り方

1 かぼちゃを5mm厚さに切り、耐熱容器に入れ、水小さじ2（分量外）をふって、ふんわりラップをかけ電子レンジで1分ほど加熱する。
2 1を裏ごしし、牛乳と水、塩を混ぜて電子レンジで30秒ほど温める。
3 食パンを1cm幅のスティック状に切って軽くトーストし、半量はちぎりながら2に混ぜる。

鶏ささみとトマトのパスタ

炭水化物　タンパク質　ビタミン ミネラル

材料

早ゆでショートパスタ…15～20g
鶏ささみ…15g（1/4本）
トマト…30g（1/4個）
油…小さじ1/2
しょうゆ…小さじ1/4
青のり…少々

Point
スパゲッティやマカロニは、早ゆでパスタを使えば時短になります。キッチンばさみで食べやすくカットして使いましょう。

作り方

1 小鍋に湯を沸かし、ショートパスタを入れてゆでる。鶏ささみも加え、火が通ったらとり出し、粗みじん切りにする。パスタは水けをきって、キッチンばさみで2cm長さ程度に切る。
2 皮とタネをとり除いたトマトを5mm角程度に刻み、1と合わせて油としょうゆであえる。器に盛り、青のりをふる。

さばのそぼろあんかけうどん

炭水化物　タンパク質　ビタミン ミネラル

材料

ゆでうどん…60g（1/3玉）
さば缶（水煮）…大さじ1
にんじん（すりおろし）…小さじ2
長ねぎ…3cm長さ
にら…1/3本
だし汁…100ml
しょうゆ…少々
片栗粉…小さじ1/2

Point
さば缶を使うときは、骨と皮をとり除きましょう。汁は油分が多いので使いません。

作り方

1 小鍋に湯を沸かし、1～2cmに切ったうどんを入れてやわらかくゆで、そのまま冷ます。
2 さばは茶こしに入れて湯をまわしかけ、皮と骨をとり除いてほぐす。長ねぎとにらはみじん切りにする。
3 小鍋にだし汁と2、にんじん、しょうゆ、片栗粉を加え、ひと煮立ちしてとろみがつくまで煮る。
4 1を水けをきって皿に盛り、3をかける。

Point
ゆでたうどんはゆで汁に浸しておくことで、さらにふやけてやわらかくなり、麺どうしがくっつくのを防げます。

納豆入りおかゆのおやき

炭水化物　タンパク質　ビタミン ミネラル

材料

5倍がゆ…大さじ2（61～62ページ参照）
にんじん…5g（厚さ5mm輪切り）
キャベツ…2.5g（5cm四方）
水…小さじ4
ひきわり納豆…小さじ2
小麦粉…小さじ4
青のり…少々
塩…少々
油…少々

Point

おかゆで作るので、とてもやわらかいおやきです。焼いてから切るのは難しいため、焼くときにスプーン1杯ずつとり、小さく作りましょう。

作り方

1 耐熱容器にみじん切りにしたにんじんとキャベツ、水を入れて、ふんわりラップをかけ、電子レンジで1分ほど加熱して冷ます。
2 1にひきわり納豆、5倍がゆ、小麦粉、青のり、塩を混ぜる。
3 油を薄く塗り、熱したフライパンに2をティースプーン1杯ずつのせ、長さ3cmほどの小判形にする。表面が乾き、うすく焼き色がつくまで弱火で両面を焼く。

Point

ひきわり以外の納豆の場合は刻みましょう。

高野豆腐のそぼろ丼

炭水化物　タンパク質　ビタミン ミネラル

材料

5倍がゆ…80g～軟飯80g（61～62ページ参照）
高野豆腐…1/4枚（6g）
いんげん…小1本
だし汁…100ml
しょうゆ…小さじ1/4
砂糖…小さじ1/4

Point

高野豆腐は水でもどしてからみじん切りにすると調理しやすくなります。材料の調味料を4倍にして、高野豆腐1枚分で作るとよいでしょう。

作り方

1 高野豆腐はぬるま湯に浸してもどし、水けをしぼって粗みじん切りにする。
2 いんげんは両端をとってゆで、小口切りにする。
3 小鍋にだし汁、しょうゆ、砂糖を入れて煮立たせ、1を加え、煮汁がほぼなくなるまで煮て、2のいんげんを混ぜる。
4 器に盛った5倍がゆに3をのせる。

オートミールりんごがゆ

炭水化物　ビタミン ミネラル

材料

りんご…25g（1/8個）
オートミール…15g（大さじ3）
水…150ml
牛乳…小さじ2

Point

オートミールがゆは冷めるとかたくなるので、トロッとしたゆるい状態で火を止めましょう。
オートミールはハンバーグやホットケーキに加えるとふんわりとし、栄養価もアップします。

作り方

1 小鍋に水と5mm角に切ったりんごを入れ、りんごが透きとおるまでゆでる。
2 1にオートミールと牛乳を加え、弱火で1～2分おかゆ状になるまで混ぜながら煮る。

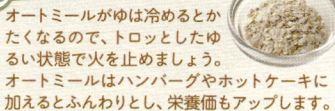

にんじん入りフレンチトースト

炭水化物　タンパク質　ビタミン ミネラル

材料

食パン（8枚切り・耳なし）…1/2〜3/4枚
にんじん（すりおろし）…小さじ1/2
溶き卵…大さじ2/3〜大さじ1
牛乳…大さじ1〜大さじ1と1/2
油（またはバター）…少々

Advice
パンを液に浸し、やわらかくして焼くので、外はベタつかず、中はやわらかな食感で手づかみにおすすめです。

作り方

1 食パンは8等分に切る。
2 にんじんと溶き卵、牛乳を混ぜた液に1の両面を浸し、10分ほどおく。
3 熱したフライパンに油（またはバター）を薄く塗り、2を並べる。弱火で両面にうすく焼き色がつくまで焼く。

かぼちゃの米粉蒸しパン

炭水化物　ビタミン ミネラル

材料（約4食分）

蒸しかぼちゃ（皮・タネを除く）…50g

A	豆乳（無調整）…大さじ4（60g） 油…小さじ2（8g） 砂糖…小さじ2（6g）
B	米粉…3/4カップ（65g） ベーキングパウダー…小さじ1（4g）

Advice
蒸し器で作った蒸しパンはふっくら仕上がり、手づかみ食べの練習にぴったり。主食としてあげられ、野菜入りなら栄養バランスも◎。

作り方

1 蒸して皮をとったかぼちゃをつぶし、Aを加え泡立て器でよく混ぜ、Bを加えて粉けがなくなるまで混ぜる。耐熱性のカップに生地を4等分にして入れる。
2 湯を沸かした蒸し器に1を入れ、ふたをして強火で15分ほど蒸す。
3 2が冷めたら、食べやすい大きさに切る。

ほうれんそうのレンジ蒸しパン

炭水化物　ビタミン ミネラル

材料（約2食分）

ほうれんそう（葉先）…5g（2枚）
水…大さじ1
ホットケーキミックス…大さじ3
牛乳…大さじ2

Point
蒸しパンはかなりふくらむので、カップに少なめに入れます。スライスチーズ1/4枚を角切りにしてのせてもOKです。

Advice
ホットケーキミックスのかわりに、小麦粉大さじ3弱、ベーキングパウダー小さじ1/4弱、砂糖小さじ1/2を混ぜてもOK。

作り方

1 耐熱容器にほうれんそうと水を入れ、ふんわりラップをかけ電子レンジで40秒ほど加熱する。水にさらし、水けをしぼり、みじん切りにする。
2 1にホットケーキミックス、牛乳を混ぜ、耐熱性のカップに2等分にして入れる。
3 2を耐熱皿の上に間隔をあけて並べ、ふんわりラップをかけ電子レンジで1分ほど加熱し冷ます。
4 3が冷めたら食べやすい大きさに切る。

あじとなすのみそ煮

タンパク質　ビタミン ミネラル

材料

あじ（3枚おろしまたは刺身）…15g
なす…20g（厚さ2cm輪切り）
水菜（葉先）…2.5g（2枚）
だし汁…100ml
みそ…小さじ1/6
水溶き片栗粉
（水小さじ1：片栗粉小さじ1/2）

作り方

1 あじは沸騰した湯でゆで、皮と骨をとり除き、粗くほぐす。
2 なすは皮をむき、5mm角にして水洗いしアクを抜き、水けをきる。水菜は粗みじん切りにする。
3 小鍋にだし汁と2を入れて煮る。1とみそ、水溶き片栗粉を加え、ひと煮立ちさせて、とろみをつける。

めかじきとズッキーニのトマト煮

タンパク質　ビタミン ミネラル

材料

めかじき…15g
ズッキーニ…10g（厚さ1cm輪切り）
玉ねぎ…10g（厚さ1cmくし形切り）
トマトピューレ…小さじ1
だし汁…100ml
塩…少々
水溶き片栗粉
（水小さじ1：片栗粉小さじ1/2）

作り方

1 めかじきは沸騰した湯でゆで、粗くほぐす。
2 ズッキーニと玉ねぎは5mm角に切る。
3 小鍋にだし汁と2を入れて煮る。1とトマトピューレ、塩、水溶き片栗粉を加え、ひと煮立ちさせて、とろみをつける。

まぐろのみぞれ煮

タンパク質　ビタミン ミネラル

材料

まぐろ（赤身の刺身）…15g（1と1/2切れ）
大根（すりおろし）…大さじ2
にんじん（すりおろし）…小さじ1
だし汁…大さじ1
片栗粉…小さじ1/4
しょうゆ…少々

Point

すりおろした大根とにんじんに、片栗粉を混ぜて加熱するとソースができます。加熱は電子レンジでも鍋でもOK。

作り方

1 まぐろは沸騰した湯でゆで、粗みじん切りにする。
2 耐熱容器にすりおろした大根とにんじん、だし汁、片栗粉を混ぜ、ふんわりラップをかけ電子レンジで40秒ほど加熱し、1としょうゆを混ぜる。

野菜入り豆腐ハンバーグ

タンパク質　ビタミン ミネラル

材料（約2～3食分）

豚ひき肉…30g
木綿豆腐…25g（3cm角）
にんじん…10g（厚さ1cm輪切り）
ピーマン…幅2cmの細切り
パン粉…大さじ2
片栗粉…小さじ1
塩…少々
油…少々

Point

ハンバーグを裏返したら少量の水をふり、ふたをすれば蒸気で中心まで火が通り、しっとりした食感に。

作り方

1 にんじんをせん切りにしてゆで、水けをきって、ピーマンといっしょに粗みじん切りにする。
2 1と豚ひき肉、豆腐、パン粉、片栗粉、塩をよく混ぜ、5mm厚さ×3cm大程度の小判形にまとめる。
3 油を薄く塗り、熱したフライパンに2を並べ、焼き色がついたら裏返し、水小さじ2（分量外）をかけ、ふたをして蒸し焼きにする。

白身魚の豆腐だんご

タンパク質　ビタミン ミネラル

材料

真だら（ほかの白身魚でもよい）…15g
木綿豆腐…10g（2cm角）
長ねぎ…2cm長さ
赤パプリカ…2g（5mm細切り）
片栗粉…小さじ1/2
塩…少々
油…少々

Advice

白身魚は、だんごにするために生で刻みます。また、すべての材料をふやし、フードプロセッサーなどで一気に混ぜて、まとめて焼いたものを冷凍すると便利。

作り方

1 真だらは皮、骨をとり除き、すり身のようになめらかになるまでみじん切りにする。
2 長ねぎと赤パプリカをみじん切りにし、1と豆腐、片栗粉、塩を加え、よく混ぜ、5mm厚さ×2cm大程度に丸める。
3 油を薄く塗り、熱したフライパンに2を並べ、焼き色がついたら裏返し、水小さじ2（分量外）をかけ、ふたをして蒸し焼きにする。

まぐろのポテトおやき

炭水化物　タンパク質　ビタミン ミネラル

材料

まぐろ（赤身の刺身）…10g（1切れ）
じゃがいも…30g（1/4個）
にんじん…5g（厚さ5mm輪切り）
片栗粉…小さじ1
塩…少々
油…少々

Point

刺身は離乳食に最適。皮や骨もないのでサッとゆでるだけでOK。生のまま1回分ずつラップに包んで冷凍すると便利。

作り方

1 まぐろは沸騰した湯でゆで、粗みじん切りにする。
2 いちょう切りにしたじゃがいもとせん切りにしたにんじんを水からゆで、水けをきってつぶす。片栗粉と塩、1を加えて混ぜ、5mm厚さ×3cm大程度に丸める。
3 油を薄く塗り、熱したフライパンに2を並べ、焼き色がつくまで両面焼く。

茶碗蒸し

タンパク質 ビタミン ミネラル

材料

溶き卵…大さじ1
鶏ささみ…10g（そぎ切り、1枚）
にんじん…5g（厚さ5mm輪切り）
小松菜（葉先）…4g（1枚）
だし汁…大さじ2
しょうゆ…少々（1滴程度）

Point
火が強いとす（ぶつぶつとした穴）が入り、口あたりが悪くなるので、弱火で蒸してなめらかに。竹串などを刺して生の卵液が出てこなければOK。表面が波打つように見えても、冷ましているあいだに余熱で固まります。

作り方

1 鶏ささみ、にんじん、小松菜を鍋でゆでてとり出し、5mm四方に切る。
2 溶き卵とだし汁、しょうゆを混ぜ、ざるで裏ごす。にんじんを3枚ほど残して1を耐熱容器に入れ、卵液をそそぐ。
3 湯を沸かした蒸し器に2を入れ、ぬらしてしぼったふきんで包んだらふたをして、弱火で10分ほど蒸し、火を止めてそのまま冷ます。
4 2で残しておいたにんじんを3の上にのせる。

しらすとおかゆ入り卵焼き

炭水化物 タンパク質 ビタミン ミネラル

材料

溶き卵…大さじ2（1/2個分）
5倍がゆ…大さじ1
しらす干し…小さじ2
チンゲンサイ（葉先）…4g（1枚）
水…大さじ1
油…少々

Point
卵で具材をまとめて手づかみメニューに。フライパンで混ぜたり、三つ折りにするときには耐熱ゴムベラを使うと便利です。

作り方

1 耐熱容器にしらす干しとちぎったチンゲンサイを入れて水をかけ、ふんわりラップをかけ電子レンジで40秒ほど加熱する。水けをきり、みじん切りにする。
2 卵を溶き、1と5倍がゆを混ぜる。
3 フライパンに油を薄く塗って熱し、2を流し入れて、耐熱ゴムベラで軽く混ぜる。まわりが乾いてきたら、3つ折りにして裏返す。ふたをして弱火で焼き色がつくまで焼く。
4 3が冷めたら食べやすい大きさに切る。

鶏ささみと野菜の豆乳シチュー

タンパク質 ビタミン ミネラル

材料

鶏ささみ（むね、もも肉でも可。皮を除く）…15g（1/4本）
玉ねぎ…10g（厚さ1cmくし形切り）
にんじん…10g（厚さ1cm輪切り）
ブロッコリー（つぼみの部分）…10g（小房1個）
豆乳（無調整）…大さじ3
米粉（または片栗粉）…小さじ1
昆布だし汁（または野菜スープ）…100ml
塩…少々

作り方

1 小鍋にだし汁、5mm角に切った玉ねぎ、にんじんを入れて煮る。
2 1に鶏ささみとブロッコリーを加え、鶏ささみに火が通り、ブロッコリーがやわらかくなったらそれぞれとり出し、5〜8mm角程度に刻み、鍋に戻す。
3 2に米粉を混ぜた豆乳と塩を加え、ひと煮立ちさせてとろみをつける。

大根とにんじんのしらす煮

タンパク質　ビタミン ミネラル

材料

大根…25g（厚さ7〜8mm輪切り）
にんじん…15g（厚さ1.5cm輪切り）
しらす干し…小さじ1
だし汁…100ml
しょうゆ…少々

作り方

1 大根とにんじんは7〜8mm角×2cm程度のスティック状に切り、しらす干しは粗く刻む。
2 小鍋に1とだし汁を入れ、強火にかける。沸騰したら弱火にし、ふたをしてやわらかく煮る。しょうゆを加え、煮汁が半分ほどになるまで煮て、煮汁に浸して味を含ませる。

ブロッコリーとじゃがいものチーズソースがけ

炭水化物　タンパク質　ビタミン ミネラル

材料

ブロッコリー（つぼみの部分）
…10g（小房1個）
じゃがいも…20g（1/6個）
スライスチーズ…1/2枚
牛乳…小さじ2

Advice
固形チーズはまだ食べにくいので、溶かして使うととろみづけと味つけになります。

作り方

1 耐熱容器に牛乳とちぎったチーズを入れ、ラップをかけずに電子レンジで40秒ほど加熱する。よく混ぜてチーズを溶かしたら、冷ます。
2 8mm角に切ったじゃがいもを水からゆでる。ブロッコリーも加えてゆで、水けをきる。ブロッコリーは5〜8mm角に切る。
3 2を皿に盛り、1のソースをかける。

かぼちゃりんごゼリー

炭水化物　ビタミン ミネラル

材料（約2食分）

かぼちゃ（皮・タネを除く）
…30g（2cm角3個）
りんご…25g（1/8個）
水…大さじ5
粉寒天…小さじ1/4

Point
寒天は沸騰するまで加熱して溶かします。食感のザラつきをいやがる場合はミキサーやブレンダーにかけてなめらかにしてもOK。

作り方

1 かぼちゃ、りんごは2cm四方程度の薄切りにする。
2 鍋に1と水を入れて、ふたをしてやわらかくなるまで弱火で煮る。火を止めて、粉寒天をふり入れて混ぜ、再び火にかけ、ひと煮立ちさせて寒天を溶かす。
3 2をマッシャーでよくつぶし、5×8cm角程度の容器に流し入れ、冷蔵庫で冷やし固める。
4 3を食べやすい大きさに切る（グラス2個に入れてもOK）。

さつまいもとみかんのコーンフレークあえ

炭水化物　ビタミン ミネラル

材料

さつまいも…20g（厚さ1cm輪切り）
プレーンヨーグルト…大さじ1
コーンフレーク（無糖）…大さじ1
みかん…2粒（いちご1個でもよい）

Point

コーンフレークは、かたいままだと口の中をケガしてしまうことも。手で小さく砕いて、ヨーグルトやくだものの水分でふやかしてから食べさせましょう。でき上がってから少し時間をおくと◎。

作り方

1 さつまいもは皮をむいて水からゆでる。水けをきって熱いうちにつぶす。
2 1にプレーンヨーグルトを混ぜ、手で細かく砕いたコーンフレークと、薄皮をむいて1cm角程度に切ったみかんをあえる。

かぼちゃと豆腐のそぼろ炒め

炭水化物　タンパク質　ビタミン ミネラル

材料

木綿豆腐…25g（3cm角）
かぼちゃ（皮・タネを除く）…10g（2cm角）
冷凍ミックスベジタブル…大さじ2
しょうゆ…少々
油…少々
かつお削り節…ひとつまみ

Point

豆腐をくずしながら炒めたときに水分がとび味もなじむので、水きりをしません。具はゆでた野菜やツナなどを入れ、ご飯に混ぜても○。

作り方

1 耐熱容器に、薄く切ったかぼちゃとミックスベジタブルを入れ、ふんわりラップをかけ電子レンジで1分ほど、かぼちゃがやわらかくなるまで加熱する。ミックスベジタブルは粗みじん切りにする。
2 フライパンに油を入れ、1と豆腐を入れてくずしながら炒める。汁けがなくなり豆腐がそぼろ状になったら、しょうゆと細かくちぎった削り節を混ぜる。

Advice

「炒り豆腐」は肉のかわりに豆腐を使ったおかずで、卵でとじることもあります。

ほうれんそうとわかめのトロトロあえ

ビタミン ミネラル

材料

ほうれんそう（葉先）…10g（4枚）
乾燥カットわかめ…4枚（水でもどす）
ホールコーン（缶）…小さじ1
だし汁…大さじ1
しょうゆ…少々

作り方

1 乾燥わかめは水でもどし、みじん切りにする。
2 ほうれんそうをゆでて水にさらし、水けをしぼり、粗みじん切りにする。コーンの薄皮はつけたままで、粗みじん切りにする。
3 小鍋に1と2とだし汁を加え、とろみが出るまで混ぜながら弱火で煮て、しょうゆを混ぜる。

ツナとなすのそうめんスープ

炭水化物　タンパク質　ビタミン ミネラル

材料

そうめん…5g（20本）
ツナ（水煮・食塩不使用）…小さじ2
なす…20g（厚さ2cm輪切り）
トマト…15g（1/8個）
小ねぎ…1/4本
だし汁…100ml
しょうゆ…少々

Point
このレシピを主食にするときは、そうめんの量を3倍程度にふやしましょう。

作り方

1 そうめんは1cm長さに折って沸騰した湯でゆで、水洗いして水けをきる。
2 なすは皮をむき5mm角に切り、水洗いして水けをきる。トマトは皮をむきタネをとり除き、5mm角に切る。小ねぎは小口切りにする。
3 小鍋にだし汁と2のなすを入れて煮る。さらに、1とほぐしたツナ、2のトマトと小ねぎ、しょうゆを加え、ひと煮立ちさせる。

白身魚とかぶのスープ

タンパク質　ビタミン ミネラル

材料

白身魚の刺身（かれい、真だいなど）…10g（2切れ）
かぶ（すりおろし）…大さじ2
かぶ（葉先）…1/2枚
しめじ…2本
だし汁…100ml
片栗粉…小さじ1/2
しょうゆ…少々

作り方

1 白身魚の刺身は沸騰した湯でゆでて、粗くほぐす。
2 かぶは皮をむいてすりおろし、かぶの葉としめじはみじん切りにする。
3 小鍋にだし汁、2のかぶの葉としめじを入れて煮る。1と、片栗粉を混ぜた2のかぶのすりおろし、しょうゆを加え、ひと煮立ちさせてとろみをつける。

にんじんと豆のポタージュ

タンパク質　ビタミン ミネラル

材料（約4食分）

にんじん…100g（2/3本）
玉ねぎ…50g（1/4個）
エリンギ（白い部分）…20g（1/2本）
ひよこ豆（水煮）…40g
昆布だし汁…200ml
牛乳（または無調整豆乳）…50ml
油…少々
塩…小さじ1/8

Advice
乾燥ひよこ豆の場合、1/2カップをひと晩水に浸し、600mlの水で50分ほどゆでます。また、ひよこ豆のかわりに大豆でも◎。小分け容器に入れ、冷凍しておくとよいでしょう。

作り方

1 にんじん、玉ねぎ、エリンギは薄切りにする。
2 小鍋に油と1を入れ、つやが出るまで炒める。昆布だし汁、ひよこ豆の水煮を加え、ふたをしてやわらかくなるまで煮る。
3 ミキサー（ハンディブレンダーでも可）で2をなめらかになるまでかくはんし、牛乳、塩を混ぜる。

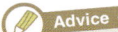

離乳後期の

離乳食Q&A

離乳食の回数がふえるため、メニューのバリエーションや栄養バランスなどの問題が出てきます。赤ちゃんの個性も出てきて、悩みが多種多様になる時期です。

Q 食事中に落ち着きがない。どうしたらおとなしく食べてくれる？

集中できる環境作りを心がけて。

まわりにおもちゃやテレビなど気になるものがないか、椅子とテーブルの高さは合っているかなど、赤ちゃんが食事に集中できる環境を作ってあげましょう。この時期の赤ちゃんが集中できるのは20分程度。手づかみで短時間で食べられる、栄養バランスのよいコンパクトなメニューがおすすめ。

Q 離乳食のあいだ、ずっと指をくわえていて食べてくれない。

食べることに集中できるよう、サポートして。

指しゃぶりを無理にはずそうとすると、泣いて食べられなくなることも。声をかけて食べ物に興味が向くようにし、自然に指を離したときにスプーンを口に入れたり、赤ちゃんの手を軽く押さえて防いでみましょう。

Q 離乳食開始が遅かったから、その分、9ヵ月からも遅らせるべき？

2回食がある程度食べられるなら、進めて。

スタートが遅くても、9ヵ月になって2回食がある程度食べられていれば、ステップアップして大丈夫です。ただし、あせらず少しずつ進めることが大切。食べ物の幅を少しずつ広げ、固形物も徐々に大きくし、赤ちゃんが負担なく食べられるようにしましょう。

Q 全部丸飲みで、食べるスピードも速い。ゆっくり食べてほしい…。

食材を丸飲みできない大きさにして。

バナナなどやわらかい食材を大きめに切ってあげましょう。赤ちゃんの歯ぐきにのせてあげ、「モグモグしようね」などと声をかけて促します。ちゃんとかめているかようすを観察し、飲みこんだのを確認してから次をあげるようにしましょう。

Q 自分から食べ物に手をのばそうとしない。食に興味がないの？

食べ方にも個性があるもの。

赤ちゃんの性格によって積極的に手を出す子もいれば、なかなか手を出さない子もいます。明るく声をかけ、自分から食べ物を食べようとするまで、待つことも大切です。ゆっくりペースでも「自分で食べたい」という気持ちを育ててあげましょう。

Q 食材の加熱や食器具の消毒はいつまで必要？

食器具の消毒はしなくても大丈夫。

食器具は、清潔に洗って乾燥すれば大丈夫です。食材は、加熱するのが基本ですが、納豆などはそのまま食べさせてもOK。また、調理してすぐに冷まし、清潔な容器に入れて冷蔵保存したものであれば、しっかり再加熱して翌日に食べさせることもできます。

Q メニューがいつもワンパターンになってしまう…。

効率よく準備し、食材の幅を広げて。

3回食になると、作るのも食べさせるのも大変です。大人の食事からとり分けたり、冷凍保存したものを活用して変化をつけてみましょう。離乳食は、うす味の和食を基本にしたシンプルなメニューの繰り返しでOK。旬の素材をとり入れ、調理法や味つけを変えて少しずつ幅を広げていきましょう。

Q よく食べ、標準体重よりかなり重め。肥満防止に量を減らすべき？

過度の制限は必要なし。

元気に動くことができていれば、無理に制限する必要はなく、運動量がふえればからだつきもしまってくるでしょう。ただ、生活習慣病の予防は、今から意識しておきたいもの。ミルクは基準量にとどめ、離乳食は高カロリーなもの、味の濃いものは控え、野菜をふやし、ゆっくり食べさせるようにしましょう。

Q 鉄分が不足していないか心配…。

鉄分の多い食材を意識してとって。

赤ちゃんは、おなかの中でママからの貯蔵鉄をもらって生まれますが、7ヵ月ごろになるとそれが減少します。鉄不足になると、貧血や発達に影響を及ぼしたりすることも。離乳食からとる栄養量が母乳・ミルクを上回る時期なので、赤身の肉や魚、緑黄色野菜、大豆、海藻など、鉄の多い食品をとり入れて。

Q たらを食べさせたら赤いポツポツが。これってアレルギー？

なかなか引かないときは、医師に相談を。

たら、鮭、さばなどの魚は体調や食材の鮮度などによって食後に湿疹が出ることがあります。たいていは一時的なものですが、時間がたっても引かない場合やかゆみがあるときは、医師に相談してしばらくその食材を中止し、体調のいいときにまた少量から試してようすを見てください。

Q 外食のとき、やわらかそうなメニューならあげてもOK？

普段食べているものなら、あげてもよい。

うどんやパンなど、普段の離乳食でも食べているものはあげられますが、油分が多く味の濃いものはNG。どんな食材を使用しているかわからないので、やはり離乳食を持参したほうが安心です。離乳食の対応をしてくれるお店や宿泊施設もあるので、相談してみてもいいでしょう。

Q フォローアップミルクはいつごろからあげればいいの？

栄養不足が心配な場合に利用して。

不足しがちな鉄分などが補えるフォローアップミルクは、9ヵ月以降用として販売されていますが、普通のミルクが残っていればそのまま使用してかまいません。栄養不足が心配な場合は、フォローアップミルクを準備し、1歳以降にも続けてもよいですが、基本は食事から栄養をとることに変わりはありません。

離乳完了期(12～18ヵ月ごろ)の離乳食

いよいよ離乳食も最後のステップ。生活リズムを整えながら、家族との楽しい食事時間をつくるように心がけましょう。

栄養のほとんどは離乳食から

　からだ全体が引き締まり、顔つきもしっかりしてくる時期です。1人で立って歩き始めるようになり、活動範囲が広がって外遊びの時間もふえます。親指と人さし指を使って、小さなものをつまむこともできるようになります。また、よりいっそうコミュニケーションがとれるようになり、「いただきます」などの意味を理解してまねをします。

　必要な栄養素のほとんどを離乳食からとるようになるので、食事・睡眠・遊びといった生活のリズムを整え、おいしく楽しく食事をとれるようにしてあげましょう。

3食＋おやつのリズムに

　えびや貝類、ハムやウインナなどの加工品も加わり、ほとんどの食材が使えるようになります。ただし、刺激の強いものや、味の濃いもの、かたいものはまだ食べられません。食中毒を予防するため、生ものは控え、のどに詰まる誤飲を防ぐため、ミニトマトは4等分にカット、おもちはまだあげられません。揚げものが食べられるようになりますが、衣は薄くし、食べすぎないようにしましょう。食材や調理法に変化をつけて、いろいろな経験ができる離乳食作りをめざしましょう。

　朝・昼・夕の食事に加えて、3食ではとりきれない栄養を補うために、おにぎりやパン、くだものなどの軽食をおやつとして食べます。食事の量に個人差がありますが1日、1週間単位で確認しながら、なるべく偏りなく食べられるように気をつけましょう。

授乳は食事とのバランスを考えて

　栄養補給は食事がメインとなります。スキンシップとしての授乳も、食事に影響がないようにしましょう。あまり食が進まず、栄養不足が心配な場合は授乳を続けますが、卒乳すると食べるようになることが多く、自立への第一歩として切り替えられるとよいでしょう。

　牛乳をコップで飲む場合は、1日に200～300㎖までを目安とします。乳製品はカルシウムなどの栄養が豊富ですが、脂肪分も多く、食事に影響する心配もあるため、とりすぎには注意しましょう。

移行するタイミング

離乳食をかめているか確認しましょう

　1歳をすぎて、3回の食事がほぼ安定して食べられるようになり、食後の授乳も必要なくなっていれば、ステップアップします。このとき、離乳食を歯ぐきでしっかりかんで食べているかをチェックしましょう。唇が片方に寄っていたり、頬が片方だけふくらんでいたりするようなら、かめていないサイン。もう少しじっくりかむ練習をしてから移行します。

　赤ちゃんのようすをよく見て、徐々に進めていき、この時期のメニューがだいたい食べられるようになったら、離乳食を完了して幼児食に入ります。

これぐらいのものが食べられれば 離乳食もゴール間近です

8㎜角程度のゆで野菜

スティック状の食パン

粗くほぐした煮魚

1日のタイムスケジュール（例）

朝・昼・夕の離乳食におやつを加えて、3回＋1～2回の食事になります。
朝食を決まった時間に食べさせると、生活リズムがつくりやすくなります。

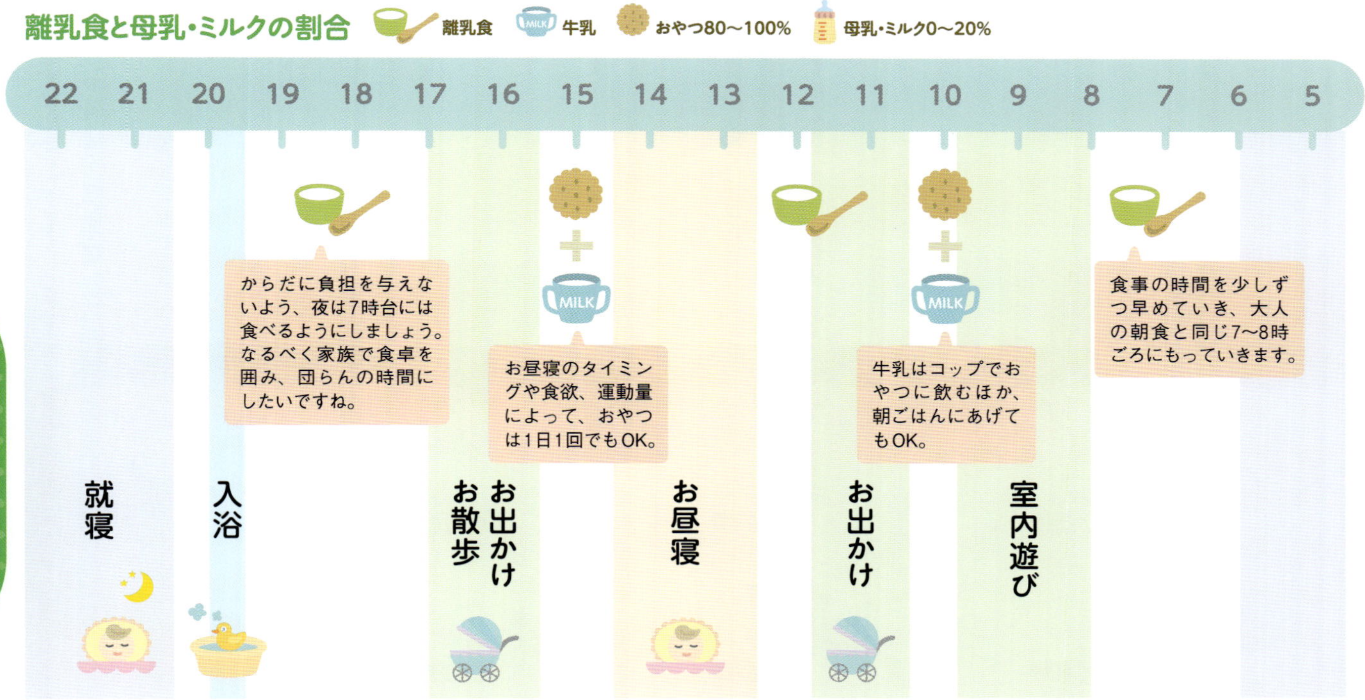
離乳食と母乳・ミルクの割合
離乳食
牛乳
おやつ80～100％
母乳・ミルク0～20％
22 21 20 19 18 17 16 15 14 13 12 11 10 9 8 7 6 5
からだに負担を与えないよう、夜は7時台には食べるようにしましょう。なるべく家族で食卓を囲み、団らんの時間にしたいですね。
MILK
お昼寝のタイミングや食欲、運動量によって、おやつは1日1回でもOK。
MILK
牛乳はコップでおやつに飲むほか、朝ごはんにあげてもOK。
食事の時間を少しずつ早めていき、大人の朝食と同じ7～8時ごろにもっていきます。
就寝
入浴
お出かけ
お散歩
お昼寝
お出かけ
室内遊び

食べさせ方のポイント

食べこぼし対策をしながら自分で食べる練習を応援

手づかみ食べを行い、スプーンの練習を始めるころです。食べ物をグチャグチャにしたり、食べこぼしたりすると、ついイライラしてしまうこともあるかもしれません。でも、これは1人で食べるためのステップなので、いっしょに応援してあげてください。

自分で食べやすいように、テーブルと椅子の高さが合ったものを用意してあげます。ひじはテーブルにあたらないくらいにして、足は床や足置きにつくようにしましょう。床にシートを敷くと、汚れてもかたづけがラクになります。

食材の形態と味つけ

手づかみ用とスプーン用両方の形状をとり入れて

手づかみ食べに慣れてきたら、スプーンで食べる練習も並行して進めます。メニューには、手づかみ用のゴロゴロしたものと、スプーン用のスープなどの両方をとり入れるといいでしょう。手づかみ用の離乳食は、つかみやすいサイコロ状のほか、小判形やくし形などバリエーションを加えます。スティック状のものは手でにぎり、前歯でかじりとって、ひと口の大きさを覚える練習に最適です。

このころには前歯が生えそろい、舌もさらに自由に動くようになります。さまざまな形状の食べ物を体験させ、それぞれに合わせて食べ方を調節する練習をさせてあげましょう。後半には奥歯が生えてきますが、まだかむ場所のメインは歯ぐきです。かたすぎるものは避けましょう。繊維があってかみにくいものは小さく切る、パサつくものにはあんをかけるなど、食べやすく工夫してあげてください。

使える調味料もふえ、大人の食事からのとり分けもしやすくなりますが、引き続きうす味を心がけましょう。

食材の形態	1回の分量の目安	
	軟飯～ご飯を基本にし、パンや麺類も織り交ぜます。食パンよりも油分の多いロールパンも食べられるように。小麦粉・米粉(20g)も、手づかみ食べやおやつメニューに活躍。 ●主な食材の量 **軟飯～ご飯…80～90g** または **食パン(8枚切り)…1枚** または **ロールパン…1個** または **ゆでうどん…1/2玉** または **乾麺…25g**	炭水化物
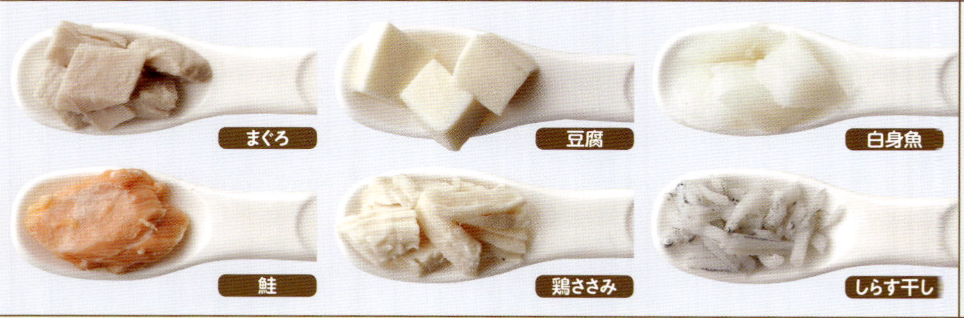	肉類や魚類は、ほとんどのものが食べられます。ただし、豚バラのように脂肪の多い部位や、うなぎのように小骨の多い魚、生ものはまだNG。豆腐は50g、納豆は20g、乳製品は100g程度が目安です。 ●主な食材の量 **白身魚・赤身魚・青魚…15～20g** または **鶏・牛豚肉(赤身)…15～20g** または **卵…1/2個～2/3個**	タンパク質
	野菜は合計40～50gが目安。野菜嫌いの赤ちゃんには、調理法や形を変化させるなどの工夫をしてみましょう。くだものは、野菜のかわりにはなりません。1回20g程度にして、食べすぎに注意しましょう。 ●主な食材の量(例) **にんじん…20g ＋** **わかめ(もどしたもの)…大さじ1 ＋** **キャベツ…20g**	ビタミン・ミネラル

油と調味料の使い方

脂肪のとりすぎに注意して

1回の離乳食で使える油の量は、小さじ1くらいまで。マヨネーズ、ピザチーズ、生クリームなども使えますが、脂肪の多い食材はとりすぎに注意して。揚げものをメニューにとり入れる場合は、油を使わない料理と組み合わせましょう。

オリーブ油

ピザチーズ

ケチャップやはちみつも使えます

市販のソースやつゆ類は、香辛料や添加物が少ないものを選んで。少量の調味料を使うことで、味のバリエーションが広がります。

酢

めんつゆ

ソース

はちみつ

ケチャップ

離乳完了期(12〜18ヵ月ごろ)のおやつの役割

たりない栄養を補う「4回目の食事」

赤ちゃんの胃は小さいので、1回の食事で食べられる量はまだまだ少ないもの。この時期のおやつは、3回の食事でたりない分を補う「4回目の食事」と考え、おにぎりやパンなどに牛乳やくだものを加えた軽食のようなものを与えます。だらだらと食べさせず、時間と量を決めて、食事の前におなかがすくようにすることが大切です。

おやつの量は、1日に必要なエネルギー量の1割程度を目安に、3食の合間に1〜2回あげます。赤ちゃんの運動量や昼寝のタイミングによっては、おやつがいらないこともあります。

また、おやつは栄養補給だけでなく、心の栄養でもあります。からだにやさしいおやつメニューを楽しく食べて、ホッとする時間も大切にしましょう。

牛乳といっしょに

おやつでは、飲み物のエネルギーも合わせて考えます。牛乳50〜100mlを飲むときは、その分だけおやつの量を減らします。

お茶といっしょに

麦茶はエネルギーがゼロなので、量をほしがる赤ちゃんに対してや、牛乳を飲みすぎたときにいいでしょう。おやつはカルシウムを含むものがおすすめです。

1日のおやつの量は?

プレーンクラッカー

市販のプレーンクラッカーは、塩分の少ないものを。小麦の栄養がとれる胚芽入りがおすすめ。前歯でかじる練習ができます。

ドライプルーン

タネなしで、油でコーティングされていないものを、切ってあげます。鉄分がとれますが、食物繊維や糖分が多いので適量に。

おやつにおすすめの軽食メニュー例

豆腐とにんじんのスティックパン
→127ページ

おやつメニューに大豆製品や乳製品、野菜を混ぜれば、栄養バランスがよくなり、小食の赤ちゃんも思わず手がのびます。

離乳完了期（12〜18カ月ごろ）の献立例

歯ぐきでつぶせるかたさと大きさ、大人の半分程度のうす味を心がければ、大人とほぼ同じメニューが食べられるようになります。

魚は粉をふって揚げ焼きにすると
臭みも消えて、
手づかみで食べやすくなります。
野菜は納豆やみそ汁に加えて、
無理なく食べられるように
しましょう。

主食＋主菜＋副菜

主食

オクラ納豆ご飯

炭水化物　タンパク質　ビタミン ミネラル

材料

軟飯…80g〜ご飯80g（61〜62ページ参照）
小粒納豆…大さじ1
オクラ…1/2本
しょうゆ…少々

作り方

1 ヘタをとったオクラをゆで、水にさらして水けをきり、小口切りにする。
2 納豆に1としょうゆを混ぜ、軟飯にのせる。

副菜

なめことなすのみそ汁

ビタミン ミネラル

材料

なめこ…大さじ1
なす…10g（厚さ1cm輪切り）
だし汁…100ml
みそ…小さじ1/6

作り方

1 なめこは洗って粗みじん切りにし、なすは皮をむき8mm角に切る。
2 1をだし汁で煮て、みそを溶く。

主菜

あじのケチャップあんかけ ポテト添え

炭水化物　タンパク質

材料

あじ（刺身用、7mm幅の細切り）…20g（4切れ）
じゃがいも…20g（1/6個）
片栗粉…適量
油…小さじ1
ケチャップ…小さじ1/4
しょうゆ…少々
水…小さじ1/2

作り方

1 じゃがいもは5mm角×3cm長さほどのスティック状に切る。
2 フライパンに油と1を入れて炒め、透明になったら、片栗粉をまぶしたあじを並べ、両面が薄く色づくまで焼く。キッチンペーパーでフライパンの油をふきとり、ケチャップ、しょうゆ、水を入れてからめる。

Point

1歳から食べられる揚げものは、少量の油で揚げ焼きし、余分な油をふきとると油っぽくならず、調理もラク。

Point

あじの刺身は皮も骨もとり除かれているので、離乳食にも便利です。1回分ずつラップに包んで冷凍しておくと◎。

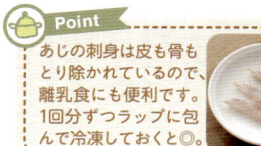

主食

焼きうどん

炭水化物　タンパク質　ビタミン ミネラル

材料

ゆでうどん…1/3〜1/2玉
豚ロース薄切り肉（脂肪を除く）…15g（1枚）
玉ねぎ…10g（厚さ1cmくし形切り）
赤パプリカ…幅1cmの細切り
にら…2枚
しょうゆ…小さじ1/4
油…少々
水…大さじ3

作り方

1 うどんはゆでて3〜4cm長さに切る。
2 玉ねぎとパプリカは1cm長さの細切りに、にらは1cm幅に切る。
3 フライパンに水を入れて中火にかけ、2と豚肉を入れ、混ぜながら火を通す。豚肉をとり出し、1cm長さの細切りにする。
4 3に1と油、しょうゆを加え、水けがなくなるまで炒める。

Point
炒めものは火が通りにくいため、水を少し入れて先に具材を煮ておくとよいでしょう。

汁の多い煮込みうどんよりも、焼きうどんにすると手づかみ食べやフォークの練習ができます。スープとサラダを添えると、バランスがよくなります。

副菜

かき玉汁

タンパク質　ビタミン ミネラル

チンゲンサイ…10g（1枚）
しめじ…1本
だし汁…100ml
水溶き片栗粉
（水小さじ1/2：片栗粉小さじ1/4）
溶き卵…大さじ1
しょうゆ…少々

1 チンゲンサイとしめじを粗みじん切りにする。
2 小鍋にだし汁と1を入れて煮る。水溶き片栗粉を混ぜて、溶き卵をまわし入れ、ひと煮立ちさせたらしょうゆを混ぜる。

Point
だし汁にとろみをつけてから卵をまわし入れることで、卵が固まらずきれいに仕上がります。

主菜

しらすとわかめの大根サラダ

タンパク質　ビタミン ミネラル

材料

しらす干し…小さじ1
乾燥カットわかめ…2枚（水でもどす）
大根…20g（厚さ5mm輪切り）
酢…小さじ1/8
しょうゆ…小さじ1/8
砂糖…小さじ1/8
だし汁…小さじ1/2

作り方

1 乾燥わかめは水でもどし、粗みじん切りにする。しらす干しも1cm長さほどに切る。大根は1cm長さのせん切りにする。
2 1の大根とわかめをゆで、火が通ったらしらす干しも加えて、水けをきる。
3 2に酢、しょうゆ、砂糖、だし汁を混ぜる。

簡単ホワイトソースのグラタンは、
スプーンで食べる練習に◎。
パンは手で持って、
前歯でかじりとってひと口量を
食べさせるようにしましょう。

主食

ロールパン 炭水化物

材料

ロールパン…2/3〜1個

作り方

ロールパンを厚さ1cm程度にスライスする。

副菜

かぼちゃサラダ 炭水化物 ビタミン ミネラル

材料

かぼちゃ（皮・タネを除く）
…20g（2cm角2個）
きゅうり…10g（厚さ2cm輪切り）
レーズン…3粒
水…大さじ1
●ドレッシング
油…小さじ1/4
酢…小さじ1/4
砂糖…小さじ1/4
塩…少々

作り方

1 耐熱容器に、1cm角程度に切ったかぼちゃ、みじん切りにしたレーズン、薄いいちょう切りにしたきゅうりを入れて、水をふり、ふんわりラップをかけ電子レンジで1分ほど加熱する。
2 1の水けをきって冷まし、ドレッシングの材料とあえる。

Advice
きゅうりはまだ生では食べにくいので、かぼちゃやレーズンとともに電子レンジで加熱するとよいでしょう。

主菜

えびマカロニグラタン 炭水化物 タンパク質 ビタミン ミネラル

材料

むきえび（背ワタ除く）…2尾
鶏ささみ缶（水煮）…小さじ2
鶏ささみ缶の汁…大さじ1
早ゆでマカロニ…10g
玉ねぎ…20g（厚さ2cmくし形切り）
にんじん…10g（厚さ1cm輪切り）
ゆで汁…大さじ1
牛乳（または無調整豆乳）…大さじ3
米粉（または小麦粉）…小さじ2
バター（または油）…少々
塩…少々
粉チーズ…適量
ドライパセリ…適量

Point
米粉は小麦粉よりダマにならず、片栗粉にくらべ濃厚な仕上がりに。めんどうなホワイトソース作りも簡単です。

作り方

1 玉ねぎ、にんじんを水からゆで、早ゆでマカロニも加えてやわらかくゆで、ざるに上げる。ゆで汁を分けて、具をすべて8mm四方程度に切る。
2 フライパンにバターと粗みじん切りにしたえびを入れ、塩をふって色が変わるまで炒める。さらに1と鶏ささみ、缶の汁、1のゆで汁を加えてひと煮立ちさせる。
3 2に米粉を溶いた牛乳を混ぜて、とろみがつくまで煮る。
4 3を耐熱皿に広げ、粉チーズをふり、トースターで軽くこげ目がつくまで焼く。仕上げにパセリをふる。

やわらかめに炊いたご飯を、
小さいおにぎりにして
手づかみ食べ仕様に。煮込み料理は
大人用といっしょに作り、
うす味でとり分けて食べやすく
切ってあげてもよいでしょう。

主菜

ウインナ入りポトフ

炭水化物　タンパク質　ビタミン ミネラル

材料

皮なしウインナ…2本
キャベツ…10g（10cm四方）
玉ねぎ…10g（厚さ1cmくし形切り）
じゃがいも…20g（1/6個）
にんじん…20g（厚さ2cm輪切り）
だし汁…100ml
塩…少々

作り方

1 ウインナは厚さ8mmほどの輪切りに、キャベツと玉ねぎは各1〜1.5cm角四方に、じゃがいもは1.5cm角に、にんじんは厚さ1cmのいちょう切りにする。
2 小鍋にだし汁と1を入れ、火が通るまで煮て、塩を混ぜる。

主食

フルーツヨーグルト

タンパク質　ビタミン ミネラル

材料

プレーンヨーグルト…大さじ2
キウイフルーツ…10g（1/6個）
（好みのくだものでもよい）
砂糖…少々

作り方

1 キウイフルーツは皮をむき、5mm角程度に切る。
2 砂糖を混ぜたプレーンヨーグルトを器に盛り、1をのせる。

主食

のりサンドおにぎり

炭水化物　タンパク質　ビタミン ミネラル

材料

ご飯（やわらかめ）…80g程度
生鮭（ほぐし身）…小さじ1
赤じそふりかけ…ひとつまみ
焼きのり…全型1/3枚程度

作り方

1 生鮭を2cm幅程度に切り、ゆでて皮と骨をとり除いてほぐす。
2 ご飯に1と赤じそふりかけを混ぜる。
3 のりを細かくちぎり、ラップに半量を広げ、2をのせ、残りののりをご飯がかくれるようにまぶす。
4 ラップではさんで、厚さ1cm程度の四角形に整え、ラップをはがす。キッチンばさみで食べやすい大きさに切る。

Point

のりは大きいとかみ切れないので、小さくちぎって使います。小さいおにぎりを作るのは手間がかかるので、大きく1つ作り、キッチンばさみで切るとラクです。

Advice

鮭のほぐし身は切り身1枚分で作り、残った分はラップに小分けして冷凍しておきましょう。

白いご飯を基本に、おかずもいっしょの一品メニューで、無理なく栄養補給しましょう。

主食レシピ

にんじんみそだれの焼きおにぎり

炭水化物 / ビタミンミネラル

材料

ご飯（やわらかめ）…80g
片栗粉…小さじ1/2
油…少々
● たれ
にんじん（すりおろし）…小さじ1
砂糖…小さじ1/4
みそ…小さじ1/4
水…小さじ2

作り方

1 耐熱容器にたれの材料を混ぜて、ラップをかけずに電子レンジで20秒ほど加熱して混ぜる。
2 温かいご飯に片栗粉を混ぜ、ラップにはさんで厚さ1cm程度の丸形に整える。油を熱したフライパンに並べて、両面うすく色づくまで焼く。
3 2を皿に盛り、1を塗る。

Point
温かいご飯に片栗粉を混ぜることでつなぎのかわりになり、手づかみしたときにもくずれにくいおにぎりになります。

Advice
刻んだゆで野菜、とうもろこし、青のりを混ぜてもOK。

しらすとレタスのチャーハン

炭水化物 / タンパク質 / ビタミンミネラル

材料

ご飯（やわらかめ）…80g
しらす干し…小さじ2
レタス…15g（1枚）
溶き卵…大さじ1
ごま油…少々
しょうゆ…少々

作り方

1 レタスは1cm四方に切る。
2 ごま油を熱したフライパンに、しらす干しと1を入れて炒める。
3 2にご飯を混ぜ、溶き卵を入れ、ご飯がほぐれるまで炒め、しょうゆを混ぜる。

切り干しひじき煮入り
スティックおにぎり

炭水化物 / タンパク質 / ビタミンミネラル

材料

ご飯（やわらかめ）…80g
切り干し大根（水でもどしたもの）…小さじ2
芽ひじき（水でもどしたもの）…小さじ1
にんじん…5g（厚さ5mm輪切り）
木綿豆腐…10g（2cm角）
しょうゆ…少々
砂糖…少々

作り方

1 水でもどした切り干し大根と芽ひじき、にんじんをみじん切りにする。
2 小鍋に1とかぶるくらいの水を入れ、やわらかくなるまで煮る。豆腐、しょうゆ、砂糖を入れ、豆腐をつぶしながら煮汁がほぼなくなるまで煮る。
3 2にご飯を混ぜ、2等分にしてラップにのせて棒状に包み、両端をねじる。

Point
カルシウム・鉄分の補給におすすめ。切り干し大根とひじきはかみ切りにくいので、みじん切りにして煮ます。

Advice
さらに小さくねじって棒状にすると、ひと口サイズにもしやすく、ラップをはずしながらバナナのように食べさせることもできるので、外出時の携帯に便利です。

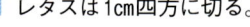

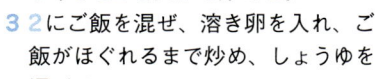

オムライス

炭水化物　タンパク質　ビタミン ミネラル

材料

ご飯（やわらかめ）…80g
鶏ひき肉…10g（小さじ2）
水…大さじ2
冷凍ミックスベジタブル…大さじ2
卵…1/2個
牛乳…小さじ1/2
ケチャップ…小さじ1/2
塩・油…各少々

Point

野菜はゆでた玉ねぎとにんじんでもOK。具を油で炒めず、水で煮て、やわらかく仕上げます。

作り方

1 フライパンに鶏ひき肉とミックスベジタブル、水を混ぜて肉に火が通るまで煮る。ご飯、ケチャップ、塩を加えて混ぜる。
2 溶いた卵に牛乳を混ぜ、油を熱したフライパンに流し入れ、混ぜながら卵に火を通す。
3 皿に1を盛り、2をのせ、好みでケチャップ（分量外）で目と口を描く。

塩ラーメン

炭水化物　タンパク質　ビタミン ミネラル

材料

中華細麺…1/3玉（35g）
むきえび（背ワタを除く）…2個
豚もも薄切り肉…15g（1枚）
もやし…6本
チンゲンサイ…10g（1枚）
にんじん…5g（厚さ5mm輪切り）
ごま油…少々
だし汁…150ml
牛乳（または無調整豆乳）…小さじ1
片栗粉…小さじ1/4
塩…少々
しょうゆ…少々

作り方

1 えび、豚肉、もやしは粗みじん切り、チンゲンサイとにんじんは1cm四方程度に切る。
2 鍋にごま油と1を入れて炒め、だし汁を加えて、にんじんがやわらかくなるまで煮る。片栗粉を混ぜた牛乳、塩、しょうゆを加え、軽くとろみがつくまで煮る。
3 やわらかめにゆでて、2〜3cm長さ程度に切った麺に2をかける。

Advice

中華細麺のかわりに、ゆでうどんやひやむぎでもよいでしょう。

ミートソーススパゲッティ

炭水化物　タンパク質　ビタミン ミネラル

材料

スパゲッティ…20〜25g
牛豚合びき肉…15g（大さじ1）
玉ねぎ…10g（厚さ1cmくし形切り）
にんじん…5g（厚さ5mm輪切り）
トマトジュース（無塩）…50ml
小麦粉…小さじ1/2
水…小さじ1
塩・しょうゆ…各少々
油…少々

Advice

仕上げに粉チーズをかけてもOKです。

作り方

1 玉ねぎとにんじんはみじん切りにする。
2 油を熱したフライパンで1を炒め、しんなりとしたらひき肉を入れて色が変わるまで炒める。トマトジュース、塩、しょうゆ、水で溶いた小麦粉を混ぜ、とろみがつくまで弱火で煮る。
3 スパゲッティを長さ3cm程度に折ってやわらかめにゆで、ざるに上げ、水けをきる。皿に盛って2をかける。

豆腐の肉みそあんかけ丼

炭水化物　タンパク質

材料

ご飯（やわらかめ）…80g
絹ごし豆腐…25g（3cm角）
豚ひき肉…15g（大さじ1）
小ねぎ…1/2本
ごま油…少々
だし汁…50ml
みそ…小さじ1/4
しょうゆ…小さじ1/4
ケチャップ…小さじ1/4
水溶き片栗粉
（水小さじ1：片栗粉小さじ1/2）

作り方

1 豆腐は1cmの角切り、小ねぎは小口切りにする。
2 鍋にごま油とひき肉を入れて色が変わるまで炒め、だし汁と1を加えて煮る。みそ、しょうゆ、ケチャップ、水溶き片栗粉を混ぜ、ひと煮立ちさせてとろみをつける。
3 器にご飯を盛り、2をかける。

桜えび入りお好み焼き

炭水化物　タンパク質　ビタミン ミネラル

材料

桜えび…6尾
キャベツ（葉先）…10g（10cm四方）
水…小さじ2
溶き卵…小さじ2
牛乳…小さじ2
小麦粉…大さじ3
ベーキングパウダー…小さじ1/8
塩…少々
油…少々

Point

生のキャベツや桜えびは、水を加え電子レンジで加熱するとやわらかくなり、汁もだし汁として使えます。

作り方

1 耐熱容器に1cm長さのせん切りにしたキャベツと水、手で細かくちぎった桜えびを入れ、ふんわりラップをかけ、電子レンジで30秒ほど加熱。
2 1に溶き卵、牛乳、小麦粉、ベーキングパウダー、塩を混ぜる。
3 油を薄く塗って熱したフライパンに2を広げ、両面うすく色づくまで焼く。
4 3を食べやすい大きさに切る。

ほうれんそう入り ツナサンドイッチ

炭水化物　タンパク質　ビタミン ミネラル

材料

ロールパン…2/3〜1個
ほうれんそう（葉先）…10g（4枚）
ツナ（水煮・食塩不使用）…小さじ2
マヨネーズ…小さじ1/2

作り方

1 ほうれんそうはゆでて、水にさらして水けをしぼり、みじん切りにする。
2 汁をきったツナと1にマヨネーズを混ぜる。
3 ロールパンを厚さ1cmの輪切りにして、あいだに切りこみを入れ、2をはさみ、半分に切る。

バナナと小松菜のホットケーキ

炭水化物　タンパク質　ビタミン ミネラル

材料

バナナ…10g（1/8本）
小松菜（葉先）…5g（2枚）
ホットケーキミックス…30g（大さじ4）
牛乳（または無調整豆乳）…30g（大さじ2）
きな粉…小さじ1
油…少々

作り方

1 小松菜はゆでて、水にさらして水けをしぼり、みじん切りにする。
2 バナナをフォークでつぶし、1とホットケーキミックス、牛乳、きな粉を混ぜる。
3 油を薄く塗って熱したフライパンに2を広げ、ふたをして弱火で両面うすく色づくまで焼く。
4 3を食べやすい大きさに切る。

豆腐とにんじんのスティックパン

炭水化物　タンパク質　ビタミン ミネラル

材料

木綿豆腐…15g
にんじん（またはかぼちゃ）…15g
砂糖…小さじ1
油…小さじ1/2
塩…少々
小麦粉…25g
ベーキングパウダー…小さじ1/8

Point
ポリ袋に材料を入れて、指でつぶしながら混ぜると、洗いものを減らせます。

作り方

1 にんじんは薄く切ってゆでる。
2 ポリ袋に1と豆腐、砂糖、サラダ油、塩を入れて、にんじんを指でつぶしながら混ぜる。
3 2にベーキングパウダーを混ぜた小麦粉を加え、小麦粉（分量外）をまぶした手で5等分し、棒状にまとめる。
4 油（分量外）を薄く塗ったアルミホイルに3を並べ、トースターで10分ほど焼く（または170℃に予熱したオーブンで10分ほど焼く）。

ピザトースト

炭水化物　タンパク質　ビタミン ミネラル

材料

食パン（8枚切り・耳なし）…2/3～1枚
玉ねぎ…5g（厚さ5㎜くし形切り）
ピーマン…幅2㎜細切り
皮なしウインナ…1/2本
（またはスライスロースハム…1/4枚）
ケチャップ…小さじ1
水…小さじ1
ピザチーズ…大さじ1

作り方

1 耐熱容器にみじん切りにした玉ねぎとピーマン、薄い半月切りにしたウインナ、ケチャップ、水を混ぜ、ふんわりラップをかけ電子レンジで1分ほど加熱する。
2 食パンに1をのせ、細かくちぎったピザチーズをのせ、オーブントースターでチーズが溶けるまで焼く。
3 2を食べやすい大きさに切る。

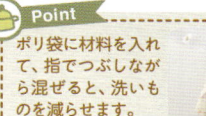

大人とほぼ同じメニューを小さめにして、手づかみ食べができるようにしましょう。

鶏ささみの青のり衣揚げ

タンパク質

材料

鶏ささみ…20g（1/3本）
油…大さじ1
●衣
小麦粉…小さじ1
水…小さじ1
青のり…少々
塩…少々

作り方

1 鶏ささみは薄いそぎ切りにし、混ぜ合わせた衣をからめる。
2 小さめのフライパンに油を熱し、1を間隔をあけて並べ、両面がカリッとするまで揚げ焼きにする。

Point
小さいフライパンに少量の油で揚げ焼きにしましょう。こげないように火力調整して、油がはね始めたらとり出してOKです。

鮭缶とポテトのチーズ焼き

炭水化物　タンパク質　ビタミン ミネラル

材料

鮭（水煮缶）…大さじ1
じゃがいも…20g（1/6個）
玉ねぎ…10g（厚さ1cmくし形切り）
スライスチーズ…1/4枚
小麦粉…小さじ1
油…少々

Advice
鮭水煮缶のかわりに、ゆでた生鮭またはツナ水煮缶でもOK。

作り方

1 鮭は茶こしに入れて湯をかけて、皮と骨をとり除いてほぐす。
2 じゃがいもと玉ねぎをゆで、玉ねぎはみじん切りにし、じゃがいもをつぶして混ぜる。
3 1と2、小麦粉を混ぜて4等分して厚さ5mm程度に丸く整える。
4 油を熱したフライパンに3を並べ、うすく色づいたら裏返し、4等分したチーズをのせ、溶けるまでふたをして焼く。

鮭と野菜のみそマヨ焼き

タンパク質　ビタミン ミネラル

材料

生鮭（皮・骨を除く）…20g
玉ねぎ…5g（厚さ5mmくし形切り）
いんげん…1/2本
みそ…小さじ1/4
マヨネーズ…小さじ1

Point
鮭をひと口大に切って焼くと、焼いたあとで切るよりきれいに仕上がります。さわらやあじでもOK。

作り方

1 玉ねぎ、いんげんはゆでて、粗みじん切りにする。
2 鮭は厚さ5mm×2cm四方程度に切り、アルミホイルに並べる。みそとマヨネーズを混ぜて塗り、1をのせる。
3 トースターで10分ほど焼く（こげそうになったら、鮭の上にアルミホイルをかけるとよい）。

ご飯入りレンジソーセージ

炭水化物　タンパク質　ビタミン ミネラル

材料

豚ひき肉…20g
軟飯…10g
玉ねぎ…5g（厚さ5mmくし形切り）
ブロッコリー（つぼみの部分）
…5g（小房1/2個）
水…小さじ1
小麦粉…小さじ1/2
塩…少々

Point

ラップで包み、棒状に。両端をキャンディのようにねじると形が作りやすくなります。

作り方

1 耐熱容器にみじん切りにした玉ねぎとブロッコリー、水を入れ、ふんわりラップをかけ電子レンジで1分ほど加熱し、冷ます。
2 ひき肉、軟飯、小麦粉、塩、1をよく混ぜ、ラップで棒状に包み、両端を軽くねじる。
3 2を耐熱皿にのせ、電子レンジで1分ほど加熱する。
4 3を食べやすい大きさに切る。

いわしと豆腐のつみれ汁

タンパク質　ビタミン ミネラル

材料

真いわし（あじ、豚ひき肉でも可）
…15g（大さじ1）
木綿豆腐…10g（2cm角）
にんじん…5g（厚さ5mm輪切り）
水菜（葉）…3枚
えのき…10本程度
だし汁…100ml
片栗粉…小さじ1
みそ…小さじ1/3

Point

ポリ袋をスプーンの上でしぼり出すと手も汚れず、小さな玉も形づくりやすくなります。

作り方

1 小鍋にだし汁、1cm四方に切ったにんじんを入れ、火が通るまで煮て、1cm長さに切った水菜とえのきを混ぜる。
2 いわしはミンチ状に包丁で刻みポリ袋に入れ、豆腐と片栗粉、半量のみそを混ぜる。
3 別の鍋に湯を沸かす。2のポリ袋の端をはさみで1cmほど切ってしぼり出し、1.5cm大程度に丸めて鍋の中に落とし、固まるまでゆでる。
4 水けをきった3を1に加えて、ひと煮立ちさせ、残りのみそを溶く。

ぶりと大根と里いものあんかけ煮

タンパク質　ビタミン ミネラル

材料

ぶり（血合い部分を除く）…20g
大根…15g（厚さ5mm輪切り）
にんじん…10g（厚さ1cm輪切り）
里いも（冷凍）…20g（1個）
ゆで枝豆（冷凍）…6粒
だし汁…100ml
しょうゆ…少々
砂糖…少々
水溶き片栗粉
（水小さじ1：片栗粉小さじ1/2）

作り方

1 ぶりはゆでて、粗くほぐす。
2 大根、にんじん、解凍した里いもを8mm角程度に切り、だし汁で煮る。ゆでて薄皮をとり除き、半分に切った枝豆も加えて、やわらかくなるまで煮る。
3 2に1としょうゆ、砂糖を混ぜ、水溶き片栗粉を入れてとろみがつくまでひと煮立ちさせる。

レバースティックハンバーグ

タンパク質　ビタミン ミネラル

材料

鶏レバー…20g
玉ねぎ…5g（厚さ5mmくし形切り）
パン粉…小さじ2
溶き卵…小さじ1
ケチャップ…小さじ1/2
油…少々

Point

鉄分を補給できるレバーは、購入した日にゆでれば、臭みも少なく衛生的。刻んで冷凍保存すると◎。

作り方

1 玉ねぎはゆでて、みじん切りにする。鶏レバーも火が通るまでゆで、火が通ったら包丁で脂肪や筋などをとり除き、つぶすように刻む。
2 1にパン粉、溶き卵、ケチャップを混ぜ、3等分にして厚さ5mmの細長い小判形にまとめる。
3 油を熱したフライパンに2を並べ、ふたをして両面がうすく色づくまで焼く。

豚肉と野菜の卵とじ

タンパク質　ビタミン ミネラル

材料

豚ロース薄切り肉（脂肪除く）…15g（1枚）
にんじん…5g（厚さ5mm輪切り）
玉ねぎ…10g（厚さ1cmくし形切り）
絹さや…1枚
卵…1/2個
だし汁…100ml
しょうゆ…小さじ1/4
砂糖…小さじ1/4

Point

卵をとじるときは、鍋に煮汁が少し残る程度に。もし、煮汁がなくなってしまったら、水を加えればOKです。

作り方

1 豚肉と筋をとり除いた絹さやを長さ1cmのせん切りにする。にんじん、玉ねぎは1cm四方に切る。
2 小鍋にだし汁と1のにんじん、玉ねぎを入れて煮る。火が通ったら1の豚肉と絹さや、しょうゆ、砂糖を加える。
3 2に溶いた卵をまわし入れ、ふたをして弱火で卵が固まるまで煮る。

わかめ入り卵焼き

タンパク質　ビタミン ミネラル

材料

卵…1/2個
しらす干し…小さじ1/2
にんじん…5g（厚さ5mm輪切り）
乾燥カットわかめ…4枚
水…大さじ1
牛乳（またはだし汁）…小さじ1/2
塩…少々
油…少々

Advice

にんじんとしらす干しは、電子レンジで加熱でもいいですが、にんじんはゆでて、しらす干しは湯をかけてからみじん切りにしてもOK。

作り方

1 乾燥わかめは水でもどし、みじん切りにする。
2 耐熱容器ににんじんと水を入れ、ふんわりラップをかけ電子レンジで1分ほど加熱する。しらす干しを混ぜてから水けをきり、合わせて粗みじん切りにする。
3 溶いた卵に1と2、牛乳、塩を混ぜ、油を薄く塗って熱したフライパンに流し入れ、箸で混ぜて平らにならす。端から巻いて形を整え、ふたをして弱火で中まで火を通す。
4 3が冷めたら食べやすい大きさに切る。

じゃことピーマン煮

タンパク質　ビタミン ミネラル

材料

ピーマン、黄パプリカ
（または赤パプリカ）…計20g
ちりめんじゃこ…小さじ1
水…大さじ2
油…少々
しょうゆ…少々
砂糖…少々

Point

湯を張った器にじゃこを入れて、ふやかすのと同時に塩抜きをします。しらす干しでもOK。

作り方

1 ちりめんじゃこは湯をかけて冷めるまでおき、水けをきる。
2 ピーマン、パプリカは長さ1cmのせん切りにし、フライパンに入れて水をかけ、1のじゃこも加えてやわらかく煮る。油、しょうゆ、砂糖を混ぜて、ふたをして水けがほぼなくなるまで煮る。

かぼちゃとさつまいもの素揚げ

炭水化物　ビタミン ミネラル

材料

かぼちゃ（皮・タネを除く）…20g
さつまいも（皮を除く）…20g
油…大さじ1
塩…少々
青のり…少々

Advice

かぼちゃとさつまいもは、電子レンジで1分ほど加熱してから揚げると時短に。

作り方

1 かぼちゃは厚さ5mmで1.5cm×3cmの大きさに、さつまいもは厚さ1cmで1cm×3cmの長さほどに切る。キッチンペーパーで水けをきる。
2 小さめのフライパンに油を熱し1を入れ、うすく色づくまで返しながら揚げ焼きにする。
3 2をキッチンペーパーの上にのせて油をきり、軽く塩と青のりをふる。

きゅうりと鶏ささみの中華風サラダ

タンパク質　ビタミン ミネラル

材料

鶏ささみ…10g（1/6本）
きゅうり…15g（3cm長さ）
もやし…6本
トマト…10g（1/12個）
●ドレッシング
白すりごま…小さじ1/4
ごま油…小さじ1/4
酢・しょうゆ・砂糖・塩…各少々

Advice

きゅうりともやしは耐熱容器に入れ、水（小さじ1）をふり、電子レンジで30秒ほど加熱してもOK。

作り方

1 鶏ささみはゆでて、細かくほぐす。きゅうりは長さ1.5cmのせん切りにし、もやしは1cm長さに切り、ゆでる。トマトは1cm角に切る。
2 ドレッシングの材料を混ぜ合わせ、1をあえる。

Advice

トマトは皮つきでOKですが、食べにくければむきましょう。また、すりごまのかわりにいりごまを指でひねりつぶしてもOK。ごまアレルギーには注意しましょう。

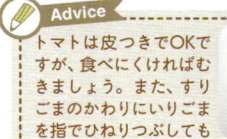

レンジラタトゥイユ

炭水化物　ビタミン ミネラル

材料

かぼちゃ…20g(2cm角2個)
玉ねぎ…10g(厚さ1cmくし形切り)
ズッキーニ…10g(厚さ8mm輪切り)
トマトピューレ…小さじ2
(または、トマト20g)
油…小さじ1/4
塩…少々
砂糖…少々

Point

ラタトゥイユは、水を使わずに具材の水分だけで作ります。耐熱容器に具材と油、調味料を入れ、電子レンジで加熱するとラク。量をふやして、小鍋に入れてふたをし、弱火で煮てもOK。

作り方

1 かぼちゃ、玉ねぎ、ズッキーニを1cm角に切る。
2 耐熱容器に1と油、塩、砂糖、トマトピューレ(トマトの場合は皮とタネをとり除き、刻む)を入れてふんわりラップをかけ電子レンジで1分30秒ほど加熱し、混ぜる。

ほうれんそうのチーズのり巻き

タンパク質　ビタミン ミネラル

材料

ほうれんそう(葉先)…15g(6枚)
スライスチーズ…1/3枚
焼きのり…全型1/6枚
しょうゆ…少々

Point

ほうれんそうは葉が長いままだとかみ切れないので、刻んでから焼きのりにのせて巻きましょう。

作り方

1 ほうれんそうはゆでて水にさらし、水けをしぼる。粗みじん切りにし、しょうゆとあえる。
2 1枚を6等分の長方形に切った焼きのりの上に、1を手前から2/3ぐらいまで広げ、半分に折って、細長く切ったチーズを置き、きつめに巻く。
3 巻き終わりを下にして、のりがしんなりするまでなじませ、7等分程度に切る。

ヨーグルトポテトサラダ

炭水化物　ビタミン ミネラル

材料

じゃがいも…30g(1/4個)
ブロッコリー(つぼみの部分)
…10g(小房1個)
ミニトマト…1個
ホールコーン…小さじ1
プレーンヨーグルト…小さじ2
マヨネーズ…小さじ1

Advice

ヨーグルトやマヨネーズのかわりに、油、砂糖、塩、酢を各少々混ぜて、ドレッシングあえにしてもOKです。

作り方

1 じゃがいもはいちょう切りにして、水からゆでる。ブロッコリーとミニトマトも入れ、ミニトマトはすぐとり出して皮をむき8mm角に切る。ブロッコリーもとり出し、1cm角程度に切る。ホールコーンを粗く刻む。
2 1のじゃがいもをつぶして、ヨーグルトとマヨネーズを混ぜ、ブロッコリー、コーン、ミニトマトをあえる。

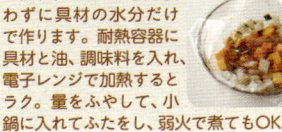

金時豆の甘煮

炭水化物　タンパク質

材料（約８食分）

金時豆（乾燥）…1/2カップ
水…２カップ
砂糖（きび砂糖またはてんさい糖）
　…大さじ２
しょうゆ（または塩）…少々

Point

作りやすいのでまとめて作り、小分けにして冷凍すると◎。やわらかく煮れば、切らずにそのままあげてもOKです。

作り方

1 乾燥の金時豆はたっぷりの水（分量外）に６時間以上浸す。
2 水をきった１の金時豆と分量の水を鍋に入れて強火にかけ、沸騰したらふたをして弱火で40分ほど煮る。途中、水が少なくなればたし、つねに豆に湯がかぶるようにする（圧力鍋なら８分ほど煮る）。
3 皮がやぶれるくらいにやわらかくなったら砂糖、しょうゆ（または塩）を入れる。さらに弱火で10分ほど煮て冷まし、味を含ませる。皮を半分ほどむき、半分に切る。

高野豆腐の野菜煮

タンパク質　ビタミン ミネラル

材料

高野豆腐…1/4枚（6g）
いんげん…小１本
にんじん…25g（厚さ2.5cm輪切り）
だし汁…100ml
砂糖…小さじ1/2
しょうゆ…小さじ1/4
塩…少々

Point

高野豆腐1枚分（レシピの4倍量）で作るとよいでしょう。豆腐と違い、冷凍保存もOK。

作り方

1 高野豆腐はぬるま湯でもどして1cm角に切る。にんじんは厚さ7〜8mmのいちょう切りに、いんげんは端を切り落として長さ1cmに切る。
2 だし汁で１のにんじんを煮て、砂糖、しょうゆ、塩を混ぜて１の高野豆腐といんげんを加え、やわらかくなるまで煮る。

かぼちゃのあずき煮

炭水化物　ビタミン ミネラル

材料

あずき（乾燥）
　…小さじ１（ゆでたもの小さじ２）
かぼちゃ（皮・タネを除く）
　…30g（2cm角３個）
水…100ml
砂糖…少々
塩…少々

Point

あずきは水に浸さなくてもOK。1/2カップほどまとめてゆでましょう。圧力鍋なら強火にかけ、圧がかかったら弱火にして5〜6分ででき上がります。

作り方

1 乾燥のあずきは洗って鍋に入れ、たっぷりの水（分量外）を入れたら、ふたをして強火にかける。沸騰したら弱火にして、やわらかくなるまで40分ほどゆでる。
2 かぼちゃは、1.5cm角ほどに切る。
3 鍋に分量の水と１のあずき、２のかぼちゃ、砂糖、塩を入れ、ふたをして、煮汁が少なくなるまで煮る。

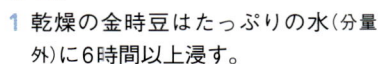

離乳完了期の

離乳食Q&A

自己主張が強くなって、何でも自分でしたがるようになる時期です。
前はおとなしく食べてくれたのに、急にいやがったり、食べムラが出ることも。

Q 食事中にマグカップのお茶ばかり飲んでしまう。

マグのかわりに汁ものを用意して。

食卓にマグカップを置いていると、食事に集中できなかったり、お茶ばかり飲んで食事が進まなかったりします。また、飲みこめないものをお茶で流しこむクセがついてしまうこともあります。食事中は、お椀から汁ものを飲む練習をすることも大切です。

Q 好きなものを次々に口に入れ、最後には「オエッ」となる。どうしたらいいの？

前歯でひと口大をかじりとる練習を。

赤ちゃんはまだ口の中に入れる適量がわからず、詰めこんでしまうことがよくあります。大きめに切ったものを前歯でひと口分かじりとり、かんで飲みこんでから次を食べられるように。声をかけながら何度も繰り返すことで、食べ方を学んでいきます。

Q お菓子をほしがって離乳食を食べてくれない。どうしたらいいの？

お菓子は時間と量を決めて。

お菓子は習慣になると食事が進まなくなるので、注意が必要です。赤ちゃんはもともと甘いものが好きなので、やめるのは大変。置き場所を隠し、時間と量を決めてそれ以外はあげない姿勢を見せるなどして、自由にもらえないことを赤ちゃんに伝えましょう。

Q 少し大きいものや繊維質のものを、すぐにはき出してしまう。

食べにくいものは、あえてあげなくても。

繊維の多いものや生野菜などは奥歯が生えそろい、すりつぶすことができるようになるまでは食べにくいので、無理にあげる必要はありません。肉は刻んでとろみをつけると食べやすくなりますが、から揚げなら食べられるということもあります。

Q 午後は寝てしまうのでおやつをあげていない。食べさせたほうがいい？

おやつは必ずしも必要なわけではない。

夕方におやつを食べると夕食が食べられなくなることもあるので、あげなくても大丈夫です。ただ、3回の食事でたりない分は、できればおやつで補ってあげたいもの。昼食に影響がないようなら、朝食と昼食のあいだにおやつをあげてみてもよいでしょう。

Q 市販品のお弁当や総菜は食べさせてもOK？

なるべく控えたほうがいい。

加工食品には調味料や添加物が多く含まれるので、離乳食ではなるべく控えましょう。市販のお弁当や総菜は、素材中心で味つけがうすいものなら食べられますが、基本的にはおすすめしません。ベビーフードや素材の水煮などの加工品を上手に利用しましょう。

Q 食事が進まず、まだ母乳をひんぱんにほしがる。どうしたらいい？

食事とコミュニケーションを分けて考えて。

この時期の母乳は、栄養補給ではなく精神安定の意味が大きくなります。赤ちゃんが自然にやめるのを待つ「卒乳」が望ましいとされていますが、状況に合わせて判断してください。

ただ、ひんぱんに母乳をほしがり、食事が十分に食べられないようであれば、コントロールも必要です。はじめは抵抗がありますが、母乳をやめたとたんに食べるようになる例も多いようです。離乳は赤ちゃんの自立の一歩と考え、食事から必要な栄養をとれるように応援していきましょう。

とはいえ、赤ちゃんはまだまだママに甘えたい時期。やさしく抱っこして話しかけるなど、コミュニケーションをとって赤ちゃんを安心させてあげましょう。

Q 立ち歩いたり遊んだりして、食べるのに時間がかかる…。

食べる気がなさそうなら、早めに切り上げて。

好奇心旺盛な時期なので食事の途中で遊んだり、立ち歩いたりすることもよくあります。またテーブルに戻り、完食するようなら大目に見てもよいのですが、食べる気がないようなら早めに切り上げましょう。あとでほしがってもすぐにはあげず、おなかをすかせて次の食事でしっかり食べられるようにしたほうが、生活リズムがくずれません。

できれば、赤ちゃんがほかの誰かといっしょに食べる時間を作り、「みんなで食べるのって楽しい！」と感じるようにしてください。食べることに興味が向くようになれば、食事中にどこかへ行ってしまうことも減ってくるでしょう。

Q そろそろ牛乳を飲ませたいけど、どう進めればいい？

温めたものをコップで飲ませて。

牛乳は1歳ごろから飲ませることができますが、おなかがゆるくなることもあるので、はじめは温めてから冷ましたものを少しずつ与えるようにします。赤ちゃんが両手でしっかり持てる小さめのコップに入れ、1人で飲む練習をします。食事前に飲むと、ご飯が食べられなくなることもあるので注意しましょう。

Q 手づかみ食べからスプーンにうつるのはいつごろがいい？

手づかみ食べと並行して進めて。

手づかみ食べを十分にすることで、指先の動かし方がうまくなり、スプーンも使えるようになります。スプーンを上からにぎるように持たせ、毎日無理なく練習していきましょう。深さやフチに立ち上がりのある器、重みのある茶碗などに、すくいやすいメニューを少しずつ盛ると、スプーンでとりやすくなります。

Q 離乳食が完了したあとは、どうしたらいいの？

1歳6ヵ月を目安に幼児食へと進めて。

形のあるものをかんで食べることができ、母乳・ミルク以外の食べ物で栄養素のほとんどをとれるようになったら、幼児食にうつります。幼児食は、離乳食から大人の食事に近づけていくためのものですが、2歳ごろまでは1歳〜1歳6ヵ月のメニューを続け、さらに上手に食べられるようにしていけば大丈夫です。

離乳食を卒業したあとは

離乳完了後からの幼児食

離乳食が完了する1歳6ヵ月ごろを目安に、幼児食にステップアップしましょう。

次なるステップへ！幼児食って何？

離乳食が完了する、1歳6ヵ月ごろから5歳ごろまでの食事を「幼児食」と呼びます。特に2～3歳ごろまでは、まだ歯も生えそろっていませんし、消化力も味覚も発達の途中です。幼児食の量や味つけは「大人の料理の半分程度」を目安に、食べるようすを見ながらステップアップしましょう。

また、幼児食期には子どもの食事への興味や関心を広げ、規則正しい生活サイクルを習慣づけることも大切です。子どもの発育や性格に合わせて、あせらず、じっくりと進めていくようにしましょう。

幼児食のポイント

- **食事は1日3回+おやつ**
  授乳は終了し、牛乳等はコップで飲むようにしましょう。
- **歯ぐき～奥歯でかめるかたさに**
  奥歯が生えそろう2歳6ヵ月ごろには、生野菜や薄切り肉もとり入れて。
- **自分で食べる**
  スプーンやフォークを使って食べます。

幼児食の献立例

おにぎり

材料

ご飯…100g
焼きのり…適量

作り方

ご飯を3等分してラップに包んでにぎり、焼きのりを巻く。

鮭のパン粉焼き

材料

生鮭(皮・骨を除く)…30g
マヨネーズ…小さじ1
パン粉…適量

作り方

鮭を2等分のそぎ切りにし、マヨネーズを塗り、パン粉をまぶす。アルミホイルに並べ、トースターで10分ほど焼く。

ちくわブロッコリーあえ

材料

ちくわ…1/4本
ブロッコリー…15g(小房1と1/2個)
ミニトマト…1個
塩…少々

作り方

ブロッコリーは食べやすく切って、塩を加えた湯でゆでる。ゆで上がるころに輪切りのちくわを加え、水けをきる。ミニトマトを半分に切って、添える。

なすと長ねぎ、油揚げのみそ汁

材料

なす…20g(厚さ2㎝輪切り)
長ねぎ…5g(厚さ2㎝輪切り)
油揚げ…1/10枚
みそ…小さじ1
だし汁…150ml

作り方

なすはいちょう切りに、長ねぎは小口切りに、油揚げは短い細切りにする。すべてをだし汁で煮て、火が通ったら、みそを溶く。

「おやつ」は何をあげればいいの？

おやつと聞くと、甘いお菓子をイメージしがちですが、子どもにとってのおやつは「補食（第4の食事）」と考えましょう。幼児期はまだ一度にたくさんの量の食事をとることができません。たりない栄養を補うのが、おやつの大切な役割です。あめなどの甘いお菓子ではなく、おにぎりなど軽食を与えましょう。夕食までにはおなかがすいて食べられるように、量をコントロールすることも大切です。

ただ、3度の食事におやつまで作るとなると、負担も大きくなるもの。市販品もとり入れて、おやつと上手につきあいましょう。

おやつの献立例

ビスケット ＋ くだもの ＋ 牛乳

市販品ならこんなものをチョイス!

玄米パン　ポンせんべい
小魚せんべい　チーズ　ヨーグルト
干しいも　レーズン　など

おすすめおやつレシピ

あべかわマカロニ

材料

マカロニ…15g
きな粉…小さじ2
砂糖…小さじ1/2
塩…少々

作り方

1 マカロニをゆで、水けをきって長さを半分に切る。
2 1に砂糖、塩、きな粉をまぶす。

ポイント

しょうゆと砂糖少々を混ぜ、刻みのりをのせれば、磯辺マカロニになります。

パンプキンスイートポテト

材料

かぼちゃ（皮・タネを除く）…20g（2cm角2切れ）
さつまいも（皮をむく）…30g（厚さ1.5cm輪切り）
バター…小さじ1/4
牛乳…小さじ1
溶き卵…適量

作り方

1 かぼちゃ、さつまいもはゆで、水けをきってつぶす。
2 1にバター、牛乳を混ぜ食べやすい大きさ（3等分程度）の船形に丸める（焼かずにこのままあげてもOK）。
3 2をアルミホイルに並べ、表面に溶き卵を塗り、トースターでうすく色づくまで焼く。

自分で食べるためのポイント

「自分で食べたい」と思わせる食器・食具選び

離乳食も完了期に入ってくると、「そろそろ自分で食べることに興味をもってほしい」と思うもの。でも、子どもによって反応はさまざまです。

なかなか自分で食べようとしない場合、もしかしたら子どもの食べやすいスプーンや食器ではないのかもしれません。手の動きも、唇や舌の動きも未発達な乳幼児期の子どもでも、食べやすい食器や食具(スプーンやフォークなど)があります。わが子に合ったものを探してみましょう。

食具

スプーンはにぎり手の部分も、素材もさまざまな種類があります。赤ちゃんによって相性があるので、いろいろ試してみましょう。写真中央の★2つは、自分でにぎって食べやすいよう柄が太く、口も広めになっています。その他は、食べさせることが主となる離乳食初期に活躍する介助用のスプーンで、柄が長く口が狭くなっています。

食器

電子レンジ加熱や熱湯消毒も可能で、丈夫な材質とシンプルなデザインの食器が便利。軽いプラスチック製よりも、重みのある磁器製のほうが安定感があり、1人でも食べやすいのでおすすめ。底が浅いフチつきのお皿なら、スプーンで食べ物をすくいやすくなります。

「自分で食べる」をサポートするメニュー選び

食べさせてもらうことから、赤ちゃんが自分で食べられるようになるために、食べやすいメニューを用意してあげることも大切です。

手づかみ食べで手と口の連動する動きをマスターしたら、スプーンやフォークを持って、口に運ぶ練習をしていきましょう。個人差が大きいので無理じいはせず、だいたい2歳6ヵ月ごろにはよい姿勢で1人で食べられるようになるとよいでしょう。

9ヵ月ごろ〜

手づかみで食べられるおやきやパン、ハンバーグ、卵焼きなど

1歳ごろ〜

スプーンですくって食べられるご飯やスープ、サラダなど

フォークに刺して食べられる魚や肉のソテー、フォークにひっかけて食べられる麺類など

PART5

大人ごはんからのとり分け離乳食

離乳食だけを作ろうと思うと、なかなか大変。
でも、大人の食事といっしょに作れば効率がよく、
赤ちゃんとおいしさの共有もできます！

家族でニコニコ　とり分け離乳食

〝とり分け〞のコツをつかむと、離乳食作りがグッとラクになり、家族でからだにやさしい食事が楽しめます。

いっしょだから、うれしい

とり分け離乳食の基本を押さえておくと、赤ちゃんの成長に合わせた離乳食をスムーズに作れます。また、離乳食と大人の食事を同じ材料でいっしょに作れば効率もよく、同じメニューを「おいしいね」と言いながら食べることもできるので、赤ちゃんの食欲もアップします。頑張って作った離乳食を食べてくれなかったときはがっかりしますが、大人用からとり分けたものであれば、気分も少しはラクになるでしょう。

ポイントを押さえれば簡単

ポイントは、①食べられる食材と食べられない食材を分ける、②調味料、脂肪分を控える、③繊維の多いかたいものを控える、の3つ。以下のように、離乳食の進みぐあいに応じて、食べられるところまで大人のものといっしょに調理して、とり分けたあと、赤ちゃん用と大人用にそれぞれ仕上げます。赤ちゃん用はやわらかく煮直す、刻む、うすめる、とろみをつけるなどの手を加え、大人用は調味料や油、香辛料、しょうがなどを加え、しっかり味を調えます。

とり分けメニューを作るときの注意点

1　繊維の多いかたい食材を調理するとき

たとえばごぼう、こんにゃく、ひじき、にんじんの煮ものの場合、油は使わず、だし汁で煮てから使いましょう。7〜8ヵ月ごろならにんじんをとり分けてつぶし、9ヵ月ごろからはしょうゆ、砂糖などでごくうす味をつけてからこんにゃく以外をとり分け、にんじんは大きめに切り、ごぼうとひじきはみじん切りにして少量混ぜます。とり分けたあと、大人用にごま油や調味料を加え、煮汁を煮つめます。

2　調理油、脂肪の多い食材を調理するとき

脂肪は消化に時間がかかるため、9ヵ月ごろまでは脂肪の多い肉や魚は控えます。9ヵ月以降は炒めものなどの油や、生地に加える油なども少量なら使用でき、1歳以降は揚げものやドレッシングなどにも油を使えます。ひき肉などはゆでこぼして脂肪をカットしたり（写真左）、赤ちゃん用に少量または油なしで調理したあと、大人用に油を加えて仕上げても（写真右）OK。

3　肉や魚と野菜を調理するとき

豚肉と野菜の炒めあんかけやシチューなど、肉や魚と野菜を組み合わせて調理するときは、野菜を別にゆでておくと、肉や魚が食べられない時期に対応できます。炒めた肉にゆでた野菜と煮汁を合わせて味つけすれば、離乳食のゆで野菜も確保でき、調理時間も短縮できて効率的です。肉も食べられるようになったら、少量の調味料や水溶き片栗粉を加えて、全体にうす味ととろみをつけてからとり分け、肉やかたい野菜は刻んで器に盛りつけます。

レシピの見方

●およそ大人２人分と赤ちゃん１人分のレシピを紹介しています。月齢や進みぐあいに応じて、赤ちゃん用をとり分けてください。

大人のメニュー

ゆでた野菜と炒めた肉を合わせて作るとり分け離乳食の"王道"レシピ

ハヤシライス

主食 －ご飯－

材料（大人２人分と赤ちゃん分）
ご飯…２人分
牛赤身薄切り肉…150g
玉ねぎ…１個
マッシュルーム…３個（しめじでもよい）
グリーンピース（冷凍）…大さじ２程度
にんにく…1/2片
バター（有塩）…大さじ１
小麦粉…大さじ３
トマトピューレ…100g（1/2カップ）
中濃ソース…大さじ１
しょうゆ…大さじ１
塩…小さじ1/2
こしょう…少々
だし昆布…長さ10cm
水…400ml
油…大さじ１

585 kcal

大人用の作り方

1 玉ねぎは半分に切り、繊維を断つように1cm幅に切って鍋に入れ、水、はさみで切った昆布を入れ、ふたをしてやわらかくなるまで煮る。

玉ねぎは繊維を断つように切りましょう。

ココでとり分け
玉ねぎをやわらかく煮たら、赤ちゃん用にとり分けて。

2 マッシュルームは薄切りに、グリーンピースは耐熱容器に入れてふんわりラップをかけ、電子レンジで30秒ほど加熱する。にんにくはみじん切りにして耐熱容器に入れ、バターをのせて電子レンジで1分ほど加熱する。

3 フライパンに油を入れて熱し、牛肉を炒める。色が変わったら火を止め、小麦粉をふりかけて混ぜ、1と、2のマッシュルーム、トマトピューレを入れて混ぜ、とろみがつくまで煮る。

ココでとり分け
牛肉の色が変わったら、赤ちゃん用にとり分けて。

赤ちゃん用にとり分けたあとに、小麦粉をふりかけます。

牛肉と小麦粉をよく混ぜ合わせたら、玉ねぎと煮汁、トマトピューレ、マッシュルームを入れます。

ココでとり分け
とろみがついたら、赤ちゃん用にソースだけをとり分けて。

4 中濃ソース、しょうゆ、塩、こしょう、2のにんにくバターを混ぜて弱火で5分ほど煮こむ。

3で赤ちゃん用にソースをとり分けたあとに、味つけします。

最後ににんにくバターを入れて。

5 皿にご飯を盛り4をかけ、2のグリーンピースを飾る。

142

とり分け量と作り方

7~8カ月ごろ
ゆでてすりつぶした鶏肉を入れてもOK
グリーンピース入りトマトがゆ

材料（赤ちゃん１人分のとり分け量）
7~5倍がゆ…大さじ4~5
大人の作り方1で煮た玉ねぎ…大きいもの3切れ
大人の作り方2で加熱したグリーンピース…6粒
トマトピューレ…小さじ1/2

作り方 大人の作り方1で煮た玉ねぎの薄皮をとり、みじん切りにする。大人の作り方2で加熱したグリーンピースの薄皮をとり、みじん切りにする。7倍がゆに玉ねぎ、グリーンピース、トマトピューレを混ぜる。

ポイント
トマトピューレは塩が入っていないので、この時期から使える。うまみもプラスできる。

5~6カ月ごろ
グリーンピースがなければ、にんじんを加えて
玉ねぎとグリーンピースがゆ

材料（赤ちゃん１人分のとり分け量）
10倍がゆ…大さじ2~3
大人の作り方1で煮た玉ねぎ…大きいもの2切れ
大人の作り方1の煮汁…小さじ1
大人の作り方2で加熱したグリーンピース…3粒

作り方 大人の作り方1で煮た玉ねぎの薄皮をとり、みじん切りにする。大人の作り方2で加熱したグリーンピースの薄皮をとり、玉ねぎ、煮汁と合わせてすりつぶす。10倍がゆを加え、さらになめらかになるまですりつぶす。

ポイント
玉ねぎもグリーンピースも薄皮をとり除いて、よくすりつぶす。

12~18カ月ごろ
同じ方法でカレーやシチューもとり分けできる
赤ちゃん用ハヤシライス

材料（赤ちゃん１人分のとり分け量）
軟飯…大さじ5~6
大人の作り方1で煮た玉ねぎ…4切れ
大人の作り方2で加熱したグリーンピース…6粒
大人の作り方3で炒めた牛肉…2枚（15~20g）
大人の作り方3で煮たマッシュルーム…1枚
大人の作り方3のソース…大さじ3
しょうゆ…少々

作り方 大人の作り方1で煮た玉ねぎを8mm角程度に、大人の作り方3で炒めて小麦粉をふる前にとり出した牛肉を1cm長さの細切りに、大人の作り方3のソースからとり出したマッシュルームを粗みじん切りにする。大人の作り方3の味つけ前のソースとしょうゆを混ぜる。軟飯にかけ、薄皮をとり半分に割ったグリーンピースをのせる。

ポイント
ティースプーンの先にのるくらいのしょうゆで味つけ。

9~11カ月ごろ
肉は刻んでかゆに混ぜると、食べやすくなる
牛肉とトマトのリゾット風がゆ

材料（赤ちゃん１人分のとり分け量）
5倍がゆ…大さじ5~6
大人の作り方1で煮た玉ねぎ…4切れ
大人の作り方2で加熱したグリーンピース…6粒
大人の作り方3で炒めた牛肉…1枚（10~15g）
大人の作り方3のソース…大さじ2
しょうゆ…少々

作り方 大人の作り方1で煮た玉ねぎ、大人の作り方2で加熱したグリーンピースの薄皮をとり、粗みじん切りにする。大人の作り方3で炒めて、小麦粉をふる前にとり出した牛肉をみじん切りにする。5倍がゆに合わせ、大人の作り方3の味つけ前のソース、しょうゆを混ぜる。

ポイント
牛肉は、縦横に繊維を断ち切るように刻んで。

143

大人ごはんからのとり分け離乳食

●月齢の目安ととり分けのポイントを紹介しています。

5~6カ月ごろ

グリーンピースがなければ、にんじんを加えて

玉ねぎとグリーンピースがゆ

材料（赤ちゃん１人分のとり分け量）
10倍がゆ…大さじ2~3
大人の作り方1で煮た玉ねぎ…大きいもの2切れ
大人の作り方1の煮汁…小さじ1
大人の作り方2で加熱したグリーンピース…3粒

作り方 大人の作り方1で煮た玉ねぎの薄皮をとり、みじん切りにする。大人の作り方2で加熱したグリーンピースの薄皮をとり、玉ねぎ、煮汁と合わせてすりつぶす。10倍がゆを加え、さらになめらかになるまですりつぶす。

ポイント
玉ねぎもグリーンピースも薄皮をとり除いて、よくすりつぶす。

●大人レシピからとり分けるタイミングを赤字で示しています。赤字ではない食材は、材料をあらかじめ多めにしておくなど、赤ちゃん用に準備します。分量や大きさなどの形態はあくまでも目安です。

●作り方のプロセスと、とり分ける場面を写真で紹介し、ポイントを解説しています。

●１歳～１歳６ヵ月ごろの赤ちゃん１人分を除いた、およそ大人１人分のエネルギー量（kcal）を表示しています。

●各時期に、赤ちゃんがおいしく食べられる離乳食に仕上げるポイントを解説しています。

大人のメニュー

ゆでた野菜と炒めた肉を合わせて作る
とり分け離乳食の〝王道〟レシピ

ハヤシライス

材料（大人２人分と赤ちゃん分）

ご飯…２人分
牛赤身薄切り肉…150g
玉ねぎ…１個
マッシュルーム…３個（しめじでもよい）
グリーンピース（冷凍）…大さじ２程度
にんにく…1/2片
バター（有塩）…大さじ１
小麦粉…大さじ３
トマトピューレ…100g（1/2カップ）
中濃ソース…大さじ１
しょうゆ…大さじ１
塩…小さじ1/2
こしょう…少々
だし昆布…長さ10cm
水…400ml
油…大さじ１

大人用の作り方

1 玉ねぎは半分に切り、繊維を断つように1cm幅に切って鍋に入れ、水、はさみで切った昆布を入れ、ふたをしてやわらかくなるまで煮る。

玉ねぎは繊維を断つように切りましょう。

ココでとり分け

玉ねぎをやわらかく煮たら、赤ちゃん用にとり分けて。

2 マッシュルームは薄切りに、グリーンピースは耐熱容器に入れてふんわりラップをかけ、電子レンジで30秒ほど加熱する。にんにくはみじん切りにして耐熱容器に入れ、バターをのせて電子レンジで１分ほど加熱する。

3 フライパンに油を入れて熱し、牛肉を炒める。色が変わったら火を止め、小麦粉をふりかけて混ぜ、**1**と、**2**のマッシュルーム、トマトピューレを入れて混ぜ、とろみがつくまで煮る。

ココでとり分け

牛肉の色が変わったら、赤ちゃん用にとり分けて。

赤ちゃん用にとり分けたあとに、小麦粉をふりかけます。

牛肉と小麦粉をよく混ぜ合わせたら、玉ねぎと煮汁、トマトピューレ、マッシュルームを入れます。

ココでとり分け

とろみがついたら、赤ちゃん用にソースだけをとり分けて。

4 中濃ソース、しょうゆ、塩、こしょう、**2**のにんにくバターを混ぜて弱火で５分ほど煮こむ。

3で赤ちゃん用にソースをとり分けたあとに、味つけします。

最後ににんにくバターを入れて。

5 皿にご飯を盛り**4**をかけ、**2**のグリーンピースを飾る。

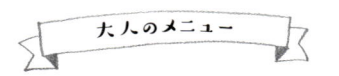

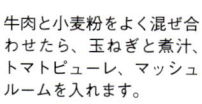

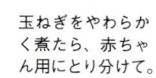

7〜8カ月ごろ

ゆでてすりつぶした鶏肉を入れてもOK

グリーンピース入りトマトがゆ

材料（赤ちゃん１人分のとり分け量）

7〜5倍がゆ…大さじ4〜5

大人の作り方１で煮た玉ねぎ…大きいもの3切れ

大人の作り方２で加熱したグリーンピース…6粒

トマトピューレ…小さじ1/2

作り方 大人の作り方１で煮た玉ねぎの薄皮をとり、みじん切りにする。大人の作り方２で加熱したグリーンピースの薄皮をとり、みじん切りにする。7倍がゆに玉ねぎ、グリーンピース、トマトピューレを混ぜる。

ポイント

トマトピューレは塩が入っていないので、この時期から使える。うまみもプラスできる。

5〜6カ月ごろ

グリーンピースがなければ、にんじんを加えて

玉ねぎとグリーンピースがゆ

材料（赤ちゃん１人分のとり分け量）

10倍がゆ…大さじ2〜3

大人の作り方１で煮た玉ねぎ…大きいもの2切れ

大人の作り方１の煮汁…小さじ1

大人の作り方２で加熱したグリーンピース…3粒

作り方 大人の作り方１で煮た玉ねぎの薄皮をとり、みじん切りにする。大人の作り方２で加熱したグリーンピースの薄皮をとり、玉ねぎ、煮汁と合わせてすりつぶす。10倍がゆを加え、さらになめらかになるまですりつぶす。

ポイント

玉ねぎもグリーンピースも薄皮をとり除いて、よくすりつぶす。

12〜18カ月ごろ

同じ方法でカレーやシチューもとり分けできる

赤ちゃん用ハヤシライス

材料（赤ちゃん１人分のとり分け量）

軟飯…大さじ5〜6

大人の作り方１で煮た玉ねぎ…4切れ

大人の作り方２で加熱した
　グリーンピース…6粒

大人の作り方３で炒めた牛肉
　…2枚（15〜20g）

大人の作り方３で煮たマッシュルーム
　…1枚

大人の作り方３のソース…大さじ3

しょうゆ…少々

作り方 大人の作り方１で煮た玉ねぎを8㎜角程度に、大人の作り方３で炒めて小麦粉をふる前にとり出した牛肉を1㎝長さの細切りに、大人の作り方３のソースからとり出したマッシュルームを粗みじん切りにする。大人の作り方３の味つけ前のソースとしょうゆを混ぜる。軟飯にかけ、薄皮をとり半分に割ったグリーンピースをのせる。

ポイント

ティースプーンの先にのるくらいのしょうゆで味つけ。

9〜11カ月ごろ

肉は刻んでかゆに混ぜると、食べやすくなる

牛肉とトマトのリゾット風がゆ

材料（赤ちゃん１人分のとり分け量）

5倍がゆ…大さじ5〜6

大人の作り方１で煮た玉ねぎ…4切れ

大人の作り方２で加熱した
　グリーンピース…6粒

大人の作り方３で炒めた牛肉
　…1枚（10〜15g）

大人の作り方３のソース…大さじ2

しょうゆ…少々

作り方 大人の作り方１で煮た玉ねぎ、大人の作り方２で加熱したグリーンピースの薄皮をとり、粗みじん切りにする。大人の作り方３で炒めて、小麦粉をふる前にとり出した牛肉をみじん切りにする。5倍がゆに合わせ、大人の作り方３の味つけ前のソース、しょうゆを混ぜる。

ポイント

牛肉は、縦横に繊維を断ち切るように刻んで。

大人のメニュー

カリッと焼いた魚に、やわらかく煮た野菜を汁ごと加え、調味料と水溶き片栗粉でツヤツヤのあんかけに

さんまの甘辛あんかけ丼

材料（大人２人分と赤ちゃん分）

ご飯…２人分
さんま（3枚おろし）…４切れ（2尾分）
塩…少々
玉ねぎ…1/2個
にんじん…1/2本
昆布だし汁…１と1/4カップ※
水溶き片栗粉
（片栗粉小さじ２：水小さじ４）
しょうゆ…小さじ４
砂糖…小さじ２
しょうが汁…小さじ1/2
油…小さじ１
小ねぎ…適量

※7ヵ月以降の赤ちゃんなら、かつおだし汁でも可。

大人用の作り方

1 玉ねぎは薄切り、にんじんは短冊切りにし、だし汁で煮る。

2 さんまは小骨をとり除いて3等分し、塩をふる。油を熱したフライパンに並べ、色づくまで両面焼く。

3 2に1を汁ごと加え、しょうゆ、砂糖、しょうが汁を混ぜ、水溶き片栗粉を加えてとろみがつくまで煮る。

ポイント

焼いたさんまに、煮汁ごと野菜を合わせます。魚と野菜を別々に加熱することでとり分けがしやすく、仕上がりもきれいになります。

4 ご飯に3をのせ、小口切りの小ねぎを散らす。

7〜8 カ月ごろ

しらす干しや白身魚を野菜に混ぜてもOK

にんじんと玉ねぎのせがゆ

材料（赤ちゃん１人分のとり分け量）

7〜5倍がゆ…大さじ4〜5
大人の作り方1で煮たにんじん・玉ねぎ
…各小さじ1と1/2
大人の作り方1の煮汁…小さじ1

作り方 大人の作り方1で煮たにんじんと玉ねぎをみじん切りにし、煮汁を混ぜてしっとりさせ、7倍がゆにのせる。

ポイント
玉ねぎとにんじんは、2〜3㎜角のみじん切りに。

5〜6 カ月ごろ

野菜とかゆは別々に盛りつけ、素材の味を体験させて

トロトロにんじんと玉ねぎのせがゆ

材料（赤ちゃん１人分のとり分け量）

10倍がゆ…大さじ2〜3
大人の作り方1で煮たにんじん・玉ねぎ
…各小さじ1
大人の作り方1の煮汁…小さじ2

作り方 大人の作り方1で煮たにんじん、玉ねぎをすりつぶし、煮汁を加えてトロトロにし、10倍がゆにかける。

ポイント
ゆでた玉ねぎとにんじんをすりつぶし、煮汁でのばす。

12〜18 カ月ごろ

赤ちゃん１人分は、とり分けて電子レンジ加熱がラク

さんまと野菜のあんかけ丼

材料（赤ちゃん１人分のとり分け量）

軟飯…大さじ5〜6
大人の作り方2で焼いたさんま…2切れ
大人の作り方 1 で煮たにんじん・玉ねぎ
…各大さじ1と1/2
大人の作り方1の煮汁…大さじ2
片栗粉…小さじ1/8
しょうゆ、砂糖…各少々
小ねぎ…5切れ

作り方 大人の作り方2で焼いたさんまは皮と小骨をとり除いてほぐし、大人の作り方1で煮たにんじんと玉ねぎは8㎜角に、小ねぎはみじん切りにして煮汁、片栗粉を混ぜ、電子レンジで30秒ほど加熱する。しょうゆ、砂糖を混ぜ、軟飯にかける。

ポイント
片栗粉を混ぜて電子レンジで加熱し、とろみをつけると食べやすくなる。

9〜11 カ月ごろ

脳の発達を助けるDHAが豊富な青魚を試して

さんまと野菜のあんかけがゆ

材料（赤ちゃん１人分のとり分け量）

5倍がゆ…大さじ5〜6
大人の作り方2で焼いたさんま…1切れ
大人の作り方1で煮たにんじん・玉ねぎ
…各大さじ1
大人の作り方1の煮汁…大さじ2
A ｜片栗粉…小さじ1/8
　｜しょうゆ…少々
小ねぎ…3切れ

作り方 大人の作り方2で焼いたさんまは皮と小骨をとり除き細かくほぐし、大人の作り方1で煮たにんじん、玉ねぎは5㎜角に、小ねぎはみじん切りにする。煮汁、Aを混ぜ、電子レンジで30秒ほど加熱し、5倍がゆにかける。

ポイント
さんまの小骨は、焼いてからのほうがとり除きやすくなる。身はしっかりほぐして。

大人のメニュー

炒めた具にご飯と調味料を混ぜるチャーハンは、
とり分けしやすいメニューのひとつ

小松菜ひじきチャーハン

材料（大人２人分と赤ちゃん分）

ご飯…300g（茶碗２杯分）
芽ひじき（乾燥）…大さじ１
小松菜…1/2束（80g）
豚ひき肉…80g
ごま油…小さじ１
しょうゆ…小さじ１
卵…１個
塩…小さじ1/4

大人用の作り方

1 芽ひじきは湯をかけてもどし、水けをきる。小松菜はみじん切りにする。
2 ごま油を熱したフライパンで豚ひき肉を炒め、色が変わったら１を加えてさらに炒め、しょうゆを混ぜる。
3 炒めた２をフライパンの端に寄せ、あいたところに塩少々（分量外）を加えて溶いた卵を流し入れ、いり卵を作る。ご飯、塩を混ぜ、パラッとするまで炒める。

ポイント
小松菜は生のまま加えてOK。下ゆでの手間が省けて効率的で、栄養の損失も少なく、色もきれいに仕上がる。

とり分け量と作り方

7〜8カ月ごろ
葉野菜はかゆに混ぜると食べやすい

小松菜がゆ

材料（赤ちゃん１人分のとり分け量）
7〜5倍がゆ…大さじ４〜５
大人の作り方１でみじん切りにした小松菜（葉先）…小さじ２

作り方 大人の作り方１の小松菜の葉先をやわらかくゆでて、さらにみじん切りにし、7倍がゆに混ぜる。

5〜6カ月ごろ
小松菜の葉先だけをとり分けて

トロトロ小松菜がゆ

材料（赤ちゃん１人分のとり分け量）
10倍がゆ…大さじ２〜３
大人の作り方１でみじん切りにした小松菜（葉先）…小さじ１
湯…適量

作り方 大人の作り方１の小松菜の葉先をやわらかくゆでて、すり鉢ですりつぶし、10倍がゆを混ぜる。湯を加えてトロトロにする。

12〜18カ月ごろ
チャーハンに水をたしてやわらかく煮てもOK

小松菜ひじき混ぜご飯

材料（赤ちゃん１人分のとり分け量）
軟飯…大さじ５〜６
ご飯と塩を入れる前の大人の作り方３の具…大さじ２
塩…少々

作り方 ご飯と塩を入れる前の大人の作り方３の具をとり分けてみじん切りにする。軟飯に混ぜ、塩をふる。

9〜11カ月ごろ
豚ひき肉はよく刻んでかゆに混ぜて

小松菜ひじきがゆ

材料（赤ちゃん１人分のとり分け量）
5倍がゆ…大さじ５〜６
大人の作り方２の具…大さじ１

作り方 大人の作り方２でしょうゆを混ぜた具をとり分けてみじん切りにし、5倍がゆに混ぜる。

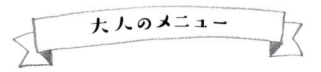

大人のメニュー

赤ちゃんが食べられる食材を
先に加熱するととり分けがラク

野菜とシーフードのリゾット

材料（大人２人分と赤ちゃん分）

ご飯…250g（茶碗１杯半分）
冷凍シーフードミックス
（あさり、えび、いか）…100g
キャベツ…２枚（80g）
玉ねぎ…1/4個
にんじん…1/4本
昆布だし汁…２カップ
しらす干し…大さじ3
塩…小さじ1/2
牛乳…1/2カップ
オリーブ油…小さじ2
こしょう…少々

大人用の作り方

1 キャベツは2㎝四方に、玉ねぎとにんじんは７～8㎜角に切る。鍋に入れ、だし汁でやわらかく煮たらしらす干しを加える。

2 オリーブ油を熱したフライパンに、シーフードミックスを冷凍のまま入れ、強火で色が変わるまで炒め、塩少々（分量外）とこしょうをふる。

3 **1**にご飯と牛乳を混ぜ、**2**を加える。ご飯がなじみ、少しとろみがつくまで煮て、塩で味を調える。

ポイント

冷凍シーフードは、凍ったまま炒めることで臭みなく仕上げられる。また煮すぎてかたくなるのを防ぐため、炒めたシーフードは最後に鍋に加える。

とり分け量と作り方

7~8カ月ごろ

赤ちゃんの食べるようすに合わせて、刻みぐあいを変えて

野菜としらすがゆ

材料（赤ちゃん１人分のとり分け量）

7～5倍がゆ…大さじ４～5
大人の作り方**1**で煮たキャベツ…2切れ
大人の作り方**1**で煮た玉ねぎ・にんじん・しらす干し…合わせて大さじ１

作り方 大人の作り方**1**で煮たキャベツ、玉ねぎ、にんじん、しらす干しをみじん切りにし、かゆに混ぜる。

5~6カ月ごろ

キャベツは葉のやわらかい部分をとり分けて

キャベツとしらすがゆ

材料（赤ちゃん１人分のとり分け量）

10倍がゆ…大さじ2～3
大人の作り方**1**で煮たキャベツ…2切れ
大人の作り方**1**で煮たしらす干し…小さじ1/2

作り方 大人の作り方**1**で煮たキャベツとしらす干しをすり鉢ですりつぶし、かゆを加えてトロトロにする。

12~18カ月ごろ

アレルギーがなければ、シーフードも刻んで使える

野菜としらすのリゾット

材料（赤ちゃん１人分のとり分け量）

ご飯…大さじ3～4
大人の作り方**1**で煮たキャベツ…3切れ
大人の作り方**1**で煮た玉ねぎ・にんじん・しらす干し…合わせて大さじ１と1/2
大人の作り方**1**の煮汁…大さじ3
牛乳…大さじ１
塩…少々

作り方 大人の作り方**1**で煮たキャベツを8㎜角に切り、玉ねぎ、にんじん、しらす干し、煮汁を小鍋に合わせる。ご飯、牛乳、塩を加えて、やわらかくなるまで弱火で煮る。

9~11カ月ごろ

牛乳を混ぜて電子レンジ加熱して、ミルク入りがゆに

野菜としらすのミルクがゆ

材料（赤ちゃん１人分のとり分け量）

5倍がゆ…大さじ5～6
大人の作り方**1**で煮たキャベツ…3切れ
大人の作り方**1**で煮た玉ねぎ・にんじん・しらす干し…合わせて大さじ１
牛乳…大さじ１
塩…少々

作り方 大人の作り方**1**で煮たキャベツ、玉ねぎ、にんじん、しらす干しを5㎜四方に切り、かゆ、牛乳、塩を耐熱容器に入れて混ぜ、電子レンジで軽く加熱する。

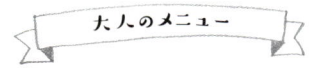

大人のメニュー

甘辛く煮た魚とゆでた野菜の混ぜご飯なら、
とり分けしやすく栄養バランスも◎

かつおめし

材料（大人２人分と赤ちゃん分）

ご飯…300g（茶碗２杯分）
かつお（刺身用）…120g
A
水…1/4カップ
しょうが汁…小さじ1/2
しょうゆ・砂糖…各小さじ２
にんじん…1/6本
絹さや…６枚
刻みのり…適量

大人用の作り方

1 にんじんは2cm長さのせん切りにしてゆでる。筋をとり除き、斜めせん切りにした絹さやも加えてゆで、水けをきる。
2 かつおは1cm厚さ×2cm四方程度に切り、沸騰した湯で火が通るまでゆでて水けをきる。Aとともに鍋に入れ、煮汁が少なくなるまで煮る。
3 ご飯に1と2を混ぜ、茶碗に盛りのりをのせる。

242 kcal

ポイント
かつおはゆでて臭みをとれば、とり分けもしやすく、酒を使わなくてもおいしく煮上がる。

とり分け量と作り方

7〜8カ月ごろ
身がかたいかつおは、みじん切りにしてかゆに混ぜると◎

かつおと野菜がゆ

材料（赤ちゃん１人分のとり分け量）
7〜5倍がゆ…大さじ4〜5
大人の作り方2でゆでた味つけ前のかつお…1切れ
大人の作り方1でゆでたにんじん…小さじ1/2
大人の作り方1でゆでた絹さや…小さじ1/2

作り方 大人の作り方2でゆでた味つけ前のかつお、大人の作り方1でゆでたにんじん、絹さやをみじん切りにしてかゆに混ぜる。

5〜6カ月ごろ
絹さやも少量をかゆに混ぜて試してみて

にんじんと絹さやがゆ

材料（赤ちゃん１人分のとり分け量）
10倍がゆ…大さじ2〜3
大人の作り方1でゆでたにんじん…小さじ1/2
大人の作り方1でゆでた絹さや…小さじ1/2

作り方 大人の作り方1でゆでたにんじん、絹さやをみじん切りにする。かゆと合わせてすりつぶす。

12〜18カ月ごろ
混ぜご飯をミニおにぎりにしてもOK

かつおと野菜の混ぜご飯

材料（赤ちゃん１人分のとり分け量）
軟飯…大さじ5〜6
大人の作り方2でゆでた味つけ前のかつお…3切れ
大人の作り方1でゆでたにんじん…小さじ1と1/2
大人の作り方1でゆでた絹さや…小さじ1
しょうゆ…少々　刻みのり…少々

作り方 大人の作り方2でゆでた味つけ前のかつおを7mm角に切ってほぐし、しょうゆであえる。大人の作り方1でゆでたにんじん、絹さやを1cm長さに切って軟飯に混ぜ、味つけしたかつおと細かく切ったのりをのせる。

9〜11カ月ごろ
刻んでうす味をつけたかつおを混ぜながら食べさせて

かつおのせ野菜がゆ

材料（赤ちゃん１人分のとり分け量）
5倍がゆ…大さじ5〜6
大人の作り方2でゆでた味つけ前のかつお…2切れ
大人の作り方1でゆでたにんじん…小さじ1
大人の作り方1でゆでた絹さや…小さじ1
しょうゆ…少々

作り方 大人の作り方2でゆでた味つけ前のかつおを5mm角に切ってほぐし、しょうゆであえる。大人の作り方1でゆでたにんじん、絹さやを5mm長さに切ってかゆに混ぜ、味つけしたかつおをのせる。

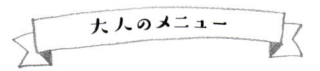

大人のメニュー

とり分けしやすいよう塩をあとで加えて
えびやいか、鶏肉など具を豪華にしても◎

たらのパエリア風炊きこみご飯

材料（作りやすい量：およそ大人4人分と赤ちゃん分）

米…2合
真だら切り身（皮を除く）
…2切れ（160g）
玉ねぎ…1/2個
赤パプリカ…1/2個
にんにく…1片
昆布だし汁…360ml
オリーブ油…大さじ1
ターメリック・しょうゆ
…各小さじ1/2
塩…小さじ1/2
こしょう…少々
ドライパセリ…適量

大人用の作り方

1 米はといでざるに上げる。玉ねぎとにんにくはみじん切りに、赤パプリカは縦半分に切り、横向きに5mm幅に切る。たらは骨をとり除き、10g程度に切り分ける。
2 オリーブ油で1の玉ねぎとにんにくを炒める。
3 炊飯釜に1の米、昆布だし汁、ターメリック、しょうゆを入れて混ぜ、2と1の赤パプリカ、たらをのせて炊く。
4 塩、こしょうを混ぜて、皿に盛りドライパセリをふる。

ポイント

米にだし汁とターメリック、しょうゆを加え、具をのせて炊く。黄色に色づけるターメリックは、辛みがないので1歳ごろから使えるスパイス。

とり分け量と作り方

7〜8カ月ごろ

パプリカは皮をむいて刻むと食べやすくなる

たらとパプリカがゆ

材料（赤ちゃん1人分のとり分け量）

7〜5倍がゆ…大さじ4〜5
大人の作り方1で切り分けたたら…1切れ（10g）
大人の作り方1の赤パプリカ…1切れ

作り方 大人の作り方1のたらと赤パプリカをゆでる。たらは細かくほぐし、赤パプリカは皮をとり除きみじん切りにし、7倍がゆに混ぜる。

5〜6カ月ごろ

パサつきがちなたらは、かゆに混ぜると飲みこみやすい

たらがゆ

材料（赤ちゃん1人分のとり分け量）

10倍がゆ…大さじ2〜3
大人の作り方1で切り分けたたら
…1/2切れ（5g）
湯…適量

作り方 大人の作り方1のたらをゆで、10倍がゆと合わせてすりつぶす。湯を加えてトロトロにする。

12〜18カ月ごろ

味つけ前の炊きこみご飯に、水を混ぜて加熱すればOK

たらと野菜の炊きこみご飯

材料（赤ちゃん1人分のとり分け量）

大人の作り方3で炊いたご飯…大さじ3
大人の作り方3で炊いたたら…2切れ
大人の作り方3で炊いた赤パプリカ…2切れ
水…大さじ3
ドライパセリ…少々

作り方 大人の作り方3で炊いたご飯に水を混ぜ、耐熱容器に入れラップをかけ電子レンジで2分ほど加熱する。たらを粗くほぐし、赤パプリカを7〜8mm角に切って混ぜ、ドライパセリをふる。

9〜11カ月ごろ

大人メニューで炊いた具をとり分けて、かゆに混ぜて

たらとパプリカの混ぜがゆ

材料（赤ちゃん1人分のとり分け量）

5倍がゆ…大さじ4〜5
大人の作り方3で炊いたたら
…1と1/2切れ（15g）
大人の作り方3で炊いた赤パプリカ…1切れ

作り方 大人の作り方3で炊いたたらを5mm角程度にほぐし、大人の作り方3で炊いた赤パプリカの皮をとり除いて5mm角に切り、5倍がゆに混ぜる。

大人のメニュー

パスタは麺と具をとり分け、大人用はオイルやにんにく、スパイスを加えて仕上げて

れんこんとしらすのペペロンチーノスパゲッティ

材料（大人２人分と赤ちゃん分）

スパゲッティ（1.4mm）…150g
れんこん…100g
ブロッコリー（芯を除く）…80g
しらす干し…50g
にんにく（薄切り）…１片分
赤唐辛子（タネを除き半分に切る）…１本分
オリーブ油…大さじ２
しょうゆ…小さじ１
塩…適量
こしょう…少々

大人用の作り方

1 れんこんは薄いいちょう切りにする。ブロッコリーは2cm角程度に切り分ける。

2 フライパンに半量のオリーブ油とにんにく、赤唐辛子を温め、**1**のれんこんを炒める。しんなりしたら**1**のブロッコリーとしらす干しを加える。

3 塩（小さじ2程度）を入れた湯でスパゲッティをゆで、大人用をとり出して**2**に入れ、ゆで汁をお玉1/2杯と残りの油を加えて炒める。しょうゆ、塩、こしょうを混ぜる。

ポイント

大人用の麺をとり出したら、ふたをしてさらに10分ほどゆでる。火を止めて蒸らすと、赤ちゃんにも食べやすいやわらかさに。

7~8カ月ごろ

パラパラする食材はかゆにのせると◎

しらすとブロッコリーがゆ

材料（赤ちゃん１人分のとり分け量）

7~5倍がゆ…大さじ4~5

大人の作り方1で切り分けたブロッコリー（つぼみの部分）…1と1/2切れ

しらす干し…小さじ1

作り方 大人の作り方1で切り分けたブロッコリーとしらす干しをゆでてみじん切りにし、7倍がゆにのせる。

ポイント

ゆでたブロッコリーの茎部分をとり、みじん切りにする。

5~6カ月ごろ

炒める前に具をとり分けて

しらすとブロッコリートロトロがゆ

材料（赤ちゃん１人分のとり分け量）

10倍がゆ…大さじ2~3

大人の作り方1で切り分けたブロッコリー（つぼみの部分）…1切れ

しらす干し…小さじ1/2

湯…適量

作り方 大人の作り方1で切り分けたブロッコリーとしらす干しをゆで、10倍がゆと合わせてすりつぶす。湯を加えてトロトロにのばす。

ポイント

材料からとり分けたしらす干しとブロッコリーをいっしょにゆでる。

12~18カ月ごろ

刻んだれんこんを混ぜて試してみて

しらすとれんこん、ブロッコリースパゲッティ

材料（赤ちゃん１人分のとり分け量）

大人の作り方3でゆでたスパゲッティ…1/2カップ

大人の作り方1で切ったれんこん…大さじ1

大人の作り方1で切り分けたブロッコリー…3切れ

しらす干し…大さじ1

大人の作り方3のゆで汁…小さじ1

しょうゆ…少々

オリーブ油…少々

作り方 大人の作り方3で残したスパゲッティに、大人の作り方1で切ったれんこんを加えて10分ほどゆで、大人の作り方1のブロッコリーとしらす干しも加えてゆでる。麺は長さ2~3cm、れんこんは粗みじん切り、ブロッコリーは1cm角に切り、しらす干しとゆで汁、しょうゆ、オリーブ油を混ぜる。

ポイント

離乳食用のスパゲッティを延長してゆでるときに、ブロッコリーとれんこん、しらすもゆでると時短になる。

9~11カ月ごろ

れんこんはすりおろすと食べやすく、とろみづけにもなる

れんこんのせ しらすブロッコリースパゲッティ

材料（赤ちゃん１人分のとり分け量）

大人の作り方3でゆでたスパゲッティ…1/3カップ

大人の作り方1で切る前のれんこんのすりおろし…小さじ1

水…小さじ2

大人の作り方1で切り分けたブロッコリー（つぼみの部分）…2切れ

しらす干し…小さじ2

大人の作り方3のゆで汁…適量

作り方 大人の作り方3で残したスパゲッティをさらに10分ほどゆで、ブロッコリーとしらす干しも加え、ゆでる。麺は長さ1~2cm、ブロッコリーとしらす干しは粗みじん切りにしてあえ、ゆで汁を混ぜる。大人の作り方1で切る前のれんこんをすりおろして水を混ぜ、ラップをかけ電子レンジで20秒ほど加熱し、上にのせる。

ポイント

目の細かいおろし金でれんこんをすりおろし、加熱するとトロトロに。

大人のメニュー

好みの野菜を混ぜた肉みそは、
うす味で多めに作ってフリージングすれば大活躍

なす入り肉みそ冷やしうどん

材料（大人２人分と赤ちゃん分）

ゆでうどん…２玉
長なす…１本
豚ひき肉…100g
小ねぎ…２本
ごま油…小さじ2

A
だし汁…1/2カップ
みそ・しょうゆ…各大さじ２
砂糖…小さじ１
片栗粉…小さじ１と1/2

大人用の作り方

1 なすは1cm角に切り、水にさらしてアクを抜く。
2 ごま油を熱したフライパンで豚ひき肉を炒め、色が変わったらなすを加える。なすの色が変わったらAを入れ、とろみがつくまで煮て、冷ます。
3 うどんをゆで、水で冷やして水けをきる。皿に盛り、2をかけ、小口切りにした小ねぎを散らす。

ポイント

ひき肉となすはすぐに火が通る。混ぜ合わせたAを加えてとろみをつければ、短時間で肉みそあんが完成。

とり分け量と作り方

7~8カ月ごろ

ひき肉が飲みこみにくければすりつぶして

ひき肉となすのうどんがゆ

材料（赤ちゃん１人分のとり分け量）
大人の作り方3でゆでたうどん…1/6～1/4玉分
大人の作り方1のなす（皮のない部分）…小さじ２
豚ひき肉（鶏ひき肉でも可）…小さじ１
だし汁…大さじ１
片栗粉…小さじ1/8

作り方 大人の作り方3のうどんに大人の作り方1のなすを加えて、やわらかくなるまで10分ほどゆで、それぞれみじん切りにする。豚ひき肉、だし汁、片栗粉を混ぜて煮てすりつぶし、なすを加え、うどんにかける。

5~6カ月ごろ

なすはうどんがゆに混ぜて、お試し程度に

なす入りうどんがゆ

材料（赤ちゃん１人分のとり分け量）
大人の作り方3でゆでたうどん…２～３本
大人の作り方1のなす（皮のない部分）…小さじ１
湯…適量

作り方 大人の作り方3のうどんに大人の作り方1のなすを加えて、やわらかくなるで10分ほどゆでる。みじん切りにし、すりつぶして、湯でトロトロにのばす。

12~18カ月ごろ

食べやすく刻んでうす味にすれば、大人と同じメニューでOK

なす入り肉みそあんかけうどん

材料（赤ちゃん１人分のとり分け量）
大人の作り方3でゆでたうどん…1/3～1/2玉分
大人の作り方2の肉みそあん…大さじ２
だし汁…大さじ１

作り方 大人の作り方3のうどんをさらにやわらかくゆで、2～3cmに切る。大人の作り方2の肉みそあんから、なすをとり出して5mm角に刻んで戻し、だし汁でのばしてうどんにかける。

9~11カ月ごろ

味つけ前にとり分けた具とうどんを刻んで、みそでごくうす味に

ひき肉となすのみそうどん

材料（赤ちゃん１人分のとり分け量）
大人の作り方3でゆでたうどん…1/4～1/3玉分
大人の作り方1のなす（皮のない部分）…小さじ２
大人の作り方2で炒めた味つけ前の豚ひき肉…小さじ１
だし汁…大さじ２
みそ…少々

作り方 大人の作り方3のうどんに大人の作り方1のなすを加えてさらにやわらかくゆで、うどんは1～2cm、なすは5mm角に切る。大人の作り方2の味つけ前の豚ひき肉を刻んでうどん、なす、だし汁を煮てみそを溶く。

大人のメニュー

野菜と鶏肉のうまみが出た煮汁のおかげで、
うす味の離乳食もおいしくなる

ねぎたっぷり鶏だんごうどん

材料（大人２人分と赤ちゃん分）

ゆでうどん…２玉
●鶏だんご
- 鶏ひき肉…120g
- 木綿豆腐…60g
- にんじん（すりおろし）…大さじ２
- 長ねぎ（みじん切り）…大さじ２
- 片栗粉…大さじ１
- 塩…小さじ1/4

だし汁…４カップ
長ねぎ（青い部分含む）…１本
にんじん…1/4本
まいたけ…1/2パック
しょうゆ・みりん…各大さじ１
塩…小さじ1/2

大人用の作り方

1 長ねぎは斜め切りに、にんじんはいちょう切りにし、まいたけはほぐす。
2 にんじんをだし汁で煮る。鶏だんごの材料をポリ袋でこね、口を閉じて片端を切り、鍋に丸く落とす。長ねぎ、まいたけを加えて煮る。
3 2にしょうゆ、みりん、塩を混ぜて火を止め、ゆでたうどんにかける。

ポイント
鶏だんごはポリ袋でこねてしぼり出せば、あとかたづけもラク。多めに作ってとり分け、フリージングすると便利。

とり分け量と作り方

7~8カ月ごろ
鶏ひき肉はよくほぐしながら煮て、なめらかに仕上げて

鶏肉と豆腐、野菜入りうどんがゆ

材料（赤ちゃん１人分のとり分け量）
大人の作り方3のゆでたうどん…1/6〜1/4玉分
鶏ひき肉…小さじ１
木綿豆腐…大さじ１
大人の作り方2で煮たにんじん…３枚
大人の作り方2で煮た長ねぎ…１切れ
大人の作り方2の煮汁…大さじ３

作り方 大人の作り方3のうどんをさらにやわらかくゆで、大人の作り方2のにんじん、長ねぎとともにみじん切りにし、鶏ひき肉、豆腐、煮汁を混ぜてやわらかく煮る。

5~6カ月ごろ
うどんがゆは、ミキサーでかくはんして作るとなめらかに

にんじんと豆腐のせうどんがゆ

材料（赤ちゃん１人分のとり分け量）
大人の作り方3のゆでたうどん…２〜３本
木綿豆腐…小さじ２
大人の作り方1のにんじん…３枚
ゆで汁…適量

作り方 大人の作り方3のうどんに、大人の作り方1のにんじんを加え、やわらかくなるまで10分ほどゆで、豆腐も加える。うどんをみじん切りにしてすりつぶし、ゆで汁でのばして器に盛り、にんじん、豆腐をすりつぶしてのせる。

12~18カ月ごろ
鶏だんごとにんじんは皿にのせ、手づかみ食べにしても

鶏だんごと野菜のうどん

材料（赤ちゃん１人分のとり分け量）
大人の作り方3のゆでたうどん…1/3〜1/2玉分
大人の作り方2で煮た鶏だんご…２個
大人の作り方2で煮たにんじん・長ねぎ・まいたけ…合わせて大さじ２
大人の作り方2の煮汁…大さじ５
しょうゆ…少々

作り方 大人の作り方3のうどんをさらにやわらかくゆで、2〜3cmに切る。大人の作り方2の鶏だんごは1cm角に、にんじんと長ねぎ、まいたけは8mm角に切り、煮汁とうどん、しょうゆを混ぜて煮る。

9~11カ月ごろ
豆腐とにんじん入りのふんわり肉だんごが食べやすい

刻み鶏だんごと野菜のうどん

材料（赤ちゃん１人分のとり分け量）
大人の作り方3のゆでたうどん…1/4〜1/3玉分
大人の作り方2で煮た鶏だんご…１個
大人の作り方2で煮たにんじん・長ねぎ・まいたけ…合わせて大さじ１と1/2
大人の作り方2の煮汁…大さじ４
しょうゆ…少々

作り方 大人の作り方3のうどんをさらにやわらかくゆで、1〜2cmに切る。大人の作り方2の鶏だんごは8mm角に、にんじんと長ねぎ、まいたけは5mm角に切り、煮汁とうどん、しょうゆを混ぜて煮る。

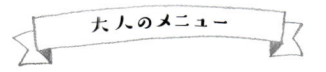

大人のメニュー

かたくなりやすい豚肉は、小麦粉と卵の衣で包んでふっくら焼き上げるのがコツ

ポークピカタ アスパラソテー添え

材料（大人2人分と赤ちゃん分）

豚ロース薄切り肉…180g
グリーンアスパラ…5本
エリンギ…1本
卵…1個
小麦粉・油…各適量
塩…少々
●ソース
ケチャップ・中濃ソース・湯
…各小さじ1

大人用の作り方

1 アスパラは下1/3部分の皮をピーラーでむき、5cm長さの斜め切りにする。エリンギは5cm長さの棒状に切る。

2 豚肉は1枚を3つ折りにし、塩をふり小麦粉を薄くまぶす。溶き卵をつけて油を熱したフライパンに並べ、残った卵液もかけて中火で焼く。1枚ずつ裏返し、ふたをして弱火で焼く。

ポイント
残った卵液もかけ、まわりが固まり、底が色づいたら1個ずつ分けるようにして裏返し、ふたをして弱火でじっくり焼く。

3 2をとり出して、キッチンペーパーでフライパンの汚れをふきとる。油を少し加え、1のアスパラとエリンギをソテーし、軽く塩をふる。

4 皿に2と3を盛り、混ぜたソースをかける。

鶏肉に慣れたら、豚肉にもチャレンジ

7~8カ月ごろ

豚肉とアスパラのトロトロ煮

材料（赤ちゃん１人分のとり分け量）

豚肉(脂身を除く)…1/4枚(4g)
グリーンアスパラ(穂先)…長さ3cm
ゆで汁…大さじ1
片栗粉…小さじ1/8

作り方 豚肉とアスパラの穂先を、やわらかくゆでてみじん切りにする。冷ましたゆで汁、片栗粉を混ぜて電子レンジで20秒ほど加熱したものを混ぜる。

ポイント

アスパラは半分に切って、肉といっしょにやわらかくゆでる。

※豚肉は鶏肉にかえてもOK。使う場合も8ヵ月後半に少量試す程度に。

グリーンアスパラのおいしい季節に

5~6カ月ごろ

グリーンアスパラのトロトロ

材料（赤ちゃん１人分のとり分け量）

グリーンアスパラ(穂先)…長さ2cm
ゆで汁…大さじ1
片栗粉…小さじ1/8

作り方 アスパラの穂先をやわらかくゆでてみじん切りにする。冷ましたゆで汁、片栗粉を混ぜて電子レンジで20秒ほど加熱する。すり鉢にうつして、なめらかにすりつぶす。

ポイント

ゆで汁と片栗粉を混ぜて加熱すれば、さらにやわらかくなり、とろみもつく。

大人と同じメニューを、食べやすくとろみをつけて

12~18カ月ごろ

ポークピカタ ゆでアスパラ添え

材料（赤ちゃん１人分のとり分け量）

大人の作り方2のポークピカタ…１切れ(肉15g)
大人の作り方1のグリーンアスパラ…２切れ
大人の作り方1のエリンギ…1切れ
ゆで汁…大さじ1
片栗粉…小さじ1/8
塩…少々

作り方 大人の作り方2のポークピカタを7～8mm角に切る。アスパラとエリンギをゆで、7~8mm角に切る。冷ましたゆで汁、片栗粉、塩を混ぜて電子レンジで20秒ほど加熱したものをかけ、混ぜる。

ポイント

肉にふる塩を控えめにすれば、大人と同じものが使える。仕上げ用のきれいなまな板があると安心。

電子レンジで作るとろみあんで、しっとりと飲みこみやすく

9~11カ月ごろ

豚肉とアスパラのあんかけ

材料（赤ちゃん１人分のとり分け量）

豚肉(脂身を除く)…1/2枚(8g)
グリーンアスパラ(穂先)…長さ4cm
ゆで汁…大さじ1
片栗粉…小さじ1/8
塩…少々

作り方 豚肉とアスパラの穂先をゆでて粗みじん切りにする。冷ましたゆで汁、片栗粉、塩を混ぜて電子レンジで20秒ほど加熱したものをかけ、混ぜる。

ポイント

電子レンジで作ったとろみあんは、ダマがなくなるまでよく混ぜてからかける。

大人のメニュー

牛乳に米粉を混ぜて煮るだけで、あっさりホワイトソースが完成。
離乳食のとろみづけにも活躍

鮭ときのこの米粉シチュー

材料（大人２人分と赤ちゃん分）

生鮭（またはトラウトサーモン）…180g
しめじ…1/2パック
玉ねぎ…1/2個
にんじん…60g
ブロッコリー…100 g（1/3個分）
牛乳（または無調整豆乳）…1と1/2カップ
米粉（または小麦粉）…大さじ3
昆布だし汁…２カップ
にんにく…1/2片
オリーブ油…大さじ1
塩…小さじ1
こしょう…少々
バター（好みで）…大さじ1

大人用の作り方

1 しめじは石づきをとってほぐし、玉ねぎはくし形切りに、にんじんはいちょう切りにし、昆布だし汁で火が通るまで煮る。ひと口大に切ったブロッコリーを加える。
2 鮭の皮と骨をとり除き、1切れ10gのそぎ切りにし、塩・米粉各適量（分量外）をまぶす。にんにくのみじん切りとオリーブ油を熱したフライパンに並べ、両面が色づくまでふたをして焼く。
3 1の鍋に米粉を混ぜた牛乳を加え、とろみがつくまで混ぜながら煮る。塩、こしょう、バターを加え、2の鮭を合わせる。

ポイント

牛乳と米粉を泡立て器で混ぜながら加え、しっかり沸騰させる。小麦粉を使用する場合はダマになりやすいので、牛乳を少しずつ混ぜながら溶かす。

とり分け量と作り方

7〜8カ月ごろ

7〜8ヵ月ごろから食べられる鮭はゆでて、野菜とみじん切りに

鮭と玉ねぎ、ブロッコリーのミルクソース

材料（赤ちゃん１人分のとり分け量）

大人の作り方2で塩をふる前の鮭…1切れ
大人の作り方3の味つけ前の玉ねぎ…３切れ
大人の作り方3の味つけ前のブロッコリー（つぼみの部分）…1切れ
大人の作り方3の味つけ前のソース…大さじ2

作り方 大人の作り方2の鮭をゆで、大人の作り方3の味つけ前の玉ねぎ、ブロッコリーと合わせてみじん切りにする。大人の作り方3の味つけ前のソースにのせる。

5〜6カ月ごろ

昆布だしで煮た野菜は、甘みが増しておいしいペーストに

玉ねぎとブロッコリーのトロトロ

材料（赤ちゃん１人分のとり分け量）

大人の作り方1で煮た玉ねぎ…２切れ
大人の作り方1で煮たブロッコリー（つぼみの部分）…1切れ
湯…適量

作り方 大人の作り方1で煮た玉ねぎの薄皮をとり、ブロッコリーとすりつぶし、湯を加えてトロトロにする。

12〜18カ月ごろ

食べやすく切ってうす味にすれば、大人とほぼ同じでOK

鮭と野菜のシチュー

材料（赤ちゃん１人分のとり分け量）

大人の作り方2で焼いた鮭…2切れ
大人の作り方3の味つけ前のしめじ・にんじん…各２切れ
大人の作り方3の味つけ前の玉ねぎ…4切れ
大人の作り方3の味つけ前のブロッコリー…1切れ
大人の作り方3の味つけ前のソース…大さじ5
塩…少々

作り方 大人の作り方2で焼いた鮭、大人の作り方3の味つけ前のしめじ、野菜を7〜10mm角に切る。塩を少し加えたソースに混ぜる。

9〜11カ月ごろ

きのこも細かく刻んで使えるように

鮭と野菜のミルクソース

材料（赤ちゃん１人分のとり分け量）

大人の作り方2で塩をふる前の鮭…1と1/2切れ
大人の作り方3の味つけ前のしめじ・にんじん・ブロッコリー…各１切れ
大人の作り方3の味つけ前の玉ねぎ…3切れ
大人の作り方3の味つけ前のソース…大さじ3
塩…少々

作り方 大人の作り方2の鮭をゆで、大人の作り方3の味つけ前のしめじ、玉ねぎ、にんじん、ブロッコリーと合わせて5mm角程度に切る。味つけ前のソースと塩を混ぜ、具をのせる。

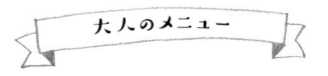

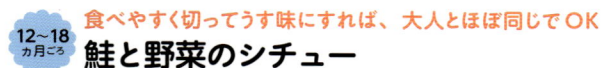

大人のメニュー

少ない油でできる揚げ焼きは油がはねたら、
魚や肉に火が通っているサイン

めかじきとかぼちゃの磯辺焼き

材料（大人２人分と赤ちゃん分）

めかじき（切り身）…２枚（160g）
しょうゆ…小さじ１
みりん…小さじ２
焼きのり…全型１枚
片栗粉…適量
かぼちゃ…100g
油…大さじ２程度
塩…少々
●つけあわせ
青じそ・大根おろし・
しょうゆ…各適量

大人用の作り方

1 かぼちゃは5mm厚さ、幅5cmほどの薄切りにし、耐熱皿に広げてラップをかけ、電子レンジで2分ほど加熱して冷ます。
2 めかじきは1cm厚さ、2×5cm程度の大きさに切る（およそ10g×16切れ）。しょうゆとみりんをまぶし、細長く切ったのりを巻く。
3 2に片栗粉をまぶし、油を熱したフライパンに並べ、両面を揚げ焼きにする。1のかぼちゃも薄く片栗粉をふり、両面を焼く。
4 全体に軽く塩をふって皿に盛り、好みで青じそと大根おろしを添え、しょうゆをたらす。

ポイント
焼きのりを4つに折って、さらに4等分に。16等分の細切りにしたのりをめかじきに巻き、のりがしんなりとしたら片栗粉をまぶして焼く。

とり分け量と作り方

7~8カ月ごろ
めかじきは片栗粉と水をまぶしてから、電子レンジ加熱でOK

めかじきとかぼちゃのマッシュ

材料（赤ちゃん１人分のとり分け量）
大人の作り方2の味つけ前のめかじき…1切れ
片栗粉…少々
水…大さじ1
大人の作り方1で加熱したかぼちゃ…1/2切れ

作り方 大人の作り方2のめかじきをさらに薄切りにして、耐熱容器に入れ、片栗粉をまぶす。水をかけ、ラップをかけ電子レンジで30秒ほど加熱する。大人の作り方1のかぼちゃの皮をとり除いてつぶし、みじん切りにしためかじき（煮汁ごと）とあえる。

5~6カ月ごろ
とり分けたかぼちゃをすりつぶしてなめらかに

かぼちゃのトロトロ

材料（赤ちゃん１人分のとり分け量）
大人の作り方1で加熱したかぼちゃ…1切れ
湯…適量

作り方 大人の作り方1のかぼちゃの皮をとり除いてすりつぶし、湯を加えてトロトロにする。

12~18カ月ごろ
揚げ焼きメニューは、手づかみ食べしやすいスティック状に

めかじきのミニ磯辺巻き かぼちゃ添え

材料（赤ちゃん１人分のとり分け量）
大人の作り方3で焼いためかじき
…1と1/2切れ
大人の作り方3で焼いたかぼちゃ…2切れ

作り方 大人の作り方3のめかじきは縦4等分に、大人の作り方3のかぼちゃは皮をとり除き、縦2等分にする（食べにくければ、9~11カ月ごろと同じようにする）。

9~11カ月ごろ
調理の油を湯通しでとり除き、しっとりと仕上げる

めかじきとかぼちゃのしっとりソテー

材料（赤ちゃん１人分のとり分け量）
大人の作り方3で焼いためかじき…1切れ
大人の作り方3で焼いたかぼちゃ
…1と1/2切れ
湯…適量

作り方 大人の作り方3のめかじきを粗くほぐし、皮をとり除いた大人の作り方3のかぼちゃを5mm~1cm角に切って混ぜる。湯をかけて油を軽く落としてしっとりとさせ、水けをきる。

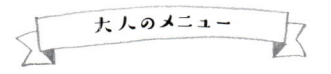

大人のメニュー

すりおろしにんじんのドレッシングは彩りや甘みがアップし、大人メニューにも離乳食にも大活躍！

レタスとじゃがいものサラダ にんじんドレッシング

ポイント

レタスなどサラダ用の野菜は、キッチンペーパーを敷いた容器に入れてふた（ラップ）をして冷蔵庫で冷やすと、水もきれてパリッとした食感に。1歳以降は細切りにして生であげてもよい。

大人用の作り方

1. じゃがいもは5mm厚さのいちょう切りにして水からゆで、水けをきって冷ます。
2. レタスはひと口大にちぎり、スプラウトは根を切り、冷やす。
3. 皿に2と1を盛り、すりおろしたにんじんに混ぜたドレッシングをかける。

材料（大人２人分と赤ちゃん分）

レタス…２枚
じゃがいも…１個
ブロッコリースプラウト（あれば）…適量
にんじん…1/3本（60g）

●ドレッシング

- オリーブ油…大さじ2
- レモン汁…大さじ1
- しょうゆ…小さじ1
- 塩…小さじ1/4
- こしょう…少々

7〜8カ月ごろ

ゆでてみじん切りにしたレタスも少量混ぜて

刻みレタスとじゃがいものにんじんあえ

材料（赤ちゃん１人分のとり分け量）

大人の作り方1でゆでたじゃがいも…2切れ
大人の作り方2のレタス…２枚
大人の作り方3のにんじんのすりおろし…小さじ1
水…小さじ1

作り方 大人の作り方1のじゃがいもとゆでたレタスをみじん切りにする。レタスとにんじんのすりおろし、水を混ぜ、ふんわりラップをかけ電子レンジで30秒ほど加熱して、じゃがいもを混ぜる。

ポイント

電子レンジで少量の食材を加熱するときは、水を加えて乾燥を防ぐ。

5〜6カ月ごろ

すりおろしにんじんなら火の通りも早く、すりつぶしも不要

じゃがいもとにんじんのトロトロ

材料（赤ちゃん１人分のとり分け量）

大人の作り方1でゆでたじゃがいも…1切れ
大人の作り方3のにんじんのすりおろし…小さじ1
水…小さじ2

作り方 耐熱容器に大人の作り方3のにんじんのすりおろしと水を混ぜ、ふんわりラップをかけ電子レンジで30秒ほど加熱。大人の作り方1のじゃがいもと合わせてすりつぶす。

ポイント

電子レンジはふきこぼれやすいので、深さに余裕のある容器に入れること。

12〜18カ月ごろ

少量の油分を加えると、野菜の苦みがコーティングされる

レタスとじゃがいものにんじんソース

材料（赤ちゃん１人分のとり分け量）

大人の作り方1でゆでたじゃがいも…4切れ
大人の作り方2のレタス…4枚
大人の作り方3のにんじんのすりおろし…小さじ1と1/2
水…小さじ1
オリーブ油…小さじ1/4
塩…少々

作り方 大人の作り方1のじゃがいもといっしょにレタスをゆで7〜8mm角に切る。にんじんのすりおろしに水を加えたものを、電子レンジで20秒ほど加熱してじゃがいも、レタス、オリーブ油と塩を混ぜる。

ポイント

じゃがいもがゆで上がるタイミングで、レタスも20秒ほどゆでれば時短に。

9〜11カ月ごろ

すりおろしにんじんで、飲みこみにくい素材もしっとり

レタスとじゃがいものにんじんあえ

材料（赤ちゃん１人分のとり分け量）

大人の作り方1でゆでたじゃがいも…3切れ
大人の作り方2のレタス…3枚
大人の作り方3のにんじんのすりおろし…小さじ1
水…小さじ1
塩…少々

作り方 大人の作り方1のじゃがいもといっしょに大人の作り方2のレタスをゆで5mm角に切る。大人の作り方3のにんじんのすりおろしに水を加えたものを、電子レンジで20秒ほど加熱してじゃがいも、レタス、塩を混ぜる。

ポイント

ごく少量の塩で味つけして、食べやすく工夫する。

大人のメニュー

しらす干しを香ばしいドレッシングにして
大人メニューにアレンジ

キャベツとしらすのサラダ

材料（大人２人分と赤ちゃん分）

キャベツ…2枚（80g）
しらす干し…大さじ4
乾燥カットわかめ…大さじ1
ミニトマト…5個
ごま油…大さじ1

A
酢…小さじ2
砂糖…小さじ1
しょうゆ…小さじ1/2
塩…小さじ1/4

大人用の作り方

1 キャベツは10cm四方程度にちぎり、沸騰した湯でしんなりするくらいにゆでる。火を止めてとり出し、わかめを入れ、やわらかくなったらざるに上げ、水をかけて冷やしておく。ゆでたキャベツは短冊切りにする。
2 フライパンにごま油を熱し、しらす干しを炒める。しらす干しの水分が抜けてカリッとしてきたら火を止め、混ぜたAに加える。
3 キャベツとわかめを皿に盛り、2をかけ、半分に切ったミニトマトを飾る。

ポイント
キャベツは、大きめにちぎってゆでると、二人も食べやすく、離乳食にも使える。同じ湯でわかめをもどすと効率的。

とり分け量と作り方

7~8カ月ごろ
やわらかくゆでたキャベツは、みじん切りにしてあげて

キャベツのしらすあえ

材料（赤ちゃん１人分のとり分け量）
大人の作り方1のキャベツ…大さじ1
しらす干し…小さじ1/2
湯…小さじ1

作り方 大人の作り方1でキャベツをさらにやわらかくゆで、しらす干しも加えてとり出す。みじん切りにして、湯を加える。

5~6カ月ごろ
塩抜きしたしらす干しは、キャベツと混ぜてもOK

キャベツとしらすのトロトロ

材料（赤ちゃん１人分のとり分け量）
大人の作り方1のキャベツ…小さじ2
しらす干し…小さじ1/2
湯…適量

作り方 大人の作り方1でキャベツをさらにやわらかくゆで、しらす干しも加えてとり出す。それぞれすりつぶし、湯を加えてトロトロにする。

12~18カ月ごろ
大人のドレッシングを湯でうすめて、サラダ味にトライ

キャベツとしらすのドレッシングあえ

材料（赤ちゃん１人分のとり分け量）
大人の作り方1のキャベツ…大さじ2
しらす干し…小さじ1
大人の作り方1のわかめ…小さじ1
大人の作り方3のミニトマト…3切れ
Aのドレッシング・湯…各小さじ1/2

作り方 大人の作り方1のキャベツをさらにやわらかくゆで、しらすも加えてとり出し、キャベツを8mm四方程度に切る。わかめもさらにやわらかくゆで、粗みじん切りにする。すべて合わせて湯を混ぜたAのドレッシングであえ、8mm角に切ったミニトマトをのせる。

9~11カ月ごろ
わかめもやわらかくゆでて、みじん切りにして

キャベツとわかめのしらすあえ

材料（赤ちゃん１人分のとり分け量）
大人の作り方1のキャベツ…大さじ1と1/2
しらす干し…小さじ1
大人の作り方1のわかめ…小さじ1/2
湯…小さじ1
塩…少々

作り方 大人の作り方1のキャベツをさらにやわらかくゆで、しらすも加えてとり出し、キャベツは5mm四方程度、しらすは半分程度に刻む。わかめもさらにやわらかくゆで、みじん切りにする。すべて合わせて湯、塩を加えて混ぜる。

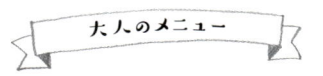

大人のメニュー

ごぼうはピーラーで薄くそげば、
火の通りも早いので、離乳食にも使いやすい

ごぼうと豆腐のサラダ

材料（大人２人分と赤ちゃん分）

ごぼう…1/2本
木綿豆腐…1/2丁(150g)
トマト…1個
水菜…適量
しょうゆ・砂糖…各小さじ2

●ドレッシング
白すりごま…大さじ2
ごま油・ごぼうの煮汁…各大さじ1
水…大さじ2
酢…小さじ1
塩・こしょう…各少々
削り節(指先で細かくする)…ひとつまみ

大人用の作り方

1 ごぼうはピーラーで8cmくらいの長さに薄くそぐ。鍋に入れ、ひたひたの水としょうゆ、砂糖を入れ、やわらかく煮て、煮汁が少なくなったら火を止め、冷ます。
2 水菜はざく切り、トマト、豆腐は角切りにする。
3 ドレッシングの材料、削り節を混ぜ、豆腐と1をあえる。
4 器に水菜を盛り、3をのせてトマトを飾る。

ポイント
ごぼうはピーラーで薄くそいでうす味で煮ておくと、常備菜としてご飯や肉だんごなどに混ぜこんで活用できる。

とり分け量と作り方

7~8カ月ごろ
みじん切りにした水菜を豆腐に混ぜながら与えて
水菜と豆腐のトマトあえ

材料（赤ちゃん１人分のとり分け量）
大人の作り方2の豆腐…大さじ1
大人の作り方2の水菜(緑の部分)…小さじ1/2
大人の作り方2のトマト…大さじ1
湯…適量

作り方 水菜と豆腐、トマトをゆでる。トマトは皮とタネをとり除き、豆腐とともに粗みじん切りにし、皿に盛り、湯を混ぜる。みじん切りにした水菜をのせる。

5~6カ月ごろ
トマトは裏ごしすると、タネもとり除きやすくてラク
裏ごしトマトの豆腐ペーストのせ

材料（赤ちゃん１人分のとり分け量）
大人の作り方2の豆腐…小さじ2
大人の作り方2の水菜(緑の部分)…小さじ1/2
大人の作り方2のトマト…大さじ1
湯…適量

作り方 水菜と豆腐、トマトをゆで、トマトは裏ごしして皮とタネをとり除き、器に盛る。水菜と豆腐はすりつぶして湯でのばし、トマトにのせる。

12~18カ月ごろ
具をゆでて刻み、ドレッシングをうすめてサラダ味に
ごぼうと豆腐のドレッシングあえ

材料（赤ちゃん１人分のとり分け量）
大人の作り方1で煮たごぼう…小さじ1
大人の作り方2の豆腐…大さじ3
大人の作り方2の水菜(緑の部分)…小さじ2
大人の作り方2のトマト…大さじ2
大人の作り方3のドレッシング…小さじ1/4
削り節…少々
湯…適量

作り方 大人の作り方1のごぼうはみじん切り、水菜と豆腐、トマトをゆで、水菜を5mm幅、豆腐、トマトは1cm角に切る。大人の作り方3のドレッシング、削り節、湯を加えてあえる。

9~11カ月ごろ
やわらかく煮て刻んだごぼうにトライ
ごぼうと豆腐のおかかあえ

材料（赤ちゃん１人分のとり分け量）
大人の作り方1で煮たごぼう…小さじ1/2
大人の作り方2の豆腐…大さじ2
大人の作り方2の水菜(緑の部分)…小さじ1
大人の作り方2のトマト…大さじ1と1/2
削り節・しょうゆ…各少々
湯…適量

作り方 大人の作り方1のごぼうをみじん切りにする。水菜と豆腐、トマトをゆで、水菜はみじん切りに、豆腐は8mm角、トマトは5mm角に切る。削り節としょうゆ、湯を加えてあえる。

おやつ

大人のメニュー

フルーツと合わせた寒天ゼリーは
野菜が苦手な赤ちゃんや便秘の予防におすすめ

にんじんとオレンジのゼリー

材料（大人２人分と赤ちゃん分）

にんじん…100g
水…3/4カップ
国産オレンジ（清美オレンジ、いよかんなど）のしぼり汁…1/2カップ
粉寒天…小さじ1/2
砂糖…小さじ1
オレンジ（飾り用）…1/2個
メープルシロップ…小さじ2

大人用の作り方

1 小鍋に薄切りにしたにんじんと水を入れ、ふたをして火にかけ、沸騰したら弱火にしてやわらかくゆでる。
2 1に粉寒天を加え､再沸騰したら火を止め､オレンジのしぼり汁を混ぜる。ミキサーなどでなめらかにかくはんし、砂糖を混ぜ、水で湿らせたゼリーカップに入れて冷蔵庫で冷やし固める（2時間以上）。
3 薄皮をむいたオレンジをメープルシロップであえ、2にのせる。

ポイント
かくはんにはハンディブレンダーが便利だが、マッシャーでもOK。煮汁が少なくなったら、にんじんが浸る程度に水をたしてから粉寒天を加えて。

とり分け量と作り方

7～8カ月ごろ
オレンジの酸味にも少しずつ慣れさせて

にんじんとオレンジあえ

材料（赤ちゃん１人分のとり分け量）
大人の作り方1でゆでたにんじん…小さじ1
オレンジのしぼり汁…小さじ1/2
オレンジ（飾り用。細かくほぐしたもの）…小さじ1/2

作り方 大人の作り方1でゆでたにんじんをみじん切りにし、オレンジのしぼり汁とオレンジを混ぜる。

5～6カ月ごろ
少量を大人用のゼリーの材料からとり分け

にんじんのすりつぶし

材料（赤ちゃん１人分のとり分け量）
大人の作り方1でゆでたにんじん…小さじ1
ゆで汁…適量

作り方 大人の作り方1でゆでたにんじんをすりつぶし、ゆで汁を加えてトロトロにのばす。

12～18カ月ごろ
冷蔵庫から出したては冷たいので室温にもどしてから

にんじんとオレンジのミニゼリー

材料（赤ちゃん１人分のとり分け量）
大人の作り方2の寒天液…大さじ3
オレンジ（飾り用）…1房

作り方 大人の作り方2の寒天液をカップに入れて冷やし固める。室温にもどしてから、薄皮をむいてほぐしたオレンジをのせる。

9～11カ月ごろ
砂糖不使用の寒天ゼリーにトライ

にんじんとオレンジのうす味ゼリー

材料（赤ちゃん１人分のとり分け量）
大人の作り方2の味つけ前の寒天液…大さじ2

作り方 大人の作り方2で味つけ前にとり分けた寒天液を、カップに入れて冷やし固める。角切りにして器に盛り、室温にもどしておく。

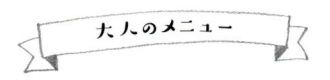

大人のメニュー

つるんとなめらかなのどごしのゼリーに、
季節のフルーツを飾りましょう

すいかと豆乳のゼリー

材料(大人2人分と赤ちゃん分)

すいか(皮・タネを除く)…120g
豆乳(無調整)…1と1/2カップ
砂糖…大さじ3
粉ゼラチン…小さじ2(5g)
水…大さじ2
レモン汁…小さじ1/2
ミントの葉(あれば)…適量

大人用の作り方

1 ゼラチンに水を混ぜて10分ほどふやかす。
2 鍋に豆乳と砂糖大さじ2を入れて沸騰する手前まで温める。火を止め、1のゼラチンを入れて溶かす。グラスに入れ、冷蔵庫で冷やし固める(4時間以上)。
3 すいかは1cm角に切る。半量程度をマッシャーでつぶし、砂糖大さじ1とレモン汁を加えて混ぜる。冷やし固めた2にかけ、残りの角切りのすいかをのせ、あればミントの葉をのせる。

ポイント

豆乳は沸騰前に火を止め、ふやかしておいたゼラチンを溶かす。沸騰させると豆乳は分離し、ゼラチンは固まりにくくなる性質があるので注意して。

とり分け量と作り方

7~8カ月ごろ
やわらかいすいかは生のままみじん切りに
刻みすいか

材料(赤ちゃん1人分のとり分け量)
大人の作り方3で切った味つけ前のすいか…大さじ1
大人の作り方3でつぶした味つけ前のすいかの汁…小さじ2

作り方 大人の作り方3で切った味つけ前のすいかをみじん切りにし、汁と混ぜる。

5~6カ月ごろ
季節のフルーツ果汁を、湯でうすめて体験させてみて
すいか果汁

材料(赤ちゃん1人分のとり分け量)
大人の作り方3でつぶした味つけ前のすいかの汁…小さじ2
湯…小さじ2

作り方 大人の作り方3でつぶした味つけ前のすいかの汁に湯を混ぜる。

12~18カ月ごろ
食欲の落ちる季節にも、食べやすいゼリーで水分&栄養補給
すいかと豆乳のミニゼリー

材料(赤ちゃん1人分のとり分け量)
大人の作り方2のゼリー液…大さじ5
大人の作り方3の味つけ前のすいか…大さじ1と1/2
大人の作り方3の味つけ前のすいかの汁…小さじ2

作り方 大人の作り方2のゼリー液をグラスに入れて、冷やし固める(4時間以上)。大人の作り方3の味つけ前のすいかと汁を合わせてゼリーにのせる。

9~11カ月ごろ
離乳食でも大人といっしょにデザートが楽しめる
すいかと豆乳のうす味ゼリー

材料(赤ちゃん1人分のとり分け量)
大人の作り方2のゼリー液…大さじ4
大人の作り方3の味つけ前のすいか…大さじ1
大人の作り方3の味つけ前のすいかの汁…小さじ1

作り方 大人の作り方2のゼリー液をグラスに入れて、冷やし固める(4時間以上)。大人の作り方3の味つけ前のすいかは5mm角に切り、汁と合わせてゼリーにのせる。

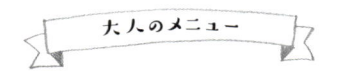

大人のメニュー

ホットケーキミックスですぐ焼けるおかずパンに。
手づかみ食べにもおすすめ

かんたん枝豆パン

材料（作りやすい分量／8個分）

枝豆（ゆでてむいたもの、冷凍可）…大さじ4（40g）
玉ねぎ…1/4個
スライスロースハム…2枚

A
- ホットケーキミックス…1袋（200g）
- プレーンヨーグルト…1/2カップ
- 油…大さじ1

マヨネーズ…適量

大人用の作り方

1 枝豆をゆでて薄皮をむいて、粗く刻む。
2 玉ねぎはみじん切りに、ハムは半分の長さの細切りにする。
3 ボウルにAを混ぜ合わせ、ヘラで粉っぽさがなくなるまでこねる。
4 1の枝豆を混ぜて8等分する。アルミホイルに油（分量外）を塗り、手に油（分量外）をつけて生地を丸め、平らにして並べる。
5 2の玉ねぎ、ハムをのせ、マヨネーズを細くまわしかけ、トースターで15分ほど焼く。

ポイント
アルミホイルに油を塗るときに手についた油で生地を丸めれば、打ち粉がなくても手につかず、表面にツヤも出る。

とり分け量と作り方

7~8 カ月ごろ

プレーンヨーグルトは、あえるだけでとろみがつく

枝豆と玉ねぎのせヨーグルト

材料（赤ちゃん1人分のとり分け量）
大人の作り方1の刻んだ枝豆…小さじ1
大人の作り方2の刻んだ玉ねぎ…小さじ1
プレーンヨーグルト（分量外）…小さじ2

作り方 大人の作り方1の枝豆と、大人の作り方2の玉ねぎをやわらかくなるまでゆでてすりつぶし、プレーンヨーグルトにのせる。

5~6 カ月ごろ

枝豆はやわらかくゆでて

枝豆と玉ねぎのトロトロ

材料（赤ちゃん1人分のとり分け量）
大人の作り方1の刻んだ枝豆…小さじ1/2
大人の作り方2の刻んだ玉ねぎ…小さじ1
ゆで汁…適量

作り方 大人の作り方1の枝豆と、大人の作り方2の玉ねぎをやわらかくなるまでゆでる。すりつぶして、ゆで汁を加えてトロトロにする。

12~18 カ月ごろ

手に持って、前歯でひと口量をかじりとる練習を

枝豆パン

材料（赤ちゃん1人分のとり分け量）
大人の作り方4の生地…1個

作り方 大人の作り方4の生地を焼き、うすくこげ色がつく程度でとり出す。半分に切り、厚さ1cmに切る。

9~11 カ月ごろ

大人用は味をオンするだけ！　同じ生地が使える

角切り枝豆パン

材料（赤ちゃん1人分のとり分け量）
大人の作り方4の生地…1/2個

作り方 大人の作り方4の生地を焼き、こげ色がつく前にとり出す。1.5cm四方、厚さ1cmに切る。

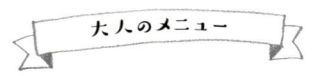

大人のメニュー

さつまいものおいしい季節に作りたい素朴なおやつ。
手づかみ食べの主食メニューにしても

さつまいも蒸しパン

1個 96 kcal

材料（作りやすい分量／6個分）

さつまいも…200g（中1本）
砂糖…30g
塩…ひとつまみ
豆乳（無調整。牛乳でも可）…50g
小麦粉…100g（軽く1カップ）
ベーキングパウダー…3g（小さじ1）
くるみ（無塩）（あれば）…2個

大人用の作り方

1 さつまいもは1cm角に切り、10分程度水にさらしてアクを抜く。ざるに上げて水けをきってボウルにうつし、砂糖と塩をまぶし、20分ほどおいて水分を出す。
2 1に豆乳を加え、小麦粉とベーキングパウダーをふるい入れて混ぜる。紙ケースを敷いた耐熱カップに8分目ほど入れ、粗く刻んだくるみ（大人用のみ）をのせる。
3 蒸気の上がった蒸し器に並べ、強火で10分ほど蒸す。

ポイント

砂糖と塩をまぶしたさつまいもから出る水分と甘みを利用して作るのが特徴。東海地方の郷土菓子「鬼まんじゅう」のアレンジお菓子。

とり分け量と作り方

7~8カ月ごろ

豆乳や牛乳は温めてから使って

豆乳入りさつまいもマッシュ

材料（赤ちゃん1人分のとり分け量）
大人の作り方1で砂糖と塩をまぶす前の
さつまいも（皮を除いた部分）…大さじ2
豆乳（分量外）…小さじ2
ゆで汁…適量

作り方 さつまいもを水からやわらかくゆでる。すり鉢ですりつぶし、加熱した豆乳とゆで汁を加えてのばし、なめらかにする。

5~6カ月ごろ

さつまいもは熱いうちにすりつぶして

さつまいものトロトロ

材料（赤ちゃん1人分のとり分け量）
大人の作り方1で砂糖と塩をまぶす前の
さつまいも（皮を除いた部分）…大さじ1
ゆで汁…適量

作り方 さつまいもを水からやわらかくゆでる。すり鉢ですりつぶし、ゆで汁を加えてトロトロにのばす。

12~18カ月ごろ

蒸しパンをのどに詰まらせないように気をつけて

ミニさつまいも蒸しパン

材料（赤ちゃん1人分のとり分け量）
大人の作り方3の蒸しパン（くるみはのせない）
…2/3個

作り方 手づかみ食べ用サイズに小さく切る。

9~11カ月ごろ

大人メニューの蒸しパンも1/2個ならあげられる

豆乳入りさつまいもボール

材料（赤ちゃん1人分のとり分け量）
大人の作り方1で砂糖と塩をまぶす前の
さつまいも…大さじ3
豆乳（分量外）…小さじ1

作り方 さつまいもを水からやわらかくゆでる。皮をとり除きすり鉢ですりつぶし、加熱した豆乳を加えてゆるめ、ひと口大に丸める。

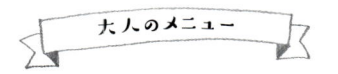

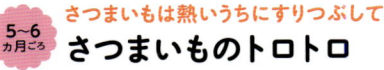

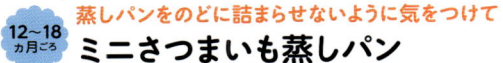

大人のメニュー

モチッとした生地にせん切り大根がたっぷり。
離乳食の手づかみ食べにもおすすめ

しらすと大根のチヂミ

材料（大人２人分と赤ちゃん分）

大根…150g（1/6本ほど、首のほう）
しらす干し…大さじ2
小ねぎ…2本
小麦粉…60g
片栗粉…40g
だし汁…1/2カップ
塩…小さじ1/4
しょうゆ…小さじ1/2
ごま油…適量
●たれ
しょうゆ…小さじ2
酢・砂糖…各小さじ1

大人用の作り方

1 大根は薄い輪切りにし、せん切りにする。しらす干しは湯（分量外）をまわしかける。小ねぎは小口切りにする。
2 ボウルに小麦粉、片栗粉、塩、しょうゆを混ぜてだし汁を入れ、大根、しらす干し、小ねぎの半量を加えてあえる。
3 ごま油を熱したフライパンに2の半量を丸く広げ、ふたをし、うすく色づくまで両面を焼く。残りも同様に焼き、1枚を9等分に切る。たれの材料を混ぜて電子レンジで20秒ほど加熱し、表面に塗り、残りの小ねぎを散らす。

ポイント
お玉の背で押すようにして丸く薄く生地を広げると、火が通りやすく、きれいに焼き色がつく。

とり分け量と作り方

7～8カ月ごろ
大根はやわらかくゆで、トロトロから固形を食べる練習に

しらすの大根あえ

材料（赤ちゃん１人分のとり分け量）
大人の作り方1でせん切りにした大根…大さじ1
大人の作り方1で湯通ししたしらす干し…小さじ1
だし汁（分量外）…大さじ2

作り方 大根を水からゆで、やわらかくなったらしらす干しを加えてざるに上げ、合わせてみじん切りにする。鍋に大根、しらす干し、だし汁（分量外）を混ぜ、弱火で1分ほど煮る。

5～6カ月ごろ
しらすのうまみで大根がさらにおいしく

しらすと大根のトロトロ

材料（赤ちゃん１人分のとり分け量）
大人の作り方1でせん切りにした大根…大さじ1
大人の作り方1で湯通ししたしらす干し…小さじ1/2
ゆで汁…適量

作り方 大根を水からゆで、やわらかくなったらしらす干しを加えてざるに上げ、合わせてすりつぶす。かたければゆで汁を加えてトロトロにする。

12～18カ月ごろ
手づかみ食べしたい時期に活躍するおやきメニュー

しらすと大根のスティックチヂミ

材料（赤ちゃん１人分のとり分け量）
大人の作り方3で切ったもの（たれを塗る前）…2切れほど

作り方 1×2cm角程度の食べやすい大きさに切る（たれは塗らない）。

9～11カ月ごろ
だし汁としょうゆで、ごくうす味のおいしい煮ものに

しらすと大根煮

材料（赤ちゃん１人分のとり分け量）
大人の作り方1でせん切りにした大根…大さじ3
大人の作り方1で湯通ししたしらす干し…小さじ1と1/2
大人の作り方1で切った小ねぎ…小さじ1/2
だし汁（分量外）…大さじ2
しょうゆ…少々

作り方 大根を水からゆで、やわらかくなったら、しらす干しを加えてざるに上げ、合わせて長さ5mm程度に刻む。鍋に材料すべてを合わせ、弱火で1分ほど煮る。

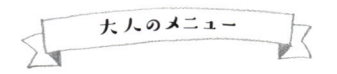

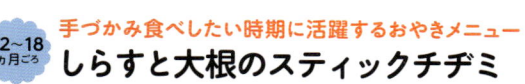

大人のメニュー

赤ちゃんといっしょに楽しめるサンドイッチは
ピクニックやパーティーにもおすすめ

かぼちゃとりんごのサンドイッチ

材料（作りやすい分量／12切れ分）

食パン（8枚切り・耳なし）…4枚
かぼちゃ（皮・タネを除く）…100g
A ｜牛乳（または無調整豆乳）…大さじ1
　｜砂糖…大さじ1
りんご…1/2個
砂糖…大さじ2
水溶き片栗粉
（片栗粉小さじ1/2：水小さじ1）

大人用の作り方

1 かぼちゃは1cm厚さ×3cm四方程度に切り、水大さじ3（分量外）をかけ、ラップをかけ電子レンジで3分加熱する。水けをきってつぶし、Aを混ぜる。
2 りんごは1cm角の薄切りにして鍋に入れ、ひたひたの水を加えたらふたをして弱火でやわらかく煮る。砂糖大さじ2と分量の水溶き片栗粉を加えてとろみをつけ、マッシャーでつぶしながらジャム状に煮つめる。
3 食パンの1枚に1のかぼちゃ、もう1枚に2のりんごジャムを塗って合わせ、6等分に切る。残りも同様に切る。

ポイント
煮りんごの仕上げに水溶き片栗粉でとろみをつけると、短時間で砂糖控えめのジャムができる。

とり分け量と作り方

7〜8カ月ごろ
牛乳を加え、ふんわりまろやかな食感に仕上げて
かぼちゃとりんごのミルクパンがゆ

材料（赤ちゃん1人分のとり分け量）
食パン（8枚切り・耳なし）…1/2枚（分量外）
大人の作り方1の牛乳、砂糖を加える前のかぼちゃ…小さじ2
大人の作り方2の味つけ前の煮りんご…小さじ1
牛乳（分量外）・水…各大さじ1と1/2

作り方 1cm角程度に刻んだ食パンに牛乳、水をかけ、電子レンジで30秒加熱する。大人の作り方1のかぼちゃを混ぜ、大人の作り方2のりんごをみじん切りにしてのせる。

5〜6カ月ごろ
具材とパン、水を合わせて、電子レンジ加熱して
かぼちゃとりんごのパンがゆ

材料（赤ちゃん1人分のとり分け量）
食パン（8枚切り・耳なし）…1/8〜1/6枚（分量外）
大人の作り方1の牛乳、砂糖を加える前のかぼちゃ…小さじ1
大人の作り方2の味つけ前の煮りんご…小さじ1、水…大さじ2

作り方 1cm角程度に刻んだ食パンに水をかけ、電子レンジで20秒加熱する。大人の作り方1のかぼちゃと大人の作り方2のりんごを加え、すりつぶす。

12〜18カ月ごろ
ラップにのせたパンで具を巻き、ロールサンドにしても
かぼちゃとりんごジャムのサンドイッチ

材料（赤ちゃん1人分のとり分け量）
食パン（8枚切り・耳なし）…1枚（分量外）
大人の作り方1の牛乳、砂糖を加える前のかぼちゃ…大さじ1
大人の作り方2のりんごジャム…大さじ1

作り方 食パンの厚みを半分にスライスする。大人の作り方1のかぼちゃと、大人の作り方2のりんごジャムを混ぜて食パンではさみ、3×4cm程度に切る。

9〜11カ月ごろ
小さく切ったパンに具を塗るだけでもOK
かぼちゃとりんごのミニサンドイッチ

材料（赤ちゃん1人分のとり分け量）
食パン（8枚切り・耳なし）…2/3枚（分量外）
大人の作り方1の牛乳、砂糖を加える前のかぼちゃ…小さじ2
大人の作り方2の味つけ前の煮りんご…小さじ2

作り方 食パンの厚みを半分にスライスする。大人の作り方1のかぼちゃと、大人の作り方2のりんごをみじん切りにして混ぜて食パンではさみ、2×4cm程度に切る。

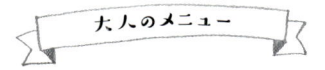

大人のメニュー

混ぜご飯をマッシュポテトでコーティングして、野菜を飾ったクリスマスケーキ風ご飯。丸や四角のケーキ型で作っても◎

ブッシュドノエル風ケーキご飯

材料（大人２人分と赤ちゃん分）

ご飯…300g（茶碗2杯分）
玉ねぎ…1/4個
にんじん…1/2本
ブロッコリーの小房…4個
ツナ（水煮・食塩不使用）…1/2缶（30g）
A　ケチャップ…大さじ2
　　塩…小さじ1/4
じゃがいも…2個（250g）
B　牛乳…大さじ1
　　塩…少々
ホールコーン（缶）…大さじ2
ミニトマト…4個
黒いりごま…適量

大人用の作り方

1 くし形切りにした玉ねぎと輪切りにしたにんじん、ブロッコリーをゆでる。飾り用に、にんじん10枚は星型で抜き、ブロッコリーは穂先を2cm角にしたものを10切れ作り、残りは細かく刻む。

2 ご飯に1で刻んだ野菜と汁けをきったツナ、Aを混ぜる。ラップで包んで筒状に整え、ラップをはがして皿にのせる。

ラップの上にご飯を長方形に置き、全体を包んで筒状に整える。形成がゆるいと切り分けにくいので、しっかり押さえる。

3 じゃがいもをいちょう切りにしてゆで、マッシャーでつぶしBを混ぜて、マッシュポテトを作る。

4 上1/3を切ったミニトマトに3のマッシュポテト少量をはさみ、黒ごまで目をつけ、サンタクロースを作る。残りのマッシュポテトを2の表面に塗り、フォークで筋をつける。1のにんじんとブロッコリー、コーンを飾る。

7～8 カ月ごろ

じゃがいもの量をふやして、主食やかゆを添えてもOK

ツナと野菜のマッシュポテトあえ

材料（赤ちゃん１人分のとり分け量）

大人の作り方１でゆでて細かく刻んだ玉ねぎ・にんじん・ブロッコリー（つぼみの部分）…合わせて大さじ1/2
大人の作り方３でゆでてつぶした味つけ前のじゃがいも…大さじ1
大人の作り方２で汁けをきったツナ…小さじ1/2
湯…適量

作り方 大人の作り方１でゆでた玉ねぎ、にんじん、ブロッコリーをみじん切りにする。大人の作り方３でつぶした味つけ前のじゃがいも、湯通しして汁けをきったツナを混ぜ、湯を加えてやわらかくする。

5～6 カ月ごろ

糖質の多いじゃがいもは主食メニューにもなる

ブロッコリーとじゃがいものペースト

材料（赤ちゃん１人分のとり分け量）

大人の作り方１でゆでたブロッコリー（つぼみの部分）…小さじ1
大人の作り方３でゆでてつぶした味つけ前のじゃがいも…小さじ2
湯…適量

作り方 大人の作り方１でゆでたブロッコリーをみじん切りにし、大人の作り方３でつぶした味つけ前のじゃがいもを合わせてすりつぶす。湯を加えてトロトロにする。

12～18 カ月ごろ

赤ちゃんも喜ぶ、見た目もかわいいご飯

ケーキご飯

材料（赤ちゃん１人分のとり分け量）

軟飯…大さじ5～6
★
- 大人の作り方１でゆでて細かく刻んだ玉ねぎ・にんじん・ブロッコリー…合わせて小さじ2
- 大人の作り方２で汁けをきったツナ…小さじ1
- ケチャップ…小さじ1/4

大人の作り方３のマッシュポテト…大さじ2
●飾り用
大人の作り方１で刻んだブロッコリー、星型で抜いたにんじん、ミニトマト、コーン…各適量

作り方 軟飯に★を混ぜ、皿に盛って丸く整える。大人の作り方３のマッシュポテトをのせ、大人の作り方１の刻んだブロッコリーと星型のにんじん、1cm角に切りタネをとり除いたミニトマトとコーンを飾る。

9～11 カ月ごろ

おかゆにトッピングをして、ケーキ風の盛りつけに

ツナと野菜がゆ マッシュポテトのせ

材料（赤ちゃん１人分のとり分け量）

5倍がゆ…大さじ5～6
★
- 大人の作り方１でゆでて細かく刻んだ玉ねぎ・にんじん・ブロッコリー…合わせて大さじ1/2
- 大人の作り方２で汁けをきったツナ…小さじ1

大人の作り方３のマッシュポテト…大さじ1
●飾り用
大人の作り方１でゆでて刻んだブロッコリー、にんじん、刻んだコーン…各適量

作り方 かゆに★を混ぜ、皿に盛る。大人の作り方３のマッシュポテトをのせ、大人の作り方１で刻んだブロッコリー、にんじん、刻んだコーンを飾る。

大人のメニュー

すりおろしたれんこんでもっちりとした食感に、
すりおろしたにんじんでおいしそうな色と甘みをプラス

野菜入りチキンナゲット

材料（大人２人分と赤ちゃん分）

にんじん…40g
れんこん…80g
A
- 鶏ひき肉…150g
- パン粉…大さじ４
- 片栗粉…大さじ２
- 塩…小さじ1/4

片栗粉…適量
油…大さじ２
ケチャップ、レタス（好みで）…各適量

大人用の作り方

1 にんじんとれんこんは皮をむき、すりおろす。
2 1にAを加えてよく混ぜる。16等分して小判形に丸め、片栗粉を薄くまぶす。
3 油を熱したフライパンに並べ、両面がキツネ色になるまで揚げ焼きにする。
4 皿に盛り、好みでケチャップとレタスを添える。

ポイント

薄く片栗粉をまぶした生地を、多めの油で揚げ焼きにする。すぐにさわらず、底に焼き色がついたら返すのがポイント。

とり分け量と作り方

7~8 カ月ごろ

鶏ひき肉は水分を混ぜてから加熱すればしっとり仕上がる

鶏ひき肉のにんじんあえ

材料（赤ちゃん１人分のとり分け量）

大人の作り方1ですりおろしたにんじん…大さじ１
鶏ひき肉…大さじ1/2
水…小さじ２
片栗粉…少々

作り方 大人の作り方1ですりおろしたにんじん、鶏ひき肉、水、片栗粉をよく混ぜ、ラップをかけ電子レンジで1分30秒ほど加熱し、混ぜる。

5~6 カ月ごろ

すりおろしたにんじんに、水と片栗粉を混ぜてレンジ加熱

にんじんのトロトロ

材料（赤ちゃん１人分のとり分け量）

大人の作り方1ですりおろしたにんじん…小さじ２
水…小さじ２
片栗粉…少々

作り方 大人の作り方1ですりおろしたにんじんに水と片栗粉を混ぜ、ラップをかけ電子レンジで1分ほど加熱し、混ぜる。

12~18 カ月ごろ

小さく作って手づかみ食べサイズにして

野菜入りミニチキンナゲット

材料（赤ちゃん１人分のとり分け量）

大人の作り方2で丸めたもの…２個

作り方 大人の作り方2で丸めた生地を半分にして、小判形に丸め、大人と同様に焼く。

9~11 カ月ごろ

湯通しすれば、油分をとり除けてしっとり食感に

野菜入りしっとりチキンナゲット

材料（赤ちゃん１人分のとり分け量）

大人の作り方3で焼いたもの…１個
湯…適量

作り方 大人の作り方3で焼いたものを湯にくぐらせて表面の油をとり、食べやすく切る。

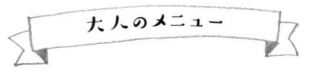

大人のメニュー

卵・バター・生クリーム不使用で、赤ちゃんもOKのクリスマスケーキ。バースデーケーキにアレンジしても◎

ほうれんそうのケーキツリー

材料(作りやすい量：およそ大人3人分と赤ちゃん分)

●ケーキ

A
- 小麦粉…80g
- 片栗粉…10g
- ベーキングパウダー…5g

B
- 豆乳(無調整)…80ml
- ほうれんそう(葉先、ゆでたもの※冷凍可)… 20g
- 砂糖…20g
- 油…15g
- レモン汁…小さじ1/2
- 塩…少々

●豆腐クリーム

木綿豆腐…100g

C
- メープルシロップ…20 g
- レモン汁…小さじ1/4
- 塩…少々

●飾り

りんご…1/2個
砂糖…小さじ2
くこの実(湯でもどし刻む)…適量
(※いちご、ドライクランベリーでもよい)

大人用の作り方

1 Bをブレンダーでかくはんしてボウルにあけ、ふるったAを混ぜる。クッキングシートを敷いた角バットに厚さ1cmほどに広げ、170度に予熱したオーブンで13分ほど焼く。

2 角切りにした豆腐を30秒ほどゆでてざるに上げて冷まし、水きりする。Cを合わせブレンダーでかくはんする。

3 小鍋に1cm角に切ったりんごを入れ、ひたひたの水で煮る。砂糖を加えて煮つめる。

4 1のケーキを2cm角程度に切り、皿に丸く7個並べ、2のクリームを少量ずつかけ、ケーキを3個のせ、クリームをかけ、ケーキを1個のせる。3のりんごとくこの実を飾る(同様にもうひと皿作る)。

ポイント

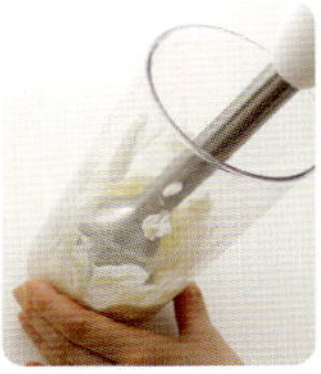

ハンディブレンダー(またはミキサー)でなめらかなケーキ生地やクリームができます。なければ、すり鉢ですりつぶして裏ごして。

とり分け量と作り方

7~8カ月ごろ

りんごの甘みとなめらかな豆腐で、青菜の苦みもやわらぐ

ほうれんそうの豆腐あえ りんごのせ

材料 (赤ちゃん1人分のとり分け量)

ゆでたほうれんそうの葉先(分量外)…小さじ1/2
大人の作り方2の味つけ前の豆腐クリーム…小さじ2
大人の作り方3の味つけ前のりんご…6切れ

作り方 ゆでてみじん切りにしたほうれんそうと、大人の作り方2の味つけ前の豆腐クリームを混ぜて皿に盛り、大人の作り方3の味つけ前のりんごをみじん切りにしてのせる。

5~6カ月ごろ

ブレンダーにかけた豆腐はなめらかで食べやすい

りんごとほうれんそう、豆腐のペースト

材料 (赤ちゃん1人分のとり分け量)

ゆでたほうれんそうの葉先(分量外)…小さじ1/2
大人の作り方2の味つけ前の豆腐クリーム…小さじ1
大人の作り方3の味つけ前のりんご…4切れ
湯…適量

作り方 ゆでてみじん切りにしたほうれんそうと、大人の作り方2の味つけ前の豆腐クリーム、大人の作り方3の味つけ前のりんごをすりつぶし、湯を加えてトロトロにする。

12~18カ月ごろ

ケーキを小さめに切って、大人と同じように盛りつけ

ほうれんそうのプチケーキツリー

材料 (赤ちゃん1人分のとり分け量)

大人の作り方1のケーキ…1.5cm角11個
大人の作り方2の豆腐クリーム…小さじ2
大人の作り方3のりんご…8切れ
くこの実(湯でもどし刻む)…適量

作り方 1.5cm角程度に切った大人の作り方1のケーキ、大人の作り方2の豆腐クリームを大人と同様に3段に積み上げ、大人の作り方3のりんご、湯でもどして刻んだくこの実を飾る。

9~11カ月ごろ

小さく切って平面で盛りつけて、手づかみ食べの練習に

ほうれんそうのケーキ りんごのせ

材料 (赤ちゃん1人分のとり分け量)

大人の作り方1のケーキ…1cm角20個
大人の作り方2の豆腐クリーム…小さじ1
(メープルシロップは9ヵ月ごろから使用可)
大人の作り方3の味つけ前のりんご…6切れ

作り方 1cm角程度に切った大人の作り方1のケーキを三角形に皿に並べ、大人の作り方2の豆腐クリームを少しずつのせ、大人の作り方3の味つけ前のりんごを飾る。

大人のメニュー

だしのうまみがきいたお雑煮は、とり分けもしやすい。
家庭ごとの好みの具や味つけでアレンジを

お雑煮

材料（大人２人分と赤ちゃん分）

鶏もも肉…80g
大根…100g（厚さ3cm輪切り）
にんじん（太い部分）…60g（厚さ3cm輪切り）
小松菜…２株
水…３カップ
だし昆布…8cm
削り節…1/2カップ
塩…小さじ1/2
しょうゆ…小さじ１
切りもち…２個
ゆずの皮のせん切り（あれば）…適量

大人用の作り方

1 大根は5mm厚さのいちょう切りに、にんじんは厚さ5mmの輪切りにし、花型で抜く。鶏肉は2cm角に切り、熱湯をまわしかける。小松菜はゆでて水にさらし、水けをしぼって3cm長さに切る。
2 鍋に水、半分に切った昆布、大根、にんじんを入れて煮る。途中、ボウルを重ねたざるに入れた削り節に煮汁をかけ、１分ほどおく。
3 2のかつおだしをこして鍋に戻し入れ、1の鶏肉を加え、火が通ったら、塩、しょうゆを混ぜる。
4 もちを焼いて3に加え、椀に盛り、ゆずの皮をのせる。

ポイント

5〜6ヵ月の赤ちゃん用には、昆布だしで野菜を煮てとり分けるが、7〜8ヵ月以降の赤ちゃんにははじめから昆布かつおだしで煮てもよい。

とり分け量と作り方

7〜8 カ月ごろ
うまみたっぷりの煮汁も加えて、さらに味わい深く

鶏肉と野菜入りがゆ

材料（赤ちゃん１人分のとり分け量）

7〜5倍がゆ…大さじ４〜５
大人の作り方1でゆでた小松菜（葉先）…小さじ1/3
大人の作り方3の味つけ前の鶏肉…1切れ
大人の作り方3の味つけ前の大根…3切れ
大人の作り方3の味つけ前のにんじん（端切れ）…1切れ
大人の作り方3の味つけ前の煮汁…大さじ1

作り方 大人の作り方1の小松菜の葉先と、大人の作り方3の味つけ前の具をみじん切りにし、煮汁、かゆと混ぜる。

5〜6 カ月ごろ
昆布だしで煮た野菜は、うまみや甘みも増しておいしい

野菜がゆ

材料（赤ちゃん１人分のとり分け量）

10倍がゆ…大さじ2〜3
大人の作り方1でゆでた小松菜（葉先）…小さじ1/4
大人の作り方2で煮た大根…3切れ
大人の作り方2で煮たにんじん（端切れ）…1/2切れ
削り節を入れる前の煮汁…小さじ1

作り方 大人の作り方1でゆでた小松菜の葉先をみじん切りにし、大人の作り方2の大根、にんじん、煮汁とかゆをすりつぶす。

12〜18 カ月ごろ
もちはのどに詰まりやすいのでNG。うどんにかけても◎

鶏肉と野菜のあんかけがゆ

材料（赤ちゃん１人分のとり分け量）

軟飯…大さじ5〜6
大人の作り方1でゆでた小松菜（葉先）…小さじ2/3
大人の作り方3の味つけ前の鶏肉…2切れ
大人の作り方3の味つけ前の大根…4切れ
大人の作り方3の味つけ前のにんじん（端切れ）…3切れ
大人の作り方3の味つけ前の煮汁…大さじ3
片栗粉…小さじ1/4　しょうゆ…少々

作り方 大人の作り方1でゆでた小松菜の葉先をみじん切りにし、大人の作り方3の味つけ前の具を1cm角に切る。煮汁と片栗粉を混ぜて、電子レンジで20秒ほど加熱し、具としょうゆを混ぜ、軟飯にかける。

9〜11 カ月ごろ
大人と同じ具を刻んでかゆに混ぜれば、一品でバランス◎

鶏肉と野菜の混ぜがゆ

材料（赤ちゃん１人分のとり分け量）

5倍がゆ…大さじ5〜6
大人の作り方1でゆでた小松菜（葉先）…小さじ1/2
大人の作り方3の味つけ前の鶏肉…2切れ
大人の作り方3の味つけ前の大根…4切れ
大人の作り方3の味つけ前のにんじん（端切れ）…2切れ
大人の作り方3の味つけ前の煮汁…大さじ1
しょうゆ…少々

作り方 大人の作り方1でゆでた小松菜の葉先をみじん切りにし、大人の作り方3の味つけ前の具を5mm角に切る。かゆに混ぜ、煮汁、しょうゆを加える。

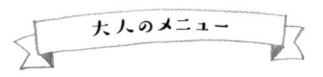

大人のメニュー

おせち料理の定番にしたい和風ミートローフ。
離乳食メニューにもアレンジしやすいレシピ

豆腐入り松風焼き

材料（作りやすい分量／およそ16切れ分）

木綿豆腐…120g
（ふきんに包み、ポリ袋に入れ、冷蔵庫で2時間ほど水きりしたもの）
玉ねぎ、にんじん…各80g
しいたけ…2個
A
- 鶏ひき肉…150g
- パン粉…大さじ4
- 片栗粉…大さじ1
- みそ…小さじ1
- 塩…少々

白いりごま…大さじ2
●たれ
- みそ…小さじ1
- みりん…小さじ2

大人用の作り方

1 玉ねぎとにんじんは、薄切りにしてゆでてみじん切りにし、しいたけは生のままみじん切りにする。
2 ポリ袋に1と水きりした豆腐、Aをよく混ぜる。クッキングシートを敷いた角型耐熱容器（11×14cmくらい）にぎっちり詰める。軽くすった白いりごまをふりかけ、180度に予熱したオーブンで30分ほど焼く。
3 あら熱がとれたら縦半分に切り、さらに1.5cm厚さに切り分けて盛る。
4 たれを電子レンジで20秒ほど加熱し、3にかける。

ポイント
ポリ袋に入れて材料を混ぜれば、手が汚れず洗いものも出ないので便利。グラタン皿やケーキ型でもOK。

とり分け量と作り方

7~8カ月ごろ
野菜はゆでてからみじん切りにすると、口あたりがなめらかに

野菜の豆腐あえ

材料（赤ちゃん１人分のとり分け量）
木綿豆腐（分量外）…30g
大人の作り方1でゆでて刻んだ玉ねぎ・にんじん…各小さじ1
大人の作り方1のゆで汁…大さじ1
片栗粉（分量外）…小さじ1/4

作り方 豆腐をゆでる。大人の作り方1でみじん切りにした玉ねぎとにんじん、ゆで汁、片栗粉を混ぜて、とろみがつくまで煮る。豆腐を加え、つぶしながら混ぜる。

5~6カ月ごろ
野菜と豆腐を別々に盛りつけ、それぞれを味わって

豆腐とにんじん、玉ねぎのペースト

材料（赤ちゃん１人分のとり分け量）
木綿豆腐（分量外）…10g
大人の作り方1でゆでて刻んだ玉ねぎ・にんじん…各小さじ1/2
大人の作り方1のゆで汁…適量

作り方 豆腐をゆでてすりつぶし、ゆで汁を加えてなめらかにのばし、皿に盛る。大人の作り方1でゆでてみじん切りにした玉ねぎ、にんじんをすりつぶし、ゆで汁を加えてトロトロにし、豆腐に添える。

12~18カ月ごろ
うす味にすれば、大人と同じお正月メニューが楽しめる

豆腐と野菜入り松風焼き

材料（赤ちゃん１人分のとり分け量）
大人と同じ3の松風焼き…1切れ

作り方 大人と同じ3の松風焼きをとり分け、食べやすい大きさに切り、皿に盛る（たれはかけない）。

9~11カ月ごろ
ひき肉と野菜のあんかけは、うどんやかゆにかけても◎

豆腐のひき肉野菜あんかけ

材料（赤ちゃん１人分のとり分け量）
木綿豆腐（分量外）…40g
大人の作り方1でゆでて刻んだ玉ねぎ・にんじん…各小さじ1
大人の作り方1のゆで汁…大さじ2
鶏ひき肉…10g
片栗粉（分量外）…小さじ1/4
みそ…小さじ1/8

作り方 豆腐を1cm角に切ってゆで、皿に盛る。大人の作り方1でみじん切りにした玉ねぎとにんじん、ゆで汁、鶏ひき肉、みそ、片栗粉をよく混ぜ、とろみがつくまで煮て、豆腐にかける。

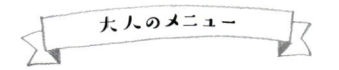

大人のメニュー

離乳食にも使いやすい食材で作れるちらしずし。
小さめの花の抜き型があると便利

鶏そぼろのちらしずし

材料（大人２人分と赤ちゃん分）

ご飯…300g（茶碗２杯分）
鶏ひき肉…120g
A しょうゆ・砂糖…各大さじ1/2
A 水…大さじ２
にんじん…1/4本
いんげん…３本
すし酢（市販）…大さじ１

大人用の作り方

1 厚さ3㎜の輪切りにしたにんじんを水からゆで、沸騰したらいんげんも加えて、火が通ったらざるに上げる。にんじんを花型で抜き、切れ端は3〜5㎜角に刻む。いんげんは斜め薄切りにする。
2 鍋に鶏ひき肉とAを入れて混ぜ、強めの中火にかける。混ぜながら汁けがなくなるまで煮る。
3 ご飯にすし酢と1で刻んだにんじんを混ぜる。皿に四角く平らに盛り、2をのせる。1のいんげん、花型のにんじんを飾る。

ポイント

火を入れる前に、調味料と水分を混ぜることで、ひき肉がきれいにほぐれ、水分を含んでしっとりと仕上がる。

とり分け量と作り方

7~8カ月ごろ

鶏ひき肉と水を混ぜて煮て、さらにすりつぶしてなめらかに

鶏ひき肉と野菜がゆ

材料（赤ちゃん１人分のとり分け量）

7〜5倍がゆ…大さじ４〜５
大人の作り方1でゆでたにんじん（みじん切り）…小さじ１
大人の作り方1でゆでたいんげん（タネは除く・みじん切り）…小さじ１
鶏ひき肉…小さじ1、水…大さじ3

作り方 鍋に鶏ひき肉と水を混ぜて煮て、火が通ったら煮汁をきってすりつぶす。大人の作り方1のにんじんといんげんと合わせて、かゆを混ぜる。

5~6カ月ごろ

少量のいんげんは、かゆと合わせると飲みこみやすい

いんげんがゆ

材料（赤ちゃん１人分のとり分け量）

10倍がゆ…大さじ2〜3
大人の作り方1でゆでて刻んだいんげん（タネは除く）…小さじ１

作り方 大人の作り方1でゆでて刻んだいんげんをすりつぶし、かゆと合わせてトロトロにする（大人の作り方1のゆでて刻んだにんじん小さじ1/2を加えてもよい）。

12~18カ月ごろ

大人用のそぼろをうす味に作れば大人と同じ具でOK

鶏そぼろご飯 野菜のせ

材料（赤ちゃん１人分のとり分け量）

軟飯…大さじ5〜6
大人の作り方1でゆでて刻んだにんじん、いんげん（5㎜角に切る）…各小さじ１
大人の作り方2の鶏そぼろ…大さじ１

作り方 軟飯を器に盛り、大人の作り方2の鶏そぼろをのせ、大人の作り方1のにんじんといんげんを飾る。

9~11カ月ごろ

大人と同じ鶏そぼろを湯通しすればほどよい味つけに

鶏そぼろと野菜の混ぜがゆ

材料（赤ちゃん１人分のとり分け量）

5倍がゆ…大さじ5〜6
大人の作り方1でゆでて刻んだにんじん、いんげん（3㎜角に切る）…各小さじ１
大人の作り方2の鶏そぼろ…小さじ２

作り方 大人の作り方2の鶏そぼろに湯（分量外）をかけ水けをきり、脂肪分と塩分を軽くとり除く。大人の作り方1のにんじんといんげんと合わせて、かゆに混ぜる。

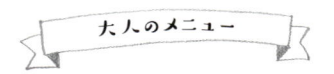

大人のメニュー

白身魚にすりおろしたかぶをのせてふんわりと蒸す。
冬〜春のおもてなし和食

たいのかぶら蒸し

材料（大人２人分と赤ちゃん分）

真だいの切り身（皮・骨を除く）
…１切れ（80g）
かぶ…３個（300g）
かぶの葉（葉先）…２枚
にんじん…1/6本
片栗粉…大さじ１
塩…適量

●あん
- だし汁…1/2カップ
- たいの蒸し汁…大さじ２
- 片栗粉…小さじ１
- みりん…小さじ２
- しょうゆ…小さじ１
- 塩…少々

大人用の作り方

1 かぶはすりおろし、ざるに上げて軽く水けをきる。にんじんは5㎜角に切り、かぶの葉とゆで、葉はみじん切りにする。
2 たいは赤ちゃん用をとり分けて2等分する。大人用は塩を少々ふり耐熱皿に並べ、蒸し器で5分ほど蒸す。蒸し汁を残し、耐熱の小鉢に1切れずつのせる。
3 1のかぶに片栗粉、塩少々、1のにんじんを混ぜ、2の上に丸くのせ、蒸し器で10分ほど蒸す。
4 だし汁、たいの蒸し汁、片栗粉を混ぜてとろみがつくまで煮て、1のかぶの葉を加え、調味料を混ぜ3にかける。

ポイント
かぶには通常卵白を入れるが、片栗粉だけでもふんわり固まる。1人分ずつ蒸さず、大きな耐熱容器に間をあけて並べて蒸してもよい。

とり分け量と作り方

7〜8カ月ごろ
すりおろしたかぶで、ふんわり魚を包んで食べやすい
たいとかぶのトロトロ蒸し

材料（赤ちゃん１人分のとり分け量）
大人の作り方2でとり分けたたい…10g
大人の作り方3のかぶに片栗粉を混ぜたもの
…大さじ１と1/2
大人の作り方1のかぶの葉…小さじ1/4
だし汁…適量

作り方 大人の作り方2のたいを細かくほぐし、大人の作り方3で塩とにんじんを入れる前にとり分けたかぶの衣を混ぜ、耐熱皿にのせて蒸す。みじん切りのかぶの葉先とだし汁を混ぜてのばす。

5〜6カ月ごろ
すりおろしたかぶに片栗粉を混ぜてなめらかに
たいとかぶのトロトロ

材料（赤ちゃん１人分のとり分け量）
大人の作り方2でとり分けたたい…5g
大人の作り方3のかぶに片栗粉を混ぜたもの
…大さじ１
大人の作り方1のかぶの葉…小さじ1/4
湯…適量

作り方 大人の作り方2のたいを細かくほぐし、大人の作り方3で塩とにんじんを入れる前にとり分けたかぶの衣を混ぜて蒸す。みじん切りのかぶの葉先と合わせてすりつぶし、湯を加えてトロトロにする。

12〜18カ月ごろ
お祝いの日に、大人と同じメニューが食べられてうれしい
たいのミニかぶら蒸し

材料（赤ちゃん１人分のとり分け量）
大人の作り方2でとり分けたたい…20g
大人の作り方3のかぶの衣…大さじ２
大人の作り方4の味つけ前のあん…大さじ２
しょうゆ…少々

作り方 大人の作り方2のたいを1㎝角程度にほぐし、かぶの衣をのせ大人と同様に蒸す。大人の作り方4の味つけ前のあんをとり分けて、しょうゆを混ぜたものをかける。

9〜11カ月ごろ
食べやすくしたたいに、衣をのせて大人と同じメニューに
たいのなめらかかぶら蒸し

材料（赤ちゃん１人分のとり分け量）
大人の作り方2でとり分けたたい…15g
大人の作り方3のかぶの衣
…大さじ１と1/2
大人の作り方4の味つけ前のあん
…大さじ１と1/2
しょうゆ…少々

作り方 大人の作り方2のたいを5㎜角程度にほぐし、かぶの衣を混ぜて大人と同様に蒸す。大人の作り方4の味つけ前のあんをとり分けて、しょうゆを混ぜたものをかける。

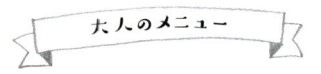

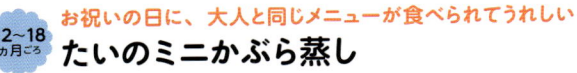

大人のメニュー

ひと口サイズに丸めて、いちごをのせれば
簡単なのにかわいいひなまつりメニューに

いちごさつまいもきんとん

材料（大人２人分と赤ちゃん分）
さつまいも…200g（中１本）
砂糖…大さじ１と1/2
塩…少々
湯…大さじ１
いちご…４個
クラッカー（プレーン）…４枚
いちごジャム（あれば）…小さじ２

大人用の作り方
1 さつまいもは厚めに皮をむき、厚さ1cmの輪切りにし、20分ほど水に浸してアクを抜く。たっぷりの水でやわらかくなるまでゆで、ざるに上げて水けをきり、熱いうちに裏ごしする（つぶすだけでもよい）。
2 1に砂糖、塩を混ぜ、湯を加えてこしあん状のかたさにする。ラップに大さじ2程度をのせ丸くのばし、ヘタをとったいちごをのせ、いちごの先端が見えるようにさつまいもで包む。これを4個作る。
3 クラッカーにジャムを塗り、2をのせる。

ポイント
ラップを使うと手軽に茶巾しぼりができる。刻んだいちごをあえて丸く整えてもよく、いちごのかわりに煮りんごでもよい。

とり分け量と作り方

5~6カ月ごろ　さつまいもペースト

熱いうちに裏ごしたさつまいもは、繊維がとれてなめらかに

材料（赤ちゃん１人分のとり分け量）
大人の作り方1で裏ごししたさつまいも
…小さじ２
湯…適量

作り方 大人の作り方1で裏ごししたさつまいもに、湯を加えてトロトロにする。

7~8カ月ごろ　いちごのせさつまいもマッシュ

冷めるとかたくなるさつまいもは、やわらかめに仕上げて

材料（赤ちゃん１人分のとり分け量）
大人の作り方1で裏ごししたさつまいも
…大さじ１
湯…適量
いちご…1/2個

作り方 大人の作り方1で裏ごししたさつまいもに湯を加え、ぽってりとしたかたさにする。すりつぶしたいちごをのせる。

9~11カ月ごろ　いちごのせさつまいもきんとん

刻んだいちごの甘酸っぱさを食感のアクセントに

材料（赤ちゃん１人分のとり分け量）
大人の作り方1で裏ごししたさつまいも
…大さじ１と1/2
湯…適量
いちご…１個

作り方 大人の作り方1で裏ごししたさつまいもに湯を加えて、ぽってりとしたかたさにする。5mm角に切ったいちごをのせる。

12~18カ月ごろ　いちごのせさつまいもきんとんボール

2cm大ほどのミニサイズにして手づかみ食べ用に

材料（赤ちゃん１人分のとり分け量）
大人の作り方1で裏ごししたさつまいも
…大さじ２
湯・砂糖…各少々
いちご…１個

作り方 大人の作り方1で裏ごししたさつまいもに湯、砂糖を加え、3等分にしてラップに包み丸める。8mm角に切ったいちごを飾る。

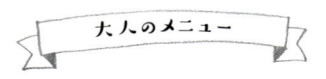

PART6

困ったときの離乳食

赤ちゃんの体調が悪くなってしまったとき、
離乳食はどう進めたらいいのでしょうか。
食物アレルギーについても確認しておきましょう。

赤ちゃんの体調が悪いときの離乳食

赤ちゃんが体調をくずしたときの離乳食を、症状別に紹介します。赤ちゃんのようすを見て調節してください。

日ごろからようすを見て体調の変化をキャッチ

赤ちゃんは、生後5ヵ月をすぎると病気にかかりやすくなります。次の5つの項目を日ごろからチェックし、体調が悪いときのサインを見逃さないようにしましょう。

サイン1 笑顔があるか

発熱や下痢といったからだの異常がなくても、元気がなかったり、あやしたときにいつものように笑わないようであれば、からだの状態が悪い可能性があります。

サイン2 食欲があるか

食欲は、元気のバロメーター。母乳・ミルクや離乳食、お茶などをほしがらないときは、体調に変化がないか確かめましょう。

サイン3 睡眠がとれているか

特に興奮することがあったわけでもないのに、いつまでもぐずって眠れないとき、逆にウトウト眠ってばかりいるときは、体調に異変が起きている可能性があります。

サイン4 おしっこやうんちの状態

おしっこやうんちは、赤ちゃんの健康状態を知る大きな手がかりになります。回数や量、色などを普段から確認する習慣をつけましょう。

サイン5 体温・呼吸・顔色

からだが熱いときや呼吸が荒いとき、顔色が赤かったり青かったりするときは、熱をはかります。ぐったりとしているようなら、すぐに病院へ行きましょう。

水分を十分に与えて脱水症状を防ぎましょう

赤ちゃんの体調が悪いときは、離乳食は一段階前に戻して、消化のいいものをやわらかくして食べさせます。食欲がないようなら、無理に食べさせる必要はありません。医師の指示があればそれに従いましょう。

ここで大切なのが、水分補給です。麦茶や経口補水液などを用意し、少しずつひんぱんにあげるようにしましょう。特に発熱、下痢、嘔吐のときは多くの水分が失われます。体内の水分が不足すると、脱水症状を起こします。重症のときは命にかかわるので、十分に注意しましょう。

発熱

一般的に、37.5度以上あると発熱といわれます。ただし個人差があるので、普段から平熱を確認しておきましょう。

回復に合わせた食事を

症状の回復に合わせて、消化吸収しやすいものをあげます。野菜スープ、りんごのすりおろしなど水分の多いものから始めて、食欲が出てきたら、おかゆやうどん煮などの炭水化物でエネルギーを補給しましょう。元気になってきたら、豆腐や白身魚など脂肪の少ないタンパク質を含む食材と、繊維の少ない野菜の入った離乳食を食べさせます。

こんな食材が◎

発熱すると、ビタミン・ミネラルの消耗が激しくなります。赤ちゃんが好む甘めのくだものや野菜で、不足した栄養を補給しましょう。

かぼちゃ

トマト

おすすめ離乳食

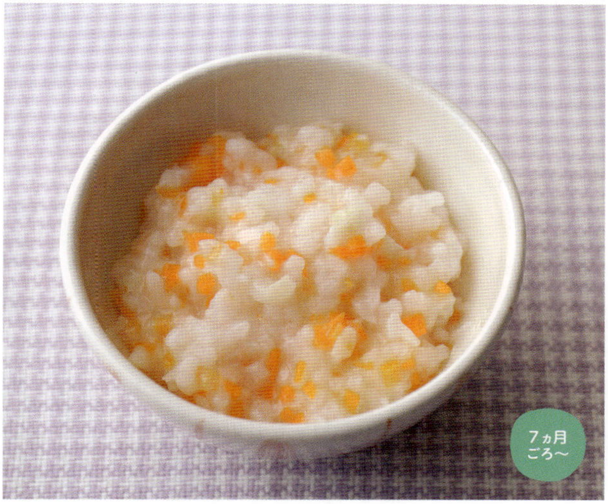

消化のよい白身魚は冷凍保存しておくと◎

白身魚とにんじんがゆ

材料

7倍がゆ…大さじ4程度
白身魚の刺身（たい、かれいなど）…10g（2切れ）
にんじん…10g（厚さ1cm輪切り）

作り方

1 にんじんをやわらかくゆで、白身魚も加えてゆで、みじん切りにする。
2 1を7倍がゆに混ぜる。

ポイント
初期なら半量にして、すりつぶし、湯でのばします。9ヵ月以降は5倍がゆにし、塩で味を調えましょう。

からだを冷やす夏野菜を使ってのどごしよく

豆腐とトマトのあんかけそうめん

材料

そうめん…20g
絹ごし豆腐…25g（3cm角）
トマト…20g（1/6個）
きゅうり…10g（2cm長さ）
だし汁…100ml
水溶き片栗粉
（片栗粉小さじ1/2：水小さじ1）
しょうゆ…少々

作り方

1 そうめんは1～2cm程度に折ってゆで、ざるに上げて流水で洗い、水けをきる。
2 豆腐は1cm角に、トマトは皮とタネをとり除き5mm角に、きゅうりはみじん切りにする。
3 小鍋にだし汁を温め、2を入れて煮る。煮立ったら1を加え、しょうゆと水溶き片栗粉を混ぜ、ひと煮立ちさせる。

せき
口内炎

せきが出ているときや、口内炎ができているときは、のどを刺激しない、のどごしのよいメニューを少なめに食べさせます。

まろやかで温かいものを

せきが出るときは、のどに炎症ができ、カラカラに乾いている状態です。また、口内炎ができているときは、口の中が痛くて食欲が落ちます。いずれの場合も、口あたりがよく、刺激の少ないまろやかなものを人肌程度の温かさにして食べさせましょう。回復のためには、糖質やタンパク質、ビタミンなどの栄養素を十分にとる必要があります。野菜は、しっかりとれるように食べやすくします。

こんな食材が◎

卵や牛乳、豆腐、バナナ、かぼちゃ、里いもなどは栄養価が高いうえ、なめらかに調理しやすいのでおすすめです。

豆腐

バナナ

おすすめ離乳食

大根おろしにとろみをつければ、せきの回復におすすめ

しらすと大根のみぞれうどん

材料

ゆでうどん…1/3玉
ほうれんそう(葉先)
…4g(1枚)
しらす干し…小さじ2
大根…20g(厚さ5mm輪切り)
だし汁…100ml
片栗粉…小さじ1/2
しょうゆ…少々

ポイント
7〜8ヵ月ごろなら、しょうゆを加えず、具はみじん切りにします。

作り方

1 うどんをやわらかくゆで、ほうれんそうとしらす干しも最後に入れてゆでる。ざるに上げ流水で冷やし、水けをきる。うどんは1〜2cm長さに、ほうれんそうとしらす干しは粗みじん切りにする。
2 小鍋にだし汁と1を入れて煮る。すりおろした大根に片栗粉を混ぜて加え、とろみがつくまでひと煮立ちさせ、しょうゆを混ぜる。

からだに必要な栄養素を、のどごしのよいポタージュで補給

かぼちゃとおかゆのポタージュ

材料(1〜2食分)

5倍がゆ…大さじ2
かぼちゃ(皮・タネを除く)
…30g(2cm角3個)
玉ねぎ…15g(厚さ1.5cmくし形切り)
昆布だし汁…150ml
牛乳(または調乳したミルク)
…大さじ2
塩…少々

ポイント
7〜8ヵ月ごろなら、塩を加えず、量を控えめに。

作り方

1 かぼちゃと玉ねぎは薄切りにして小鍋に入れ、昆布だし汁を加え、ふたをしてやわらかくゆでる。
2 1に5倍がゆ、牛乳、塩を加え、ブレンダー(ミキサー)でなめらかになるまで混ぜる。

こんな食材はNG
パンのようにパサつくもの、かんきつ類のように酸っぱいものは避けます。塩けのあるもの、冷たいものも控えましょう。

鼻水 鼻づまり

鼻水が透明なら心配ありませんが、黄色くにごっている場合は中耳炎などが心配なので、病院へ行きましょう。

のどごしのよいメニューを

湯気が鼻の通りをよくするので、汁ものやそうめん煮などとろみのあるものを、温かくしてあげましょう。鼻が詰まっていると息苦しくて食べづらいので、やわらかく煮たり、とろみをつけたりしてのどごしをよくします。鼻づまりがひどいときは、粘膜が弱っているため、粘膜を修復する作用のあるビタミンAやCを多く含む野菜と、タンパク質を組み合わせて。

こんな食材が◎

かぼちゃやにんじん、ブロッコリーなどのビタミンAを多く含む緑黄色野菜や、ビタミンCを多く含むみかんやいちごなどのくだものをとります。

いちご

ブロッコリー

おすすめ離乳食

必要な栄養素がバランスよくとれるからおすすめ

鮭と野菜のクリームコーンシチュー

材料

- 生鮭（皮・骨を除く）…10g
- にんじん…10g（厚さ1cm輪切り）
- じゃがいも…15g（厚さ7mm輪切り）
- 玉ねぎ…10g（厚さ1cmくし形切り）
- ブロッコリー（つぼみの部分）…5g（小房1/2個）
- クリームコーン（缶）、牛乳、煮汁…各大さじ2
- 塩…少々

作り方

1 生鮭はゆでて細かくほぐす。
2 にんじん、じゃがいも、玉ねぎ、ブロッコリーをやわらかくゆでて、煮汁を分け、5mm角に切る。
3 小鍋に1と2、2の煮汁、クリームコーン、牛乳、塩を入れて温める。

ポイント
7～8ヵ月ごろなら、具をみじん切りにして塩を加えずに作りましょう。

免疫力を高めるビタミンAたっぷりのモロヘイヤ入り

モロヘイヤと卵のおじや

材料

- 5倍がゆ…大さじ4
- モロヘイヤ（葉先）…10g（5枚程度）
- 溶き卵…大さじ1
- 塩…少々
- かつお削り節…少々

作り方

1 モロヘイヤはやわらかくゆでてみじん切りにする。
2 小鍋に5倍がゆと1を入れて温め、溶き卵を加えて火が通るまで煮る。火を止め、塩と細かくした削り節を混ぜる。

ポイント
7～8ヵ月ごろなら、7倍がゆを使って塩を加えずに作りましょう。

吐き気 下痢

赤ちゃんは、元気でも吐いたり、下痢になったりします。機嫌や食欲がいつもと変わりなければ、基本的に心配ありません。

消化機能の回復を待って

吐いた直後は何も食べさせず、吐き気がおさまったら、麦茶や経口補水液で少しずつ水分補給を。その後吐かなければ、30分ごとに少量の水分をあげます。下痢のときも、水分やミネラルの補給は大事。動物性食品や油、繊維の多い野菜、乳製品、かんきつ類の果汁、冷たいものを避け、スープやおかゆなど消化がよく、胃に負担がかからないものを与えて。

こんな食材が◎

りんごやにんじんには整腸作用があるペクチンが含まれているので、すりつぶしてあげるといいでしょう。

にんじん

りんご

おすすめ離乳食

甘みのあるりんごにとろみをつけて食べやすく

トロトロりんご

材料（約2食分）

りんご…1/4個（50g）
水…50ml
砂糖…小さじ1
塩…少々
片栗粉…小さじ1/4

作り方

1 りんごは5mm〜1cm四方の薄切りにする。
2 耐熱容器に1のりんご、水、砂糖、塩、片栗粉を混ぜ、ふんわりラップをかけ電子レンジで2分ほど加熱し、混ぜる。

塩分・水分補給にみそ汁の上澄み

昆布だし150mlにみそ小さじ1/2を溶かして煮る。しばらくおいて上のほうの透きとおった液体だけをあげる。回復期におすすめ。

失われる水分電解質をのどごしよいゼリーで補給

イオン飲料ゼリー

材料（約3食分）

イオン飲料…120ml
粉ゼラチン…小さじ1
水…大さじ2

作り方

1 耐熱容器に水を入れ、ゼラチンをふり混ぜ、10分ほどおいてふやかし、電子レンジで20秒ほど加熱し溶かす。
2 1にイオン飲料を少しずつ混ぜ、カップにそそぎ、冷蔵庫で冷やし固める（2時間以上）。（※冷蔵庫から出してすぐではなく、室温にもどしてからあげます）

こんな食材はNG

かんきつ類や果汁ジュースのように酸味のあるもの、牛乳、ヨーグルトは吐き気を誘うことがあるので避けます。

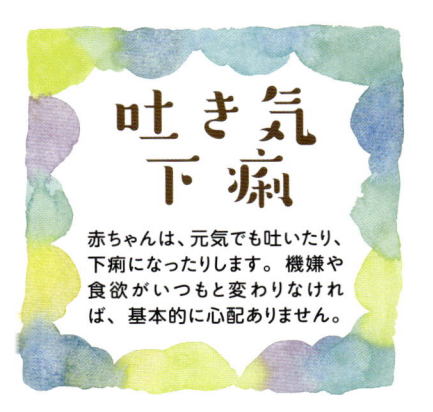

便秘

3日以上うんちが出ず、するときにも赤ちゃんが苦しんでいるようなら、便通がよくなるようにしてあげましょう。

食物繊維と水分を十分に

離乳食を始めたばかりのころの便秘は、水分不足が原因。一方、9ヵ月ごろからは食べる量や食物繊維の不足などで便の量が少なくなり、腸が刺激されないことによる便秘が多くなります。主食の量をふやしたり、食物繊維の豊富な食材を多めにあげたりして、便の量をふやしてあげます。生活リズムの乱れも原因になるので、規則正しい生活を心がけましょう。

こんな食材が◎

腸の動きを活発にするヨーグルトや納豆などの発酵食品、食物繊維の多いきのこやいも類、根菜、海藻がおすすめです。

しめじ

ヨーグルト

おすすめ離乳食

食物繊維とともに水分をしっかりとることも大切

しめじとわかめのれんこんおろしスープ

材料

しめじ…3本
乾燥カットわかめ(水でもどす)
…6枚
れんこん
…20g(厚さ1cm輪切り)
だし汁…75ml
しょうゆ…少々

作り方

1 しめじと水でもどしたわかめをみじん切りにする。
2 小鍋にだし汁と1を入れて煮る。すりおろしたれんこんを混ぜ、とろみがつくまでひと煮立ちさせ、しょうゆを混ぜる。

食物繊維の多い食材＋ヨーグルトで腸内環境を整える

さつまいもとプルーンのヨーグルトきな粉がけ

材料

さつまいも
…30g(厚さ1.5cm輪切り)
ドライプルーン(タネ抜き)
…1/2個
プレーンヨーグルト
…大さじ1
きな粉…小さじ1/2

作り方

1 さつまいもはいちょう切りにしてゆで、ドライプルーンも加えてゆでる。さつまいもは粗くつぶし、プルーンは粗みじん切りにして混ぜる。
2 1を皿に盛り、プレーンヨーグルトときな粉をかける。

知っておきたい食物アレルギーのこと

離乳食が始まると気になるのが食物アレルギー。その原因や症状など、まずは正しい知識をもちましょう。

食物アレルギーはどんな病気？

からだには、ウイルスや花粉など外から入ってきた異物を退治しようとするしくみがあり、これを免疫といいます。アレルギーは、この免疫システムが過剰に反応することで起こる病気です。

このうち、食物アレルギーは主に食べた食品に含まれるタンパク質が原因で起こり、その食品のタンパク質をアレルゲンといいます。0〜1歳で発症することが多いものは、新生児・乳児消化管アレルギーや食物アレルギーがかかわる乳児アトピー性皮膚炎や、食べてすぐに症状が出る〝即時型〟食物アレルギーの3つ。赤ちゃんに多い理由は、消化器官が未熟でとり入れたタンパク質が消化しきれず、異物だと認識されるためです。

食物アレルギーの症状は、じんましん、せき、鼻水、下痢、嘔吐、呼吸困難など幅広く、重症度にも差があります。食物アレルギーと疑われる症状が出たら、小児科を受診し、問診や血液検査などでアレルゲンを特定します。原因食物の診断が難しい場合や原因不明のアナフィラキシーを繰り返す場合は、専門医のもとで食物経口負荷試験を行います。

このように、食物アレルギーは症状もさまざまで判断も難しいのが特徴です。日ごろから、食べた食品や赤ちゃんのようすを記録しておくとよいでしょう。

こんな症状がサインです

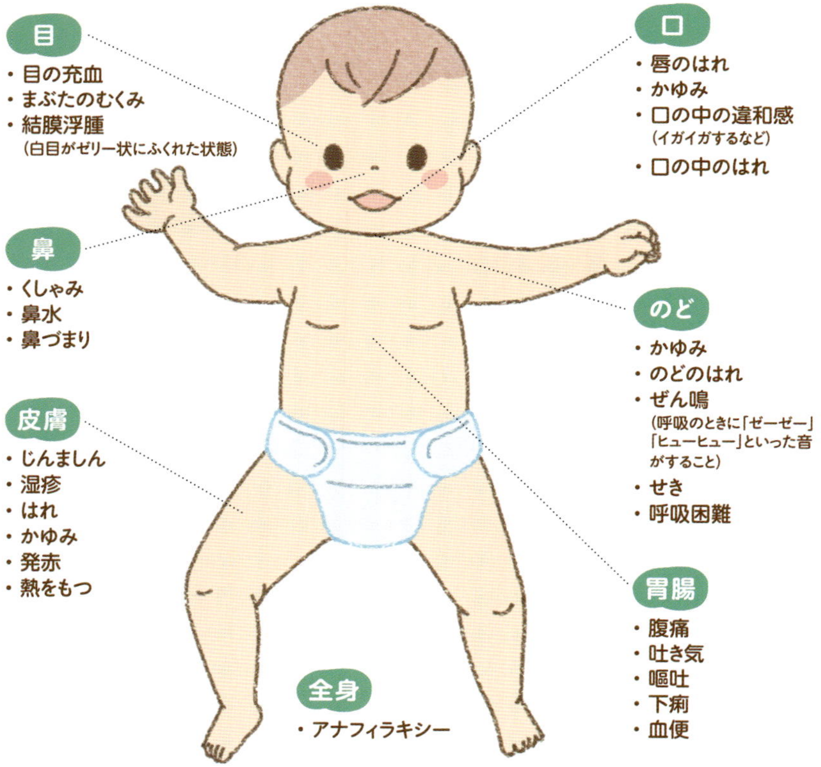

Q 離乳食は遅らせたほうが予防できる？

遅らせても予防の効果はありません。

親や兄弟姉妹にアレルギーがある赤ちゃんに、心配のあまり離乳食のスタートや進め方を遅らせても予防の効果はなく、赤ちゃんの成長にとってよいことではありません。ただし、アトピー性皮膚炎の症状がある場合は、食物アレルギーを判断しにくくなります。適切なスキンケアで症状を改善してから離乳食を進める必要があります。

! アナフィラキシーとは

重症のアレルギーでは、血圧低下、呼吸困難、嘔吐、意識の低下などのショック症状(アナフィラキシー)を起こします。ときに命にかかわることもあるので、アナフィラキシー・ショックを起こしたときは、すぐに救急車を呼んでください。

アレルゲンになりやすい食品

赤ちゃんの食物アレルギーで最も多いアレルゲン食品は鶏卵と牛乳、小麦です。これにそば、落花生（ピーナッツ）、えび、かにを加えた7品目を「特定原材料」として表示が義務づけられています。このほかに、大豆や魚類など、「特定原材料」に準ずるもの21品目の表示が推奨されています。表示の対象となっているのは、「加工食品と添加物」のみなので、飲食店や店頭販売の食品には注意が必要となります。

乳幼児期に発症する主な原因食物（鶏卵、小麦、大豆）は、年齢とともに食べられるようになることが多く、それ以外の食品は改善しにくい傾向があります。

●年齢別新規発症の原因食物

※かっこ内はサンプル数　n=3905

	0歳 (1,736)	1・2歳 (848)	3〜6歳 (782)	7〜17歳 (356)	18歳以上 (183)
1	鶏卵 61.1%	鶏卵 31.7%	ナッツ類 41.7%	甲殻類 20.2%	小麦 19.7%
2	牛乳 24.0%	ナッツ類 24.3%	魚卵 19.1%	ナッツ類 19.7%	甲殻類 15.8%
3	小麦 11.1%	魚卵 13.0%	ピーナッツ 12.5%	くだもの 16.0%	くだもの 12.6%
4		ピーナッツ 9.3%		魚卵 7.3%	魚類 9.8%
5		牛乳 5.9%		小麦 5.3%	大豆 6.6%
6					ナッツ類 5.5%

食物アレルギー研究会による「食物アレルギーの診療の手引き2023」より

主なアレルゲン食品

卵

生卵はNG。お菓子や揚げものの衣など、目に見えなくても卵の入ったものは多いので気をつけて。いくらやたらこなどの魚卵も要注意。

※アトピー性皮膚炎の乳児では、鶏卵の摂取が遅いほど鶏卵アレルギーの発症リスクが高まることから、予防のため、医師の管理のもと、生後6ヵ月から鶏卵の微量摂取がすすめられています。

牛乳

牛乳がアレルゲンの場合、育児用のミルクにもアレルギーを起こし、下痢や血便などの異常が出ることも。医師に相談し、必要に応じてアレルギー用のミルクを使います。

小麦

小麦はうどんやスパゲッティ、パン、お菓子だけでなく、カレールウ、ソース、しょうゆ、みそにも入っており、除去が難しい食品です。重症のときは麦茶で出ることも。

落花生（ピーナッツ）

アナフィラキシーを起こしやすいアレルゲン。赤ちゃんにあえて食べさせる必要はありません。接触や粉末を吸引しただけで起こることがあるので注意が必要です。

そば

重症化しやすいことで有名なアレルゲン。気管支がはれてふさがり、窒息死する危険性も。はじめはごく少量から試します。お菓子に含まれていることもあるので、表示をチェックするようにしましょう。

アレルゲンになりやすいそのほかの食品

ゼラチン　牛や豚のタンパク質からできており、症状が出ることも。7ヵ月ごろから、ようすを見て使用して。

大豆　しょうゆやみそなどよく使う調味料にも入っており、除去する場合は代替品を使います。

さば　強い症状が出ます。アレルギーでなくとも、鮮度の落ちたさばでじんましんが出ることも。

えび・かに　魚介類の中でアレルギーが最も多い食材がえび・かに。強い症状が出やすいので注意します。

くだもの・野菜　食べてすぐに唇や口の中がはれるなどの症状があり、「口腔アレルギー症候群」といいます。

鮭　白身魚についで7〜8ヵ月から使えますが、症状が出ることもあるので注意が必要です。

食物アレルギーがあるときの対処法

食物アレルギーがある場合、アレルゲンである食品を食べない除去食を用意することになります。自己判断で除去せず、どの程度除くのか、かわりに何を使うのかなど、医師や栄養士と相談しながら対処法を決めましょう。除去食を解除するときも、医師の診断のもと慎重に行います。また、食品を除くことによって栄養バランスがくずれないよう、ほかで補ってあげましょう。

重い症状を避けるための3つのポイント

ポイント1
初めての食品は少量から

初めての食品は、新鮮なものをしっかり加熱して、1さじから与えます。もし症状が出たときに受診しやすい平日の昼間にあげるとよいでしょう。

ポイント2
スキンケアでアレルギー予防

炎症のある皮膚から入る食材が、食物アレルギーの原因となることがあります。新生児から皮膚を健康に保つことが予防につながります。

ポイント3
誤食を防ぐ

離乳食でアレルゲンを除去していても、誤って食べてしまうことがあります。調理器具や床、テーブルにアレルゲンがついていることもあるので、気をつけましょう。

子どものアレルギーと上手につきあっていくためのヒント

同じ仲間を見つける

子育ての時期は、何かと心配がたえないもの。アレルギーがあればなおのことです。神経質にならないためにも、仲間のママ、パパを作り、情報交換をするとよいでしょう。

勝手に判断しない

アレルギーを心配するあまり、自己判断で除去を続けてしまうと、栄養不足につながる可能性があります。除去食は治療の一部なので、必ず専門医の指導に従います。

定期的に受診する

赤ちゃんの成長とともに、アレルゲンに対する取り組み方も変わっていきます。定期的に受診して、そのときそのときに合った治療法を行うように心がけましょう。

卵や乳製品、小麦粉を使わない離乳食例

かぼちゃ入り米粉パンケーキ

材料（約2食分）

かぼちゃ（皮・タネを除く）… 20g（2cm角2個）

A
- 豆乳（無調整）… 45g（大さじ3）
- 砂糖 … 3g（小さじ1）
- 油 … 4g（小さじ1）
- 塩 … 少々
- レモン汁 … 小さじ1/4

B
- 米粉 … 35g
- タピオカ粉（または片栗粉）… 15g
- ベーキングパウダー … 3g（小さじ1弱）

作り方

1 かぼちゃは1cm四方の薄切りにし、水小さじ2（分量外）をふり、ふんわりラップをかけ電子レンジで1分ほど加熱し、水けをきってつぶす。
2 ボウルに1とAを混ぜ、合わせたBを加えてダマがなくなるまで混ぜる。
3 油（分量外）を熱したフライパンに2を丸く流し入れ、ふたをして両面うすく色づくまで焼く。
4 3を食べやすい大きさに切る。

アレルゲンを使わない離乳食作りのヒント

市販品を利用する

アレルギーがあると、市販の加工食品や外食も利用しにくくなり、調理の負担が大きくなりやすいもの。自然食品店のネット通販や食品宅配など、安心して使えておいしいアレルギー対応食品を上手に利用しましょう。アレルギー対応をしているレストランや宿泊施設もあるので、相談してみるとよいでしょう。

アレルゲンの主な栄養成分や調理性（熱で固まる、とろみがつくなど）、色、味に近い食材を用いる

離乳食では、給食のようにほかの子と合わせたメニューを考える必要性はあまりありません。ただ、特定の食品を除去することによる栄養不足や、よくかんで楽しく食べる経験が不足しないように工夫しましょう。

主なアレルゲンごとの代替食

卵

タンパク質は肉、魚、豆、牛乳で補給。卵を使うお菓子や料理は、かぼちゃやにんじん、豆乳、油などを組み合わせて色や甘みをカバー。ホットケーキやハンバーグなどのつなぎは、片栗粉などを混ぜれば卵不使用でもOK。

牛乳

タンパク質、脂質は肉や魚などで補給。牛乳を使う料理は豆乳にかえて。豆乳ヨーグルトも市販されています。カルシウムが不足しやすいので、小魚や海藻などを使いましょう。

小麦

米粉、タピオカ粉、コーンスターチなどを使います。小麦不使用のパンや麺も市販されています。

時期別・素材別に探せる！

離乳食INDEX

主菜

副菜

離乳後期（9～11ヵ月ごろ）

主食

離乳完了期（12～18ヵ月ごろ）

著者（料理制作・スタイリング）

中村美穂 なかむら みほ

管理栄養士・フードコーディネーター。保育園栄養士として乳幼児の食事作りや食育活動、離乳食教室などの経験を生かした料理教室「おいしい楽しい食時間」(https://syokujikan.com)を開催するほか、書籍・雑誌等へのレシピ提供、監修を行う。2児の母。著書に『3歳からのからだを作るおべんとう』（赤ちゃんとママ社）、『1~3歳 発達を促す子どもごはん』（日東書院本社）、『1歳半～5歳　子どもと食べたい作りおきおかず』（世界文化社）ほか。

STAFF

編集制作…志澤陽子（株式会社アーク・コミュニケーションズ）

執筆協力…いしもとあやこ

カバー・本文デザイン・DTP…門松清香

カバーイラスト…おおたきょうこ

本文イラスト…渡邉美里

撮影…矢野宗利

校正…株式会社聚珍社

企画・編集…菊地香織（株式会社赤ちゃんとママ社）

赤ちゃんとママ　安心シリーズ

大人ごはんからとり分けも！

きちんとかんたん離乳食

2017年3月25日　初版第1刷発行
2024年5月15日　初版第8刷発行

著　者　　中村美穂

発行人　　小山朝史

発行所　　株式会社赤ちゃんとママ社
〒160-0003
東京都新宿区四谷本塩町14番1号
電話　03-5367-6592（販売）
03-5367-6595（編集）

振替：00160-8-43882

http://www.akamama.co.jp/

印刷・製本　共同印刷株式会社

ISBN 978-4-87014-125-4